U0721528

建筑工程经济与管理研究

白丽娜　余永刚　张　涛　主编

吉林科学技术出版社

图书在版编目（CIP）数据

建筑工程经济与管理研究 / 白丽娜，余永刚，张涛
主编． -- 长春：吉林科学技术出版社，2021.8（2023.4重印）
ISBN 978-7-5578-8636-3

Ⅰ．①建… Ⅱ．①白… ②余… ③张… Ⅲ．①建筑经
济学－研究②建筑企业－工业企业管理－研究 Ⅳ．
① F407.9

中国版本图书馆 CIP 数据核字 (2021) 第 165327 号

建筑工程经济与管理研究

JIANZHU GONGCHENG JINGJI YU GUANLI YANJIU

主　　编	白丽娜　余永刚　张　涛
出 版 人	宛　霞
责任编辑	王明玲
封面设计	李　宝
制　　版	宝莲洪图
幅面尺寸	185mm×260mm
开　　本	16
字　　数	340 千字
印　　张	15.5
版　　次	2021 年 8 月第 1 版
印　　次	2023 年 4 月第 2 次印刷
出　　版	吉林科学技术出版社
发　　行	吉林科学技术出版社
地　　址	长春净月高新区福祉大路 5788 号出版大厦 A 座
邮　　编	130118

发行部电话 / 传真　　0431—81629529　　81629530　　81629531
81629532　　81629533　　81629534

储运部电话　0431—86059116

编辑部电话　0431—81629520

印　　刷	北京宝莲鸿图科技有限公司
书　　号	ISBN 978-7-5578-8636-3
定　　价	65.00 元

版权所有　翻印必究　举报电话：0431—81629508

编者及工作单位

主　编

白丽娜　郑州市市政工程勘测设计研究院

余永刚　陕西西阎城际铁路有限公司

张　涛　泾河新城中煤管廊建设运营管理有限公司

副主编

高　娜　泰宏建设发展有限公司

何晓菲　山东鲁泰建筑工程集团有限公司

李艳巍　沈阳大东方置业有限公司

罗　刚　驻马店市鑫鑫建筑工程有限公司

牛祖国　山东省菏泽市东明县自然资源和规划局

庞诗军　商丘市烟草公司宁陵县分公司

王　鹏　山东省菏泽市东明县自然资源和规划局

王媛媛　许昌市住房保障中心

王长海　驻马店市鑫鑫建筑工程有限公司

赵　萍　山东万达地产有限公司

朱裕峰　广东嘉源建筑股份有限公司

参　编

向　前　中建安装集团有限公司

前　言

在社会主义市场经济体制的不断发展和完善的背景下，随着我国公路建设市场特别是高速公路建设市场普遍实行招投标制，社会劳动生产率的不断提高，对我国的公路施工企业提出了更高新的的要求。公路施工企业面临激烈甚至残酷的竞争和挑战，计划经济体制下的地方保护、行业保护不复存在，优胜劣汰是市场经济的规则，公路施工企业只有向管理要效益，靠管理求生存。尽快提高企业的经营管理水平，成为一项非常重要的任务摆在了公路施上企业管理者的面前。公路施工项目是公路施工企业赖以生存和发展的根本，是企业获取效益的来源。如何参加投标，在激烈的投标竞争中获胜，承揽到公路施工项目，并在中标后优质、按期、高效益完成任务，特别是在低价中标的情况下获得较好的经济效益，是当前公路施工企业和企业管理者应深入探讨和研究的重要问题。

建筑工程经济与管理是工程建设中十分重要的环节，也是建设单位和施工企业主要的生产经营活动之一，包括工程技术经济和建筑企业管理两个部分。其中，工程技术经济是以工程项目为对象，从技术经济方面，对项目的技术方案、技术措施以及企业（项目）的经济效果进行分析和评价，力求达到技术先进性与经济合理性的有机统一；建筑企业管理则是以建筑企业为对象，从管理的角度，对企业的生产经营活动进行全过程的科学管理，力求达到人、财、物的合理消耗，努力实现低成本、高质量的工程。因此，本书以介绍基本概念和基本方法为主，对建筑生产活动中提出的各种技术方案、计划安排、管理措施进行全面的技术经济评价，为科学的决策提供必要的分析，使生产技术通过有效的管理，从而更好地提高建筑产品生产的经济效益。

目 录

第一章　绪论

第一节　建筑工程经济的相关概念

一、建筑业的概念及建筑产品

建筑行业的界定取决于行业的分类，而行业分类的目的主要是为了进行国民经济的管理。在 2011 年 11 月 1 日起实施的《国民经济行业分类》（GB/T 4754-2011）中，划定的建筑业包括房屋建筑业、土木工程建筑业、建筑安装业、建筑装饰业和其他建筑业等。

建筑业是专门从事土木工程、房屋建设和设备安装以及工程勘察设计工作的生产部门。其产品是各种工厂、矿井、铁路、桥梁、港口、道路、管线、住宅以及公共设施的建筑物、构筑物和设施。

建筑业是由劳动者利用机械设备与工具，按设计要求对劳动对象进行加工制作，从而生产出一定的产品，这使它具有工业生产的特征。但是，它又有许多不同于一般工业生产的技术经济特点，因而是一个独立的物质生产部门。

1. 建筑产品的特点

建筑产品的使用功能、平面与空间组合、结构与构造形式以及建筑产品所用材料的物理力学性能的特殊性，决定了建筑产品的特殊性。建筑产品的具体特点如下：

（1）建筑产品地点的固定性

一般的建筑产品均由自然地面以下的基础和自然地面以上的主体两部分组成（地下建筑全部在自然地面以下）。基础承受主体的全部荷载（包括基础的自重）并传给地基，同时将主体固定在地球上。任何建筑产品都在选定的地点上建造和使用，与选定地点的土地不可分割，从建造开始直至拆除均不能移动。所以，建筑产品的建造和使用地点在空间，上是固定的。

（2）建筑产品类型的多样性

建筑产品不但要满足各种使用功能的要求，而且还要体现出民族风格、物质文明和精神文明；同时也受到地区的自然条件等诸多因素的限制，使建筑产品在规模、结构、构造、形式、基础和装饰等诸方面变化纷繁。因此，建筑产品的类型多种多样。

（3）建筑产品体形庞大

无论是复杂的建筑产品，还是简单的建筑产品，为了满足其使用功能的需要，结合建筑材料的物理力学性能，都需要大量的物质资源，并占据广阔的平面与空间，因而建筑产品的体形庞大。

2. 建筑产品生产的特点

建筑产品地点的固定性、类型的多样性和体型庞大等三大主要特点，决定了建筑产品生产较一般工业产品生产具有其自身的特殊性。建筑产品生产的特点具体如下：

（1）建筑产品生产具有流动性

建筑产品地点的固定性决定了产品生产的流动性。一般的工业产品都是在固定的工厂、车间内进行生产的，而建筑产品的生产是在不同的地区，或同一地区的不同现场，或同一现场的不同单位工程，或同一单位工程的不同部位，组织工人、机械围绕着同一建筑产品进行生产。这就使建筑产品的生产在地区与地区之间、不同现场之间和单位工程不同部位之间流动。

（2）建筑产品生产具有单件性

建筑产品地点的固定性和类型的多样性决定了产品生产的单件性。一般的工业产品是在一定的时期里、统一的工艺流程中进行批量生产的，而具体的一个建筑产品应在国家或地区的统一规划内，根据其使用功能，在选定的地点上单独设计和单独施工。即使是选用标准设计、通用构件或配件，由于建筑产品所在地区的自然，技术、经济条件的不同，因此，建筑产品的结构或构造、建筑材料、施工组织和施工方法等也要因地制宜地加以修改，从而使各建筑产品生产具有单件性。

（3）建筑产品生产具有地区性

建筑产品的固定性决定了同一使用功能的建筑产品因其建造地点的不同必然受到建设地区的自然、技术、经济和社会条件的约束，使其结构、构造、艺术形式、室内设施、材料、施工方案等方面各异。因此，建筑产品的生产具有地区性。

（4）建筑产品生产周期长

建筑产品的固定性和体型庞大的特点决定了建筑产品生产周期长。建筑产品体形庞大，使得最终建筑产品的建成必然会耗费大量的人力、物力和财力。同时，建筑产品的生产过程还要受到工艺流程和生产程序的制约，使各专业、工种间必须按照合理的施工顺序进行配合和衔接；又由于建筑产品地点的固定性，因而施工活动的空间具有局限性。这些都导致建筑产品生产具有生产周期长、占用流动资金大的特点。

（5）建筑产品生产的露天作业多

建筑产品地点的固定性和体型庞大的特点决定了建筑产品生产露天作业多。因为体型庞大的建筑产品不可能在工厂、车间内直接进行施工，即使建筑产品生产达到了高度的工业化水平，也只能在工厂内生产其中部分构件或配件，大部分仍然需要在施工现场内进行总装配后才能形成最终的建筑产品。因此，建筑产品的生产具有露天作业多的特点。

（6）建筑产品生产的高空作业多

建筑产品体型庞大的特点决定了建筑产品生产具有高空作业多的特点。特别是随着城市现代化的发展，高层建筑物的施工任务日益增多，使得建筑产品生产高空作业多的特点日益明显。

（7）建筑产品生产组织协作具有综合复杂性

由上述建筑产品生产的诸多特点可以看出，建筑产品生产的涉及面较广。在建筑企业的内部，它涉及工程力学、建筑结构、建筑构造、地基基础、水暖电、机械设备、建筑材料和施工技术等学科的专业知识，要在不同时期、不同地点和不同产品上组织多专业、多工种的综合作业；在建筑企业的外部，它涉及各不同种类的专业施工企业，以及城市规划、征用土地、勘察设计、消防、"七通一平"、公用事业、环境保护、质量监督、科研试验、交通运输、银行财政、机具设备、物质材料、电水热气的供应、劳务等社会各部门和各领域的复杂协作配合，从而使建筑产品生产的组织协作关系综合复杂。

二、工程经济的相关概念

1. 工程经济学

工程经济学是介于自然科学和社会科学之间的边缘科学，它是根据现代科学技术和社会经济发展的需要，在自然科学和社会科学的发展过程中互相渗透、互相促进，逐渐形成和发展起来的。

工程经济学是工程与经济的交叉学科，是研究如何有效利用资源、提高经济效益的学科。

有关工程经济学的定义有很多种，归纳起来主要有以下几种观点：

（1）工程经济学是研究技术方案、技术政策、技术规划、技术措施等经济效果的学科，通过经济效益的计算以求找到最好的技术方案。

（2）工程经济学是研究技术与经济的关系，以期达到技术与经济最佳结合的学科。

（3）工程经济学是研究生产、建设中各种技术经济问题的学科。

（4）工程经济学是研究技术因素与经济因素最佳结合的学科。经济学的一个基本假定是资源具有稀缺性。资源的稀缺是相对的，也就是说与我们所需要的东西相比，满足这些需要的东西是非常有限的。由于资源稀缺，就要对资源进行合理配置，因此，需要对各种资源配置方案进行评价。本学科的任务就在于通过一定的判据标准选择恰当的方案。

2. 工程

工程是指按一定的计划，运用科学知识，使各种资源能够最大程度地为人类服务所进行的工作，如制造、建筑、开矿等。其目的就是将自然资源转变为有益于人类的产品，它的任务是应用科学知识解决生产和生活中存在的问题，来满足人们的需要。

一项工程能被人们所接受必须做到有效，即必须具备两个条件：技术上的可行性和经济上的合理性。如南水北调工程、长江三峡工程、西气东输工程，某市的道路改造工程、某单位办公楼建设等。

3.经济

经济是一个多义词。工程经济学中所说的"经济"，应当属于经济学的范畴，可以理解为社会生产与再生产过程以及与之相关的政策、制度等方面的总和。通常有四方面的含义：

（1）经济指生产关系。经济是人类社会发展到一定阶段的社会经济制度，是生产关系的总和，是政治和思想意识等上层建筑建立的基础。如市场经济、经济制度。

（2）经济指一国国民经济的总称，或指国民经济的各组成部分。如工业经济、农业经济、商业经济等。

（3）经济指社会生产和再生产，即物质资料的生产、交换、分配、消费的现象和过程。如经济活动、经济增长。

（4）经济指节约或节省。在经济学中，经济的含义是从有限的资源中获得最大的利益。

工程经济学的一个主要应用领域是建筑业。近年来，建筑业在国民经济中的重要地位越发凸显。建筑领域的生产经营活动，需要应用工程经济学来研究其经济问题和经济规律，寻求技术与经济的最佳结合。随着投资体制改革的不断深入，国家在逐步构建和完善市场引导投资、企业自主决策、银行独立审贷、融资方式多样、中介服务规范、宏观调控有效的新型投资体制，充分发挥在国家宏观调控下的市场配置资源的基础作用，营造投资主体公平有序的市场竞争环境，促进生产要素的合理流动和有效配置，优化投资结构，提高投资效益，推动经济协调发展。随着新型投资体制的建立，建设工程项目的可行性研究、投资决策和经济评价等将是重要的基础工作，需要掌握工程经济学的理论知识、技术方法，有效解决建设工程项目中的实际问题。

第二节　工程经济学的产生与发展

在 19 世纪以前，随着生产工具的变革，科学技术推动着人类社会经济的发展和文明的进步。但由于技术十分落后，经济发展的速度极为缓慢，人们不能有意识地通过提高技术水平来促进经济的发展，也不可能从经济的角度评价技术方案，只能是就技术论技术。进入 19 世纪以来，随着科学技术的高速发展，为了用有限的资源来满足人们的需要，在实际工程中可供选择的技术方案越来越多。如何以经济效果为标准把多个技术上可行的方案进行比较并做出评价，从中优选出最佳方案的问题，就愈加突出和复杂。于是，在该背景下便产生了工程经济学这门科学。

最早在工程领域开展经济评价工作的是美国的惠灵顿，他用资本化的成本分析方法来选择铁路的最佳长度或路线的曲率，并在《铁路布局的经济理论》（1887 年）一书中，对工程经济下了第一个简明的定义："一门少花钱多办事的艺术"。

20世纪20年代,戈尔德曼在《财务工程学》中指出:"这是一种奇怪而遗憾的现象......在工程学书籍中,没用或很少考虑......分析成本以达到真正的经济......",也正是他提出了复利的计算方法。

20世纪30年代,经济学家们注意到了科学技术对经济的重大影响,工程经济的研究也随之展开,逐渐形成一门独立的学科。1930年,格兰特出版了《工程经济原理》,他以复利为基础讨论了投资决策的理论和方法。这本书作为教材被广为选用,他的贡献也得到了社会的承认,被誉为"工程经济学之父"。

第二次世界大战后,各国都很重视技术进步对经济增长的促进作用,据测算20世纪50~70年代发达国家的技术进步对国民收入增长速度的贡献为50%~70%。在此之后,随着数学和计算技术的发展,特别是运筹学、概率论、数理统计等方法的应用,以及系统工程、计量经济学、最优化技术的飞跃发展,使工程经济学得到了长足的发展。

1978年,布西出版了《工业投资项目的经济分析》,全面系统地总结了工程项目的资金筹集、经济评价、优化决策以及项目的风险和不确定性分析等。

1982年,里格斯出版了《工程经济学》,系统阐明了货币的时间价值、货币管理、经济决策和风险与不确定性分析等。

第三节　建筑工程经济的研究内容

一、建筑工程经济的研究对象

建筑工程经济的研究对象是建筑工程(项目)方案的经济分析所用的基本方法和经济社会评价方法,即运用哪些经济学理论,采用何种分析工具,建立什么样的方法体系,才能正确地估计建筑工程(项目)方案的有效性,才能寻求到建筑工程技术方案与经济效益的最佳结合点。具体来说,建筑工程经济的研究对象主要有三个方面。

1. 研究建筑技术方案的经济效果,寻找具有最佳经济效果的方案

经济效果是指实现技术方案的产出与投入比。产出是指技术方案实施后的一切效果;投入是指各种资源的消耗和占用。研究技术方案的经济效果往往是在技术方案实施前,通过对各种可能方案的分析,比较、完善、选择出经济上最佳的技术方案,保证决策的科学性,以减少失误。这是关系到有限资源最佳利用的大事,关系到国家和企业竞争力强弱的重大问题。

2. 研究建筑技术与经济相互促进与协调发展的问题

技术与经济是相互促进、相互制约的。技术与经济的协调发展包含着两种含义:其一是技术选择要视经济实力而行,不能脱离实际;其二是协调的目的是发展,发展是中心问

题，要创造条件去争取可能条件下的发展速度。

处理技术与经济协调发展的核心问题是技术选择问题。从建筑企业的层面上要研究技术路线选择、设备选择、加工工艺选择、运输方式选择、"三废"技术选择等，这些直接关系到企业的竞争力。

3. 研究技术创新，推动技术进步，促进经济增长

科学技术是第一生产力，技术创新是促进建筑业经济增长的根本动力，是转变经济增长方式的唯一途径。技术创新的这种特殊地位决定了它是工程经济的重要研究对象。

创新是国家兴旺发达和建筑企业发展的不竭动力。我国把建立国家创新体系和技术创新机制作为建立社会主义市场经济体制的一个重要目标，把建立健全企业的技术创新体系作为建立现代企业制度的重要内容。改革开放以来，我国建筑业迅速发展，主要得益于技术创新。

二、建筑工程经济的特点

1. 综合性

工程经济横跨自然科学和社会科学。工程技术的经济问题往往是多目标、多因素的。因此，建筑工程经济研究的内容涉及技术、经济、社会、政策、法规与生态等因素。

2. 实用性

建筑工程经济的研究对象来源于生产建设实际，其分析和研究成果直接用于建设与生产，并通过实践来验证分析结果的正确性。

3. 定量性

建筑工程经济以定量分析为主，对难以定量的因素，也要予以量化估计。用定量分析结果，为定性分析提供科学依据。

4. 比较性

建筑工程经济分析通过经济效果的比较，从许多可行的技术方案中选择最优方案或满意的可行方案。

5. 预测性

建筑工程经济分析对将要实现的技术政策、技术措施、技术方案进行事先的分析评价。

三、工程经济学分析的基本原则

1. 资金的时间价值原则

工程经济学中一个最基本的概念是资金具有时间价值，即今天的1元钱比未来的1元钱更值钱。投资项目的目标是为了增加财富，财富是在未来的一段时间获得的，能不能将不同时期获得的财富价值直接加总来表示方案的经济效果呢？显然不能。由于资金时间价值的存在，未来时期获得的财富价值从现在看没有那么高，需要打一个折扣，以反映其现

在时刻的价值。如果不考虑资金的时间价值，就无法合理地评价项目的未来收益和成本。

2. 现金流量原则

衡量投资收益用的是现金流量而不是会计利润。现金流量是项目发生的实际现金的净得，而利润是会计账面的数字，按"权责发生制"核算，并非手头可用的现金。

3. 增量分析原则

增量分析符合人们对不同事物进行选择的思维逻辑。对不同方案进行选择和比较时，应从增量角度进行分析，即考察增加投资的方案是否值得，将两个方案的比较转化为单个方案的评价问题，使问题得到简化，并容易进行。

4. 机会成本原则

增量分析符合人们对不同事物进行选择的思维逻辑。对不同方案进行选择和比较时，应从增量角度进行分析，即考察增加投资的方案是否值得，将两个方案的比较转化为对单个方案的评价问题，使问题得到简化，并容易进行。

5. 有无对比和前后对比原则

"有无对比"将有这个项目和没有这个项目时的现金流量情况进行对比；"前后对比"将某一项目实现以前和实现以后所出现的各种效益费用情况进行对比。

6. 可比性原则

进行比较的方案在时间上、金额上必须可比。因此，项目的效益和费用必须有相同货币单位，并在时间上匹配。

7. 风险收益的权衡原则

投资任何项目都是存在风险的，因此必须考虑方案的风险和不确定性。不同项目的风险和收益是不同的，对风险和收益的权衡取决于人们对待风险的态度。但有一点是肯定的，选择高风险的项目，必须有较高的收益预期。

四、工程经济分析的一般过程

工程经济分析是一个不断深入、不断反馈的动态规划过程。

纵向看：前一阶段的工作成果是后一阶段工作的前提和基础，后一阶段是前一阶段工作的深入和细化。

横向看：每一个阶段又可分解成若干相互联系和区别的子过程。

五、工程经济分析的一般程序

1. 确定目标。在确定目标时要做到：目标要具体、明确；要有长远的观点；要有总体观点；要分清主次。

2. 调查研究，收集资料。目标确定后，要对实现目标的需求进行调查研究，分析是否具有实现目标所需的资源、技术、经济和信息等条件。

3. 选择对比方案。一般是有几个备选方案，从备选方案中选出较优的方案。

4. 将比较方案可比化。必须满足可比性的原则，应满足需求上的可比、消耗费用上的可比、销售价格的可比和时间上的可比。

5. 建立经济数学模型。找出目标函数，根据约束条件列出方程，求出使目标函数达到最大的目标值。

6. 模型求解。

7. 综合分析论证。

8. 与既定目标和评价标准比较。如果符合目标就要采纳，不满足就要淘汰。

六、建筑工程经济分析方法

建筑工程经济分析需要综合运用数学、工程技术科学、经济科学、管理科学、系统工程等多学科的基本理论方法。具体的分析方法往往取决于实际问题的性质和具体条件。

1. 效益费用分析法

效益费用分析法以经济效益为目的，计算分析各方案的成本费用和效益，并通过能反映方案经济效果有关指标的分析比较，选择最佳方案。属于这一类的具体方案有投资回收期法、效益费用比法、净现值法、内部收益率法等。

2. 不确定性分析法

不确定性分析法主要用于研究影响项目建设或技术方案实施经济效果的一些重要因素，如投资额、成本、产品产量，产品价格、建设工期、利率等发生变化时，相应的投资经济效果会如何变化的问题。根据这些因素的变化特点，可应用不同的具体方法进行不确定性分析。当这些因素的变化在一定范围时，可采用敏感性和盈亏分析法；当这些因素的变化遵循统计规律时，可采用概率分析的方法。

3. 预测方法

建筑工程经济分析主要是针对拟建项目进行的，要科学地把握项目的未来运行情况，描述项目建设和运营中自身的投资、经营成本、营业收入、运营年限、资产回收、税金及利息等经济要素，以及项目建设和运营对相关主体、社会经济与环境等方面产生的有利和不利的影响，度量项目的费用和效益或效果。从而准确地对方案做出评价，用科学预测来揭示事物的发展规律及具体发展规模、发展水平，为其他具体评价方法的使用提供未来项目的信息支持。

预测方法的选择、预测基础信息的获取和选用、预测模型的选用等直接影响着预测的精度，进而影响建筑工程经济分析的结论。所以在进行项目工程经济分析时，应把握事物是联系的、发展的观点，在占有大量项目相关信息的基础上，科学选用预测方法，力求获取准确的数据。当然事物的发展受诸多因素的影响和制约，其发展轨迹不可能为人类所精确模拟，因此，建筑工程经济分析所选用的资料具有客观的不确定性。

4. 价值工程方法

价值工程方法是建筑工程经济分析的专门方法。价值工程方法在剖析功能（效用）和成本的基础上，研究功能（效用）和成本两者的对比关系，并自始至终追踪影响价值的因素。通过对价值工程对象的功能定义、功能分析、功能评价，全面、系统地认识研究对象的功能结构及其内在关系，从而找到完善功能设计、降低费用和提高研究对象价值的途径。

5. 系统分析法

项目的规划、设计、建设和运行是一项复杂的系统工程，涉及设计项目内部的人、财、物资源配置，也涉及项目与所处技术、经济和社会环境的融合。即使项目系统自身，其建设和运营状况也受融资、决策、生产、质量、营销等子系统的影响，其外在表现状况也反映在多个方面，既有技术的、经济的，也有环境的、社会的。因此对建设项目的考察不能局限在一方面或几个方面，要做全面综合评价，进行系统分析。

项目评价和选择是一个多目标决策的过程，项目投资主体和项目实施者有着多样性的决策发展目标，这也决定了必须对项目进行系统的、综合的评价和分析。

七、学习建筑工程经济的意义

1. 工程师应掌握必要的经济学知识

可以认为，工程师所从事的工作是以技术为手段把各类资源（如矿产资源、资金等）转变为能被市场所接受的产品或服务，以满足人类的物质和文化需求。在这一过程中，技术所要达到的目的是经济性的，而技术所要存在的基础也是经济性的。工程师的任何技术活动都离不开经济，工程师的任何工程技术活动，包括任何计划过程和生产过程，都应考虑收入和支出的情况，最终考虑经济目标实现的程度，并由这一标准去检验工程技术和工程管理活动的效果。因此，工程师应掌握基本的工程经济学原理，为今后在工作中更好地履行职责打下基础。正如里格斯教授在《工程经济学》中所述："工程师的传统工作是把科学家的发明转变为有用的产品。"而今，工程师不仅要提出新颖的技术发明，还要能够对其实施的结果进行熟练的财务评价。缺少这些分析，整个项目往往很容易成为一种负担，收益也不大。这也是工程类专业学生应该学习经济学的原因。

2. 进行工程经济分析可以提高社会资源利用效率

人类社会经济的快速发展，离不开有限的资源，应尽可能合理分配和有效利用现有的资源（包括资金、原材料、劳动力和能源等）来满足人类的需要。所以，如何使产品以最低的成本可靠地实现产品的必要功能是必须考虑和解决的问题，而要进行合理分配和有效利用资源的决策，则必须同时考虑技术与经济各方面的因素进行工程经济分析。

3. 进行工程经济分析可以降低项目投资风险

工程项目的建设是在未来进行的，在项目正式建设前进行各种备选方案的论证和评价，可使决策科学化。一方面，这样的论证和评价可以在投资前发现问题，并及时采取相应措施；另一方面，这样的论证和评价可以及时发现不可行的方案并加以否定，避免不必要的损失，实现投资风险最小化的目的。不进行科学的决策和多方案的评价选优，其结果就是造成人力、物力和财力的浪费。只有加强工程经济分析，才能降低投资风险，为每项投资获得预期的收益提供保障。

4. 进行工程经济分析可以提高产品竞争力

尽管一般工业产品是在生产过程中制造出来的，但是产品的技术先进程度和制造费用在很大程度上是由工程设计人员在产品设计和选择工艺过程中就已基本确定。如果工程设计人员在产品设计、选择工艺时不考虑市场需要的生产成本，产品就可能没有市场竞争力，企业也就失去了生存的基础。通过学习工程经济学的理论和方法，工程技术人员将会有意识地在产品设计及制造过程中注意提高其性能和质量，注意降低其生产成本，做到物美价廉，同时达到提高产品竞争力的目的。

八、工程经济学在项目管理中的地位

在工程项目管理中，工程经济学的应用可分为两个层次：一方面，可根据工程经济学的理论和方法，在项目的策划、设计、实施过程中，综合项目的特点，通过多方面的评价，选择技术上先进、经济上合理的方案；另一方面，可根据国家和有关部门制定的各项政策、法律法规，进行工程项目的有效管理，保证项目最佳效益目标的实现。因此，工程经济学知识已成为现代项目管理人员必备的基础知识。在我国现行的诸多建设领域的执业资格考试中，工程经济学（工程经济基础）都是一门必考的基础课程。

第二章 房地产经济学与工程经济基础理论

第一节 地租理论

土地是人类社会生产活动中不可缺少的生产要素。在技术水平既定的条件下，其可用的数量又是极其有限的。因此，人类经济生活中面临着土地这一稀缺资源如何才能达到最优配置的问题。在市场经济条件下，地租正起到调节土地资源配置的作用，而且地租也是理解房地产经济活动领域中其他范畴的关键所在。

首先，地租是一个经济范畴，是土地使用者为使用土地而支付给土地所有者的代价，这种代价可以以货币的形式表现出来（货币地租），也可以是非货币形式。如土地的生产物（农业中的实物地租），或者由使用土地的一方交易者提供等价资产或劳动。地租是土地所有权在经济上的实现形式。

其次，地租又是一个社会历史范畴，在不同的社会形态下，由于土地所有权性质的不同，地租的性质，内容和形式也有很大的差异。封建地租、资本主义地租和社会主义条件下的地租，反映了不同的生产关系。也就是说，地租作为一种经济范畴，不仅反映土地所有者与使用者之间的一般经济利益关系，而且在不同的历史发展阶段表现特定的人与人之间的社会关系，是社会关系在土地方面的直接体现。

在经济学发展的历史过程中，许多经济学家对地租问题做过深入的研究。一般而言，西方经济学中地租理论的发展过程大致上分为三个阶段：一是古典政治经济学阶段；二是庸俗政治经济学阶段；三是现代西方经济学阶段。

一、地租理论发展的三个阶段

1. 古典政治经济学的地租理论

古典经济学时期流行的地租理论是地租剩余理论，地租剩余理论起源于威廉·配第的《赋税论：献给英明人士货币略论》和亚当·斯密的《国民财富的性质及其原因的研究》之间的时期。该时期的地租论点是，地租是从土地收益中减去包括工资在内的成本后的剩余，剩余额的大小取决于农产品的需求和供给成本，农产品的成本又取决于土地的位置和肥沃程度。较完整的地租剩余理论，产生于詹姆斯·安德森的《地租性质的研究》和大卫·李嘉图的《政治经济学及赋税原理》之间的时期。这一时期对地租问题有研究的学者还有马尔萨斯（《地租的性质与发展》）、爱德华·威斯特（《论费本用于土地》）等。

（1）成康·配第的地租理论。威廉·配第是古典政治经济学的奠基人。他认为，一个人从他的收获物中，扣除了自己投入的种子，并扣除了自己食用及为换取衣服和其他必需品面给予别人的部分之后，剩下的谷物就是这块土地一年的自然的真正地租。级差地阻的概念最初就是由威廉·配第提出来的。他不仅提出同等面积的土地，因土地的丰度不同产生级差地租，而且还提出由于距离市场的远近不同以及投在等量土地上的劳动生产力的差别而产生的级差地租。对地租理论做出了极其重要的贡献。

（2）亚当·斯密的地和理论。亚当·斯密（Adam Smith, 172-1790）在经济学发展历史上，最先系统地研究了地租，他看到了地租是土地私有制产生以后出现的概念。在《国民财富的性质及其原因的研究》一书中，亚当·斯密指出地租是使用土地的代价，是为使用土地而支付的价格。这个代价是产品或产品价格超过补偿预付资本和普通利润后的余额。土地所有者把它作为自己土地的地租而占为己有。

地租是使用土地的代价，是在保证租地人取得对所垫付资本的足够补偿，并获得平均利润的前提下，按照土地实际情况支付给地主的最高价格。现实生活中所缴纳的地租可能会低于或高于这个最高价格。

地租在很大程度上并非地主改良土地所投入资本的利润或利息。对于未改良土地，地主也要求缴纳地租。土地改良资本的利润或利息，一般只是未改良土地地租的附加额。不过在续订租约时，地主通常要求增加地租，好像改良是由他投资的。这样看来，地租完全不和地主的土地改良投资额成比例，它是一种垄断价格。

地租成为商品价格构成部分的方式不同于工资和利润。有些土地产品的需求，使得它们的市场价格总是超过其生产费用，而有些产品的价格超过或不超过其生产费用。前者总能提供地租，后者有时能够提供地租，有时则不能。土地产品价格有高有低，是因为生产它所必须支付的工资和利润有高有低。但能不能提供地租，则是因为产品的价格有高有低。因此，工资和利润的高低是价格高低的原因，地租的高低是价格高低的结果。

地租随土地肥沃程度不同而不同，也随土地位置的不同而不同。都市附近的土地，比偏远地带同样肥沃的土地，能够提供更多的地租，这是因为偏远地带的单位产品，从产地到都市的运输费用更高，从而其用于支付地租的剩余部分更少。良好的道路和可通航河流会减少运输费用，使偏远地带土地与都市附近土地支付地租的能力更接近。

谷田和牧场的地租支配其余一切耕地的地租。一切大国中的大部分耕地，都用来生产人类所需的粮食。假如用来生产某种特殊产品的土地，所能提供的地租少于粮食生产用地的地租，那种土地马上就会用于生产粮食；假如能够提供较多的地租，那么一部分粮食生产用地不久就会用于生产这种特殊的产品。

煤矿能否提供地租，取决于它的产出力和位置。有些煤矿的产出物仅够支付工资和补偿开矿资本，并提供普通利润。像这类煤矿，除了地主自己开采，不能由他人经营。因为任何人开采都不能支付地租。

（3）詹姆斯·安德森的地租理论。土地肥沃程度的差异，是土地支付或不支付地租，以及支付不同地租的原因，这种土地肥沃程度的差异，和土地的绝对肥力（生产力）没有任何关系。各种等级土地的绝对肥力的不平衡，能够日益趋于平衡。在一国可能是谷物价格高面地租低，在另一国可能是谷物价格低而地租高。这是因为在这两个国家，地租的高低及地租本身的存在，决定于各等级土地肥力的差异，而不是决定于各等级土地的平均肥力。虽然土地产品的价格在地租最低的国家往往最高，但不是地租决定土地产品价格。而是土地产品价格决定地租，所以，地租同农业的绝对生产率毫无关系。

在不同生产条件下生产出来的等量产品具有统一的市场价格，是形成地租的前提。

由土地改良投资造成的土地生产力，会同土地的"自然"生产力融合在一起，从而提高地租。对一块土地的不断耕种，也能改良土地。

（4）大卫·李嘉图的地租理论。在古典政治经济学家中。大卫·李嘉阳（David Ricardo，1772-1823）最充分地研究了级差地租问题，他区分了一般意义上的地租和经济学意义上地租的不同。一般意义上的地租实际是租金，是农场主每年实际付给土地所有者的一切；而经济学意义上的地租仅指"是为使用土地的原有和不可摧毁的生产力而付给地主那一部分的土地产品"。

租金中多付的"地租"部分是因为使用了土地所有者投入在土地上的各种设施设备。这个多付部分不是地租，而是土地所有者所有的资本应当获得的利润。因此经济学上的地租很明确，是因为也只是因为使用土地面付给土地所有者的定额才是地租。李嘉图的地租理论不仅考察了级差地租的第一种形态，即耕种优等土地和中等土地而获得的超额收入转化成的地租；而且考察了级差地租的第二种形态，即在同一块土地上追加等量资本和由于生产率不同而产生的地租。

2.庸俗政治经济学的地租理论学家萨伊运用效用价值论考察地租问题。他认为。"所谓生产，不是创造物质，而是创造效用""人力所创造的不是物质而是效用"。他认为生产出来的物品具有效用时，人们就给这种物品以价值。他把商品的价值和使用价值混在一起。在此基础上他提出生产的三要素理论，即劳动、资本和土地。凡生产出来的价值，都应归于劳动、资本和土地三种生产要素作用的结果。因此，工资是对劳动服务的补偿，利息是对资本服务的补偿，地租是对使用土地的补偿。

托马斯·罗伯特·马尔萨斯提出地租是总产品价格中的剩余部分，或者用货币来计算是总产品价格中扣除劳动工资和耕种投资利润后的剩余部分。产生这个剩余部分的原因，一是土地的性质（指土地的肥力），土地能生产出比维持耕种者的需要还多的生活必需品；二是土地所生产的生活必需品具有特殊的性质，生活必需品在适当分配以后。就能够产生出它自身的需求。如粮食的充裕可以推动人口的增长，形成新的需求，使粮食价格支付各种费用后还有剩余，从而形成地租；三是肥沃土地的相对稀缺性。土地的性质是剩余产品产生的主要原因。因此地租是"自然对人类的赐予"，它和其他垄断无关。

3. 现代西方经济学的地租理论

阿尔费雷德·马歇尔是新古典主义经济学的集大成者。他认为一般而言的地租由几部分组成，即由原始价值、私有价值和公有价值所组成。所谓土地的私有价值，是指土地所有者为改良土地及建造建筑物等投入的资本和劳动所带来的收入；公有价值是国家建设各种基础设施，提高了土地使用效率而带来的增值；而土地的原始价值才是经济学意义上的地租。是大自然赋予的收益，是土地供给和需求相互作用的结果。地租是土地供求达到均衡时的均衡价格。

新古典综合派的代表人物保罗·萨缪尔森认为地租是为使用土地所付的代价。由于土地供给数量是固定的，缺乏弹性的，因面地租量完全取决于土地需求者之间的竞争。

现代土地经济学家雷利·巴洛维在《土地资源经济学—不动产经济学》中提出。地租可以简单地是一种经济剩余，即总产值或总收益减去总要素成本或总成本之后余下的那一部分，各类土地的地租额取决于产品价格水平和成本之间的关系。

西方经济学中的地租理论有其科学的成分，应加以吸收和借鉴，但由于其撇开了地租所反映的生产关系，不能科学地阐明地租的本质和源泉。科学的地租理论是由马克思创立的。

二、马克思主义的地租理论

马克思主义的地租理论是马克思和恩格斯在对古典政治经济学家的地租理论批判性地继承的基础上建立和发展起来的。马克思主义的地租理论主要研究了资本主义农业地租，对城市地租也有所涉及，主要包括资本主义地租的实质、级差地租、绝对地租、建筑地段地租和矿山地租等内容。

资本主义地租是租地农场主为取得土地使用权而支付给土地所有者的超过早均利润的那部分利余价值。土地所有权垄断是资本主义生产方式的历史前提。实际的耕作者是雇佣工人，他们受雇于租地农场主。作为租地农场主的资本家，为了得到使用自己资本的生产经营场所（土地）。要在一定期限内按契约规定，支付给他所使用的土地所有者一定的货币额。不管这一货币额是为耕地、建筑地段，还是为矿山、渔场、森林等支付，通称为地租。租地农场主要支付地租，但并不因此而减少他的平均利润，也就是说，租地农场主取得平均利润，而土地所有者取得超额利润——地租。在这里，土地所有权是地租的前提，地租是土地所有权得以实现的经济形式。

我们可以看出，真正的地租与投入土地的固定资本的利息是有区别的，投入土地的资本的存在，一些是短期的，如化学性质的改良、施肥等；一些是长期的，如修排水梁、建设灌溉工程、平整土地、建造经营建筑物等。这种投入土地的资本为土地资本（改良物），属于固定资本的范畴，为改良土地而进行的土地资本投入所支付的利益，可能形成地租的一部分，但这一部分并不构成真正的地租。真正的地租是为使用土地（物质）本身而支付的，不管该土地是处于自然状态还是已经被开垦。投入土地且经过较长时间才能损耗尽的长期固定资本，大部分或全都是由租地农场主投入的。但契约规定的租期以内，在土地上进行的各种改良，就和土地本身一起成为土地所有者的财产。在签订新的租约时，土地所有者就把已投入土地的资本的利息，加到真正的地租上，而不论是把土地租给曾进行改良的原租地农场主，还是租给其他人，地租都要上涨。撇开真正地租的变动不说，这是随着经济发展，地租（或土地价格）不断上涨的原因之一。这一过程在建筑地段的使用中表现得更为明显。

租金（或称为契约租金）中可能包括对平均利润或正常工资的扣除，或同时对这二者的扣除。从经济学上来说，扣除的平均利润和工资部分都不能形成真正的地租，但它们可能和真正的地租一起形成土地所有者的实际收入，并且可能和真正的地租一样，对土地价格起决定作用。

地租与借贷资本利息有区别，地租表现为土地所有者出租一块土地而每年得到的一定的货币额，而任何一定的货币收入都可以资本化，都可以看作一个想象的资本的利息。因而地租的资本化形成土地的购买价格。假定平均年利率为6%，一个每年300元的地租，可以看作是一个5000元资本的利息。而当用5000元购买一宗每年能提供300元地租的土地时，这和买地人按6%年利率借出5000元一样。但是，（自然）土地不是劳动产品，因此没有任何（劳动）价值。这个购买价格不是土地的购买价格。而是土地所提供的地租的购买价格。虽然这里资本比率可以按普通利息率计算，但地租的资本比是以地租为前提的，地租却不能反过来由土地价格产生。非交易土地的地租的存在是进行资本化的前提，

1. 级差地租

级差地租是经营较优土地的农业资本家所获得的，并最终归土地所有者占有的超额利润。其来源是产品个别生产价格与社会生产价格的差额，由于这种地租与土地等级相联系，故称为级差地租。

造成土地等级差异大致有三个原因：一是不同地块在丰度肥力上具有差异性；二是不同地块的地理位置即区位存在差异性；三是同一块土地上连续投资产生的劳动生产率也有差异性。上述差异使土地客观上具有不同的等级，进而使不同等级的土地，在投入等量劳动的条件下，形成不同的级别生产力。这种以使用不同等级土地或在同一土地上连续追加投资为条件产生的土地级差生产力是产生级差超额利润的物质基础，从而也成为级差地租的物质条件或自然基础。

在任何情况下，用于农业的土地（首先是耕地）的肥力和位置是有差别的。劳动者在不同肥力或位置的土地上耕种，其劳动生产率必然有差别。在较优土地上产量高，产品个别生产价格较低：相反，在劣等土地上耕种，产量低，产品个别生产价格就相对较高。然而在市场经济条件下，同样产品在市场上是按同一价格销售的。

由于土地面积有限，特别是优、中等地面积有限，仅仅把优、中等地投入农业生产，不能满足社会对农产品的需求，因而劣等地也必然要投入农业生产。进一步说，如果劣等

地不投入农业生产，中等地就成了投入农业生产的相对的"劣等地"，结论仍然成立。如果农产品也像工业品一样，由中等生产条件决定市场价格（社会生产价格），那么，经营劣等地的农业资本家就得不到平均利润，最终就要退出农业经营。这样，农产品的产量就不能满足社会需求，价格就要上涨。当价格上涨到使劣等地的经营者也能获得平均利润时，劣等地会重新投入到农业生产。可见，为了情足社会对农产品的需求，必须以劣等地条件决定的个别生产价格作为社会生产价格。这样，经营优、中等地的农业资本家的个别生产价格低于社会生产价格，就能获得一定的超额利润。

由此可见，整地租产生的条件是自然力，即优越的自然条件。但自然力不是超额利润的源泉，仅是形成超额利润的自然基础，是较高劳动生产率的自然基础。级差地租产生的原因是由土地有限而产生的资本主义经营垄断。正是由于这种有限的优越自然条件被部分经营者垄断，因而能获得持久而稳定的超额利润。而在土地所有权存在的条件下，这部分超额利润就要转化为极差地租，归土地所有者占有。

根据造成土地等级原因的不同，马克思将由于土地丰度和位置差异产生的超额利润转化的级差地租称为级业地租1，将由于在同一地块上各个连续投资的劳动生产率差异所产生的超额利润转化的级差地租称为级差地租。

2 绝对地租

在市场经济条件下，使用级差生产力低下的劣等地不可能产生级差超额利润，因而也不需要支付级差地租，这是否意味着土地所有者可以不要任何代价将这些土地交给使用者使用呢？答案是否定的。土地使用者仍然应向土地所有者支付地租，否则，土地所有权在经济上将得不到实现。马克思把这种只要使用所有者的土地绝对需要支付的地租称为绝对地租。事实上，不仅使用劣等地要支付绝对地租，而且使用中等地和优等地所支付的地租中。也包含着一个绝对地租在内。

绝对地租的实体表现为农业中的超新利润，其来源有两种不同的情况：一是在农业资本有机构成低于社会平均有机构成的条件下，绝对地租来源于土地产品价值高于其生产价格的差额。因此，由于农业资本有机构成低于工业，等量资本在农业中可吸收较多的劳动力，在剩余价值率相等的条件下，可产生较多的剩余价值。在工业生产中，由于不同部门存在以资本转移为特征的自由竞争，因而能引起剩余价值在不同部门之间进行重新分配，形成平均利润，而在农业中，由于存在土地所有权的垄断，资本的自由流动受到限制，从而导致农业部门生产的剩余价值不参与平均利润率的形成过程。这样，由于农业资本有机构成低而多获得的剩余价值就留在农业部门，构成超额利润，即绝对地租的实体。二是农业资本有机构成在赶上甚至超过工业的条件下，绝对地租只能来源于土地产品的市场价格高于其价值的差额。

3. 垄断地租

马克思认为，在资本主义制度下，除了级差地租和绝对地租两种基本地租形式之外，还存在着垄断地租。垄断地租是由产品的垄断价格带来的超额利润转化成的地租。某些土地具有特殊的自然条件，能够生产某些特别名贵又非常稀缺的产品。例如，具有特殊风味的名酒就用某些特别地块出产的原料（包括水）酿制而成的。这些产品就可以按照生产价格，或超过其价值的垄断价格出售。

这时的垄断价格只由购买者的购买欲望和支付能力决定，而与一般生产价格或产品价值所决定的价格无关。这种垄断价格产生的超额利润，由于土地所有者拥有对这种具有特殊性质的土地的所有权因而转化为垄断地租，落入土地所有者手中。

4. 建筑地段地租和矿山地租

建筑地段地租和一切非农业用地的地租一样，是由真正的农业地租调节的。位置对级差地租具有决定性的作用。人口的增加以及随之而来的住宅需求的增大，会使得对建筑地段的需求增加，从而提高建筑地段地租，土地作为空间和地基的价值也将相应地提高。在土地上的固定资本投入（建筑物、铁路、船坞等）也必然会提高建筑地段的地租。不过，作为房屋投资资本的利息和折旧之和的房租，与单纯的地租是完全不同的。在迅速发展的城市内，房地产投机的真正对象是地租，而不是房租。

矿山地租的决定方法和农业地租是完全一样的。

三、新古典经济学的地租理论

新古典经济学时期流行的地租理论是地租的边际生产力理论。一般认为，冯·杜能是这一理论的先驱，他在《孤立国同农业和国民经济的关系》一书中应用边际生产力概念分析了地租理论，并建立了区位地租理论。对边际生产力理论及其在地租中的运用做出重要贡献的经济学家还有门格尔、杰文斯、克拉克、威克塞尔、威克斯蒂德、马歇尔等，其中威克斯蒂德、马歇尔是两位最重要的代表人物。他们的理论否定了庸俗政治经济学中把生产要素三分为土地、劳动、资本的方法，认为各生产要素的价值由它的边际生产力决定，从而否认地租是一种剩余。莱昂·瓦尔拉斯质问："为什么英国学派要用劳动和资本服务的使用量来确定地租，而不愿用土地服务的使用量来确定工资和利息？"瓦尔拉斯认为，"地租、工资、利息、产品价格和生产系数都是在同一问题以内的未知量：它们始终必须共同地被确定，不能单独地被确定"。迄今为止，这一地租理论仍然表述于现代西方经济学教科书中。下面主要介绍马歇尔对地租理论的论述。

1. 边际生产力地租

投入土地的资本和劳动是由陆续使用的等剂量构成的。在陆续投入的过程中，陆续使用的各个等剂量所产生的报酬会出现递增、递减或者增减交替的现象，我们把所产生的报酬刚好与耕作者的生产费用相等的这一剂量称为边际剂。使用这一剂量刚好使耕作者的资本和劳动获得一般报酬，而没有剩余。它所产生的报酬称为边际报酬。投入土地的总剂量数乘以边际报酬，得到所投入资本和劳动的一般总报酬。所投入资本和劳动产生的总报酬超过这个一般总报酬，超过的部分就是土地的剩余生产物，它在一定条件下会转变为地租。

2. 稀有地租和级差地租

从某种意义上说，所有的地租都是稀有地租，也都是级差地租。如果地租被看作土地服务总价值，超过所有土地在按照边际利用时所提供的总服务的差额时，地租就是级差地租。如果把每块土地充分利用到它能被有利使用的程度，也就是说，使用程度达到这样的边际，以至其产品只能以一种价格出售，这种价格刚好等于边际产品的生产成本（费用加利润），而不对土地的使用提供任何剩余。这样，土地所提供的服务（产品）的价格，必然由服务（产品）总量的自然稀缺性和对这些服务的需求即供求来决定，而地租则最容易被看成这种稀缺价格总量和产品生产成本总量之差，因此它一般又被视为稀有地租。

3. 城市地租

城市地租等于位置地租加上农业地租。例如，有两个从事同一产业的生产者，他们在各方面都具有相同的便利，但第一个生产者所占有的位置较为便利，因此在相同市场上买卖所需运费较少。假设第二个生产者不存在位置便利，其所使用的土地只是按农业土地缴纳地租，那么第一个生产者的土地位置便利所具有的货币价值，就可能转化为位置地租。第一个生产者缴纳的地租额就等于位置地租加农业地租。

土地所有者的土地收入中包括地租和利润两部分。地租是土地的原始价值或公有价值。原始价值是由于自然的原始性质（阳光、热、雨、空气、土地位置等）所致，虽然其中大都是人为的结果，但不是土地持有者造成的。例如。一块土地由于附近人口的激增，而立即具有很高的价值，它的所有者并没有做任何努力，这种价值可以确切地称为"公有价值"，它是真正的地租。大部分位置价值（位置地租）是公有价值。土地持有者劳动或投资所创造的那部分价值可以称为"私有价值"，在土地年收入中表现为利润。利润率的大小取决于土地开发投资者所承担的风险。成片开发的风险大于单项开发，个人开发的风险大于政府开发。例如，众多土地所有者联合起来修建一条铁路，这将大大提高他们土地的价值，虽然这种资本用于铁路建设，而可能不是直接投资于自己的土地。一个国家在建立社会政治组织、普及国民教育和开发自然资源方面的投资，也具有相同的性质。

4. 准地租

准地租是指从人类制造出来的特定生产工具中获得的收入。即任何无供给弹性的生产要素都能得到或多或少具有地租性质的收入。建筑物、特殊机器设备等在短期内，供给都可能缺乏弹性，他们的收入都被称为准地租。

5. 地租与土地产品价格的关系

地租是不是决定价格的成本，取决于我们是从一个企业、一个小的行业，还是从一个大的行业或整个经济范围的角度来看问题。就整个经济或一个大的行业而论，我们可以把使用土地的各种方法归并为一类，土地利用方式自然就是单一的，土地的供给缺乏弹性，地租的大小就取决于对土地的需求（引致性需求），进一步而言，就是取决于对土地产品的需求。地租是引致的，即由土地产品价格决定的。从单一的企业或某些小行业来看，土地利用方式是可以选择的（如种小麦或种树，开发成住宅、写字楼、公园或道路），土地的供给有相当大的弹性，地租就是影响土地产品价格的成本。

四、城市地租理论

1. 城市地租及其形态

与农业地租相比，城市地租存在一定的特殊性，本部分主要分析城市级差地租、城市绝对地租和城市垄断地租在内的地租问题。

（1）城市地租的含义。所谓城市地租，是指住宅经营者或工商企业为建筑住宅、工厂、商店、银行、娱乐场所，租用城市土地而交付给土地所有者的地租。在土地私有制的社会里，城市地租为人们所熟识。在社会主义社会，土地私有制被社会主义公有制所取代。在我国，城市土地属于代表全民利益的社会主义国家所有。在相当长的时期内，由于没有树立社会主义初级阶段的观念，没有实行社会主义市场经济体制，人们一直把地租看成是土地私有制的产物而加以否定，在实际工作中实行了城市土地无偿无限期使用制度。改革开放以来，特别是随着社会主义市场经济理论和体制的确立，人们逐渐认识到社会主义条件下仍然存在城市地租。这是因为：一方面，在我国现阶段，社会生产力还没有极大发展，产品还没有极大丰富，还不具备取消地租的生产力条件；另一方面，城市土地的所有权和使用权仍然处于相分离的状态。在这种状态下，就存在土地所有权如何在经济上实现的问题。当然，在社会主义条件下的城市地租，不归属于任何私人所有，而是归社会主义国家所有。进一步说，社会主义土地经营垄断使城市土地级差生产力转化为级差地租，社会主义土地所有权垄断使垄断利润转化为绝对地租。

（2）城市级差地租。城市土地的空间位置包括交通便捷程度、基础设施完善程度、集聚程度、地质水文状况、环境等区位因素，是影响城市级差地租的决定性因素。

因此，城市地租与农业地租一样要受级差地租规律的调节。在城市土地所有权与使用权相分离的条件下，由于土地经营权被垄断，工业品或劳务的生产价格也将是由城市劣等地生产这些工业品或劳务的个别生产价格所决定的。不过，在农业部门，土地的丰度和地理位置共同起作用，但以丰度为主，由它决定级差地租量的多少；至于城市土地，则不是以丰度为主，而是以地理位置为主，由它决定级差地租量的多少。原因在于城市土地地理位置好坏直接关系到占用该地块的经营者的收益高低，同时也取决于该区位所能带来的集聚效益的大小。

所谓集聚效益，从总体上说是指各种群体和个人在地域空间上集中所产生的经济效益。集聚效益可以分成两大类：一类是企业内部的规模经济效益，它适用于单独的厂商。一般来说，企业内部的规模经济效益同该企业在城市土地上所处的位置优劣没有直接联系；另一类是企业外部的集聚效益，它包括区域化经济效益和城市化经济效益两个方面的内容。区域化经济效益主要是指在一个特定的区域空间内，一个特定行业的厂商享受该区域内同类厂商的数量和功能所带来的经济效益。城市化经济效益则具有更广泛的含义，即一个城市地区内全部经济活动对一个厂商的专业化分工协作所产生的经济效益，以及城市提供各种专业服务和城市基础设施等系统功能所带来的经济效益。由此可见，企业的外部集聚效益要产生于各企业在城市土地上所处的位置，所处的位置越优越，所获得的企业外部的集聚效益就越大，反之亦然。

具体而言，首先，城市土地位置的优劣决定着企业距离市场的远近、运输时间的长短和运输费用的高低。良好的城市土地区位能保证企业以较低的成本、较少的时间获取生产所需的原材料和运输制成品。其次，城市土地位置的优劣决定着市场容量的大小。从而直接决定着企业销售额。在一定的区域内，城市作为大量人口和企业群体的载体，意味着城市本身是一个巨大的市场。这不仅使处于城市的企业，通过充分挖掘本地市场而降低其产品销售成本、配货成本和财务成本，而且由于城市内各个区域的人口和企业，特别是商店的集中程度差异，将导致同一城市内各个不同地段具有不等的级差生产力。

商业地租是城市地租最典型的形态，商业对土地位置最为敏感。作为商业地租实体的超额利润是与商业企业所在位置而决定的顾客密度及其营业额等指标呈正相关的。如在中心商业区，由于消费者的多元购买行为，使彼此连接成线或成片的商业用地，对消费者具有更大的吸引力。在繁华的商业街区经营商业较之零星散落的商店，更易吸引消费者。这些都造成了同一城市内处于不同位置的土地具有不等的级差生产力。

上述分析说明，城市土地位置优劣不同必然产生不同的级差生产力，较优位置土地的级差生产力必然转化为超额利润。在市场经济条件下，土地所有权和使用权的垄断及其分离，又必然使这种超额利润转化为城市级差地租。

城市土地和农村土地一样也可以进行集约经营，即在同一块土地上进行连续追加投资，由于各次追加投资生产率的不同，形成了级差生产力。在市场经济条件下，由于土地所有权和使用权垄断及其分离，这种级差生产力也必然转化为级差超额利润，进而转化为城市级差地租。在城市经济发展过程中，这种连续不断的追加投资是经常发生的，而且是大量的。首先，国家在城市市政基础上的追加投资；其次，企业的追加投资。由追加投资所形成的级差超额利润，在国有土地有偿出让期间，归企业所有。土地出让期满后，这部分超额利润会转化为级差地租归国家所有。

（3）城市绝对地租。在社会主义市场经济条件下，仍然存在绝对地租，其结论自然也适用于城市土地，即城市同样存在绝对地租。城市土地所有权由国家垄断，任何企业、单位、个人要使用城市土地，都必须向土地的所有者缴纳地租。这个由所有权的垄断而必须缴纳的地租就是城市绝对地租。

城市绝对地租与农村绝对地租相比具有不同的特点。城市绝对地租主要是由使用城市土地的二、三产业提供的，城市土地是作为二、三产业活动的场所、基地、立足点和空间条件使用的，它的优劣评价尺度主要由位置确定。但是，城市绝对地租的实体与农村绝对地租的实体是一样的，仍然是超额利润即劳动者创造的剩余劳动价值的一部分。而且，城市绝对地租是由农业地租调节的，确切地说是由毗邻城市或城市边缘地区的农业用地的地租调节的。城市最低等级的土地即为不提供城市级差地租的土地，它处于城市边缘地区，与周边的农业用地租接，相对于农业用地，它曾是农业的优等地，曾经提供农业的优等地租；在它转为城市用地时，农村集体经济组织把土地所有权有偿出让给国家了，因而国家在出让其使用权时有权向土地使用者收取地租，这个地租就是绝对地租。

农村地租是城市绝对地租的基础，因而城市绝对地租的量不是该土地作为农业用地时的绝对地租量，而是作为农业用地时的全部地租，即绝对地租和级差地租之和。因为作为城市边缘土地，是城市土地等级序列中的"劣等"土地，不提供级差地租，但土地使用者仍然要向土地所有者缴纳地租，这个地租就是城市绝对地租。其量的底线则是作为农业用地（优等）时的全部地租，如果这个地租量只包含原作为农业用地时的绝对地租量，那么土地所有者就不会改变这些土地的用途。

由于在城市存在土地所有权的垄断，如果不支付绝对地租，也会阻碍资本的投入。同样，城市绝对地租的实体仍然来源于企业提供的总剩余价值的一部分。即超过平均利润的那部分超额利润。所以，只要这些工厂、商店或银行等为社会所必需，那么这些工厂所生产的工业品，以及这些商店或银行所提供的劳务的市场价格，势必高于其成本价格加平均利润，二者之间的差额就构成城市绝对地租的来源。在城市平均资本有机构成高于农业的条件下，这种绝对地租只能来源于垄断价格，也就是市场价格高于其价值或生产价值的余额。

（4）城市垄断地租。城市地租除了级差地租和绝对地租这两种基本形式之外，还存在着一种个别的、特殊的地租形式，即城市垄断地租。所谓城市垄断地租，是指城市中由某些特殊地块的稀有功能带来的生产经营商品的垄断价格所形成的垄断超额利润转化来的地租。马克思称垄断地租是一种以真正的垄断价格为基础的地租，这种垄断价格既不是由商品的生产价值决定，也不是由商品的价格决定，而是由购买者的需要和支付能力决定。因而，具有这种购买欲望和支付能力的人越多，其价格也就越高，垄断地租就越多。由于土地所有者对这种供不应求的稀缺土地的垄断，这种超额利润就转化为垄断地租。因这里的商品也只能按照正常价格出售，所以垄断地租不可能来自所出售商品的垄断价格，而是来自优越位置所带来的极高营业额或地上建筑物的特别高的垄断价格。

2. 城市地租的确定

对于城市土地来说，一般有两种实用的评估方法。

（1）级差收益测算法。城市土地级差收益实质上是由土地区位差异所导致的级差地租。虽然土地区位很难进行直接量度，但它可以通过企业的经营效果表现出来。假设所有的企业是同质的，但如果位于不同区位的土地上，由于其生产经营环境不同，等量投入的产出利润也就不会相同，这种差异就是土地区位造成的，亦即在企业的利润中包含了土地级差收益。因此，我们可以设法从企业利润中分离出土地级差收益来。

影响企业利润的因素很多，但主要是资本、劳动与土地等要素，因此可把企业利润看作是这些因素共同作用的结果，即

$$Y=f(x_1, x_2..., x_3)$$

式中 Y——单位土地面积上的企业利润（元／平方米）；

x_1——单位土地面积上的资金投入量（元／平方米）；

X_2——单位土地面积上的劳动投入量（元／平方米）：

X_3——单位面积土地的级差地租（元／平方米）。

通过选取某类企业足够的单位面积利润，单位土地面积上的资金投入量，单位土地面积上的劳动投入量（以工资额）表示的样本资料，选用适当的教学模型，利用回归分析方法估计出模型参数，从而可以测出不同等级土地的级差收益。

（2）租金剥离法。租金剥离法原是指从实际房屋（主要是商业用房）租金中分离出地租，然后再将地租资本化用以计算地价的一种方法。由于采用这种方法可以从实际成交的房租中分离出地租，所以我们也把它列入地租评估的一种方法。

房租的理论构成包括折旧费、维修费、管理费、利息、保险费、税金、利润和地租。同质的房屋、同样的管理在繁华程度不同的地段，租金相差悬殊。这只能是由于地租不同造成的，这表明达成交易的房租中包含了地租。从房租中扣除房租构成中的前 7 项因素（其取值方法参见有关著作和资料），剩余的就是地租，即

地租 = 房租 -（折旧费 + 维修费 + 管理费 + 利息 + 保险费 + 税金 + 利润）

3. 地租与城市房地产

（1）地租与土地价格。任何物品要具有价值，就必须是用来交换的劳动产品。自然状态的土地，未经人类的开发，没有投入人类劳动，因而不存在价值，也没有以这种价值为基础的用货币表现出来的价格。但是，土地具有特殊的使用价值，在一定的条件下，土地能为人类持久地提供产品和劳务，即产生地租。所以，自然状态的土地价格不是土地商品价值的货币表现，只是土地所有权或使用权转让时获得这种所有权或使用权的人所支付的一定代价，出卖土地就是出卖土地的所有权或使用权，其实质就是出卖在未来一定时期内源源不断地取得地租的权利。因此，土地价格就是指能带来同地租等量的利息的货币额。即地租的资本化。

（2）地租与房地产价格。通常情况下，理论上可以将房地产价格分解为两部分，即土地价格和不包含土地价格在内的建筑物价格。但在实践中建筑物价格和土地价格是相互包含在一起的，很难将之分离开来。日常生活中所称的房价事实上已将地价包含在内。由此，根据上述地租和土地价格关系的基本理论可知，地租对房地产价格有着非常重大的影响。可以说，地租变动直接影响着房地产价格，引起房地产价格上下波动。在其他条件不变时，地租水平提高，将使房地产价格上涨；反之，地租水平降低，将使房地产价格下降。

（3）地租与城市房地产开发。开发一般是指以各种自然资源为对象，通过人力加以改造，以达到满足人类生产生活需要的一种活动。简而言之，房地产开发主要是指以土地与房屋建筑为对象的人类生产活动。

在市场经济条件下，城市房地产开发的目标就是追求经济效益、社会效益和生态效益

的综合平衡和优化。从房地产开发企业的角度而言，主要是追求经济效益即利润的最大化。而地租水平的高低，影响土地价格的高低，是影响房地产开发成本的重要因素；从政府的角度而言，地租是城市土地使用者选择用地的信号和指标，土地使用者将根据地租水平的高低和变化调节自己的用地行为和方向，因而地租可以作为政府调节城市土地利用的有力杠杆，可以促使城市土地资源的合理配置。

第二节　土地价格理论

一、土地价格的内涵及其特点

1. 土地价格的内涵

土地的买卖必然产生价格。从买卖的角度看，土地价格是购买土地所有权（或使用权）所支付的货币数额，其实质是地租的资本化。

土地是一种自然资源，与其他自然资源一样，本身并不是劳动产品，不具有价值，从而没有劳动价值论意义上的价格。但是土地作为一种有用的并且是有限的自然资源，在商品经济条件下，已经与社会劳动物质产品一样，同样具有商品价格的形式。事实上，现代城市土地绝大部分已不是处于原始的自然状态，而是投入了人类巨大的劳动，改造为自然与劳动密不可分的有机整体，具有了价值，同时这种物化于土地的价值具有积累和逐渐增值的性质。所以说，城市土地的价格构成中，既包含着自然资源的因素，也包含了资产价值因素。

自然资源因素所决定的土地价格构成，是购买土地收益、行使地租权利的代价。所以土地价格应包括若干年土地纯收益。即地租贴现值的总和，这是土地价格的主要构成部分，是由土地所有权的存在所决定的。

经过人类长期开发的土地，凝结着人类的劳动，这种投入属于固定资产范畴，也要求通过土地经营过程得到收回，且通常是以资本折旧和利息的形式在租金中得以体现的。

所以，土地价格应由三部分组成——真正的地租、土地资本折旧及土地资本的利息，即三部分总和的资本化为土地价格。

在我国城市土地所有权与使用权分离的情况下，城市土地价格是国家对土地使用权在一定时期内的出让价格，即一定时期内城市地租的资本化价格；或是土地使用权的受让人在法律允许范围内对土地使用权的转让价格，即土地使用权剩余使用年限内城市地租的资本化价格。

2. 土地价格的特点

（1）土地价格是关于土地权益的价格，不同于一般商品价格的确定。权益是与物权有关的所有、使用、租赁及其他权利所带来的效益。由于土地地理位置的固定性和不可移动性，所以发生土地转移时，并非其本身，而是有关该土地的所有权或其他权利的转移。故土地价格实际是获取这些权利、利益的价格。也可以认为，土地价格是购买收获地租权益的代价。

土地不是具有真正意义的商品，但由于其具有特殊的使用价值，且具有稀缺性，是可以被占有和垄断的资源，因而要使用土地，就必须付出代价。也正因为这样，土地具有了不同于一般商品价格的虚幻价格。

（2）土地价格主要由土地需求决定。土地价格的高低与变化同一般的商品一样，也是由市场的供求状况来决定的。但由于人类可利用的土地资源是十分有限的，土地的供给总的来说是自然供给，其经济供给弹性很小，而对于土地的需求则随着经济的发展变化而出现很大弹性，从而使土地价格主要由土地需求来决定。市场对土地需求量大，土地价格则上升：反之，土地价格则下降。

（3）土地价格具有区位性。土地价格受区位的影响很大。按照区位理论和地租理论，土地区位不同，级差收益会有明显差异，级差地租则相应地有明显不同，从而导致其资本化后的土地价格也发生很大变化。区位对土地价格的影响可分为两个方面：

①地区性，主要反映在不同城市区域之间的土地价格差价。一般来讲，土地价格有以下特点：大城市高于中小城市沿海城市高于内地城市，市场经济发达的城市高于欠发达的城市。

②地段性，主要表现在同一城市市区范围内不同地段之间的土地差价。一般来说，土地价格有以下特点：好地段高于差地段，城市中心区地段高于一般市区地段和郊区地段，街角地和临街地（对商业用地）高于非街角地和非临街土地。

（4）土地价格呈上升趋势，具有增值性。随着国民经济的发展以及物价的上涨，土地价格绝对值一般是呈逐年上涨的趋势。

土地价格在总体上呈上升的趋势，当然，这种上升是呈"波浪形"的。造成土地价格具有增值性的主要原因有两个方面：

①经济增长影响土地价格变动。从欧美、亚洲的一些国家来看，1980年以后，随着各国经济的增长，土地价格一般上升了50%~100%。例如，第二次世界大战后的日本，经济迅速发展，土地价格上涨幅度一度达到最大程度。

②经济增长及带来的城市化进程影响土地价格变动。经济的发展导致人口向城市和城市边缘集中，是促使地价上涨的直接因素。20世纪60年代以后，韩国经济的发展加速了该国的工业化进程，伴随工业化及经济的起飞，韩国的城市化发展很快。因此，造成工业用地、住宅用地，道路、学校等公共用地的需求迅速扩大，导致城市内外及工业区周围土地价格急剧上涨。70年代以后继续上涨，直到80年代才开始渐缓。

土地的增值程度在不同社会经济状态和不同区位是不同的。一般而言，社会稳定、经济发展的时候，土地价格增值性较明显，城市市区和郊区土地的增值性较大。

（5）土地价格具有明显的地域性和个别性。通常不同地域的土地价格水平不同，一宗土地一个价格。由于土地位置的固定性，不同的区域、不同的城市都会形成具有地域特点的土地市场，以及相应的土地价格及其变化规律，并表现出明显的地域差异性。这种差异是由各地的社会、经济、历史等多方面的条件所决定的，难以改变，并且极大的影响着土地的价格。它告诉我们，要真正把握土地价格的规律，仅仅了解土地价格的一般特点还远远不够，还必须掌握各地区土地价格的特殊性。

由于土地位置的固定性，不具备形成统一的市场价格的条件，所以土地价格是依交易的需求个别形成的；另外，对土地价格的计算也必须依据个别分析计算才能求得。

二、马克思主义的土地价格理论

马克思主义土地价格理论是马克思劳动价值论的具体运用，是运用劳动价值论阐述土地价格及其形成过程。解释为什么土地不是劳动产品却具有价格等问题的学说。

1. 土地资源和土地资本的价格

从理论上来看，现实的土地可以分成两个部分，一个部分为土地物质，也称土地资源；另一个部分为土地资产，也称土地资本。这两者价格形成的过程不同，价格的特点也不相同，只有进行区别对待与区别分析，才能把握土地价格的内涵，正如马克思提出的："把土地物质和土地资本区别开来"。

（1）土地资源价格。土地资源是人类赖以生存和发展的物质基础和最基本的自然资源，它的主要组成部分是岩石、沙砾、泥土、水等，是非劳动产品。这就使得其价格的形成具有特殊性。

①从土地资源的价值形成过程分析。商品的价值有使用价值和价值之分，使用价值是指商品的有用性，价值则是指凝结在商品中的无差别的人类劳动。土地资源无疑具有使用价值，表现为土地的三大基本功能—承载功能、生育（环境）功能和资源功能，即土地资源可以满足人们生产，生活的多方面需求，因而土地具有非常重要的、特殊的使用价值。但是，土地资源不是劳动产品，因而不具有劳动价值。

②从土地资源的价格形成过程分析。土地资源虽然不是劳动产品，但是在土地所有制和商品经济条件下，土地资源却不可避免地被用来在市场上交易，并通过交易使土地资源具有了价格的形式，即具有非价值形成的、虚幻的价格形式。所以，对于那些本身没有价值、不是劳动产品而又非常稀缺的自然资源来说，一方面，存在着交换的需要；另一方面，存在着交换的条件，其交换的价格决定并不在于它是花费了大量的劳动发现的，还是偶然发现的，只取决于社会需要。形成土地价格的基础条件有以下两个方面：

A. 物质基础。这种物质基础是由土地本身的特性（不可替代性、稀缺性、可以垄断）和特殊的使用价值所决定的。正是这种特殊的使用价值，使得可以凭借对其所有权的垄断而获得地租，也可以使得土地这种无交换价值的自然物被当作有价值之物进行交换，并取得相应的价格形式。

B. 社会经济制度基础。这里的社会经济制度基础是指非全社会所有制和商品经济存在的状况，当人类社会的发展还不能达到物质的极大丰富，实现全社会生产资料公有制的时候，就必然存在生产资料占有的不平等和对生产资料垄断的现象，对土地所有权的垄断也是同样的道理。同时，既然存在生产资料占有的不平等，也会以必要的手段进行交换，互通有无。商品交换的方式是多样的，但现代社会市场经济是必需的也是最佳的交易方式，由此，在社会还存在土地所有制，存在商品经济的条件下，不可避免地会使土地成为商品或具有商品的属性。

这种虚幻的价值和价格形式是从现实的生产关系中产生出来的，从而具有客观性。不仅如此，土地的价格或价值与其他虚拟资本形式以及其他"无价值"特殊商品的价格一样，客观地发挥着配置社会主义经济资源的作用。在特定的所有权关系中，这种作用不能被消灭，因为其有促进生产力发展的积极方面。

土地资源本身不是劳动产品，不具有价值，但凭借对其垄断可以获得真正的地租，使土地资源具有虚幻的价格形式，其价格由真正的地租资本化决定。

（2）土地资本（资产）价格。土地资本是土地的另一个组成部分，指凝结于土地之中的固定资产。土地资本的价值和价格与其他固定资本的价值和价格在经济特性上是相同的，都具有使用价值和价格，其价格不是虚幻的，是真正的价值价格。个别生产价格是由土地开发的成本加上平均利润而形成的。

虽然土地资源和土地资本两个层次的价格因素在实际中难以严格地区分开来，但二者在经济性质上的区别却是明显的；即前者是土地权利在经济上的实现形式，而后者则是土地的投资（及其）带来利息性地租的资本的收回。

分别讨论土地资源和土地资产的价格，不仅可以从理论上阐明土地之所以具有价格的原因；也可以用于分析实际中价格的变化规律，具有重要的理论和实际意义。

2. 关于土地价格质和量的规定

（1）关于土地价格质的规定。马克思明确指出："土地价格当然不过是资本化的地租。"这一观点具有普遍的实用价值。不论是对未开垦利用的土地，还是对已开垦利用的土地都是适用的，所不同的不过是地租量的多少问题。

未开垦的土地只有虚幻的价格，没有投入劳动，没有价值价格；已利用的土地，由于土地中土地资源有不可分割的"偶性"土地资本的形成，并共同转化为地租，所以地租量增加了。

所以，土地所有权者出卖土地，就是把收取地租的权利出卖给他人；购进土地，就是买入别人收取地租的权利。

（2）关于土地价格量的规定。土地价格是指能够带来同地租等量利息的货币数额，即"实际上，这个购买价格不是土地的购买价格，而是土地所提供的地租的购买价格，它是按普通利息率计算的"。按照这一定义，土地价格的计算公式可以表述如下：

土地价格=地租/利息率

所以，土地所有者在出卖他的土地时，要考虑出卖土地所得的货币，如果存入银行，其利息和地租的数量要相等；否则，其宁肯保留土地收取地租。

三、西方经济学的土地价格理论

1. 价值、价格的基本含义

西方经济学对物的价值的解释是广义的，认为价值是指"物能满足欲望的能力"，且价值有多种含义，如社会、政治、精神价值等。但是从经济学家所关心的角度来看，最主要的是经济价值。

经济价值主要由三部分组成：该物对于所有者或者使用者来说，必须具备使用价值或效用，有未来期望的收益流和满足流，否则，就不会有人需要它；该物具有稀缺性，其供给是有限的，否则，这种物也只能是一种免费物品；该物品必须是可以被占有的，并可以从一个所有者转移到另一个所有者。即商品只有具备了有用性、稀缺性及可占有性这三个性质，才可以说具有了经济价值。

经济价值主要取决于供求的相互作用，表示特定财产在特定的时间、地点和特定市场的价格。所以，经济价值不是每种财产所具有的固定属性，而是一个主观概念，它取决于人们占有和使用财产物品的欲望，取决于他的支付能力和乐意支付的程度，以及取决于交换所有权或占有权过程的其他因素。

价格是商品在市场上交易所形成的，一般由市场中商品的供求状况决定。从某种意义上讲，商品的价格是商品经济价值的货币表现形式。即如果有效需求存在，有购买力的支持，使人们对商品的需求欲望能变成现实（愿意购买，且有能力购买），这时商品的价值就可以直接以价格形式表现出来。"从理论上讲，所有买者都会以是否能通过占有和使用某物而获得效用流和满足流，来计算是否值得购买一件物品。"

同其他商品一样，土地价格是土地经济价值（或称效用）在经济上的反映，是用来购买土地或预期经济效益所付出的代价。

2. 土地收益价格

土地价格是土地收益即地租的资本化。土地并非人类所生产和创造，故原始的土地没有生产成本，所以也没有一般的生产价格。只是由于土地经过使用后，能够产生收益，将其收益以一定的利率还原，可以得到土地的收益价格。

这里的土地收益指经济地租，即土地总收益扣除土地总成本后的余额。土地收益价格是指预期的各年土地收益资本化，而成为一笔价值，或称为土地价格或售价。土地收益是土地价值的主要基础，土地收益决定土地价值及土地价格。其计算公式如下：

土地价格=土地收益/利息事（或还原利率）

需要强调的是，土地收益是指正常情况下，处于最佳配置（使用）状态的土地的净收益。只有将土地置于最佳使用状态，土地才能取得最高的预期收益。

这里正常的情况或一般的生产情况，是指具有较好的生产能力，正常的经营管理水平和正常年份的生产条件；最佳利用方向是指可能的、允许的用途中可获取最佳利用效益的用途；土地纯收益，对于农用地，是指总收入减去劳动力费用和物质费用后的纯收益，对于建筑用地，是指一定收益中（租金、房价）减去类似建筑投资的利息、折旧、损耗及其他费用的剩余。土地收益与土地收益价格成正比。此时，土地使用者在取得最佳的使用效益基础上支付最高的预期收益，土地所有者也因此获得最佳的利益。利息率可以采用多种形式利率，如银行的多年或一年存贷款利率，但根本的还是土地收益率，即土地还原利率。

3. 土地市场价格

土地市场价格是指土地市场上所形成的正常交易价格。一般物品的价格通常是由市场的供求情况而决定。土地的市场价格与其他物品一样，也是由土地这一生产要素的供给和需求来决定的。土地的需求曲线与供给曲线的交点，决定土地的最终均衡价格，当其他情况不变，需求量大于供给量时，均衡价格会上升；反之，均衡价格会趋于下降。

影响土地市场供求的因素很多，这些因素的变化直接左右着土地市场的变化、影响土地的供给需求关系。通常影响土地供给的因素有城市基础设施的建设、建筑技术水平、城市发展计划与规划、税收政策及社会、政治环境等。而影响土地需求的因素主要有人口、居民收入水平、城市化发展、投资环境及社会制度等。

需要指出的是，总体上来说，土地是供给弹性不足的生产要素。不论竞争与付给它的报酬有多大，土地的供给弹性总是不足的；对任何一个厂商或行业而言，该土地的供给量则具有弹性。

值得注意的是，土地的市场价格由土地市场的供给与需求关系决定，土地的收益价格则由收入与成本决定。由于土地市场价格与土地收益价格的决定因素不同，所以同一块土地的市场价格与收益价格通常是不一致的。但是，土地的市场价格与收益价格也并不是毫无关系的。一般情况下，收益价格为土地供给价格的下限，也是土地供给的起点价格，即土地的市场价格通常都高于收益价格。

第三节 区位理论

一、区位的含义、分类及特征

1. 区位的含义

关于区位，一般有狭义和广义两种说法。狭义的区位是指特定地块（宗地）的地理和经济空间位置及其与相邻地块的相互关系；广义的区位是指人类一切活动，包括经济的、文化教育的，科学卫生的一切活动以及人们的居住活动的空间布局及相互关系，通俗地说就是人类活动所占有的场所。

区位理论就是研究地块地理和经济空间位置分布、相互关系及其影响因素的学说。许多经济学家、地理学家对区位问题都有所论述，但系统性的研究则始于19世纪20年代，以德国农业经济和农业地理学家冯·杜能（J.H.Von Thunen, 1783-1850）于1826年出版的《孤立国同农业和国民经济的关系》一书为标志。该书系统地阐述了农业用地的空间分布问题。1909年，德国经济学家韦伯出版了《工业区位理论—论工业区位》一书，运用工厂区位因子分析的方法，对当时的鲁尔工业区进行了研究，奠定了现代工业区位理论的基础。其后，德国地理学家克里斯塔勒根据聚落和市场的区位，于1933年出版了《德国南部中心地原理》一书，提出了中心地理论，即城市区位理论，并成为韦伯以后区位理论的重要组成部分。1943年，德国经济学家奥古斯特·勒施出版的《经济空间秩序—经济财货与地理间的关系》一书则代表市场区位理论的诞生。此后，随着经济发展和分析技术进步，各国经济学家对区位问题的研究也日益深入。

2. 区位的分类

（1）以区位经济活动内容为标准进行分类。

①农业区位。农业区位是指以农业经济活动为基本内容或以土地的农业利用为特征的区位。

②工业区位。工业区位是指以工业经济活动为基本内容或以土地的工业利用为特征的区位。

③商业区位。商业区位是指以商业经济活动为基本内容或以土地的商业利用为特征的区位。

④住宅区位。住宅区位是指以住宅的开发经营活动为基本内容或以土地的住宅利用为特征的区位。

⑤其他区位。如金融保险业、通信服务业、交通运输业、教育文化业等经济性产业区位。

（2）以区位的空间范围为标准进行分类。

①宏观区位，即从宏观尺度来考虑、选择的区位。它一般是以某个城市或某个区域为基点，在一个国家的范围内来选择。如房地产商在选择哪个城市作为发展的基地时，实际上就是在做宏观区位的选择与设计。

②中观区位，即从中观尺度来考虑、选择的区位。它一般是以某个城市内的某片城区为基点。在其城市的范围内来选择。

③微观区位，即从微观尺度来考虑、选择的区位，也就是选择某项经济活动在哪个具体的地段上展开。它一般是以具体的地段或地点为基点，在一个城市的某片城区范围内来选择。

3. 区位的特征

（1）区位内涵的多重性。区位既包含地理的概念，又包含自然环境、经济、社会等概念，它是以自然地理位置为依托，以人类经济活动以及人类对经济活动的选择和设计为内容。

（2）区位的动态性。区位的自然地理位置是固定不变的，但是区位由于具有了自然环境、经济、社会等内涵而处于动态变化之中，因为构成区位的自然环境、经济性、社会性因素一直处于变化之中。例如，原是偏僻小镇的深圳，由于改革开放成为中国的经济特区，区位的经济性、社会性特征发生了很大的改变，其区位等级有了巨大的提高。

（3）区位的层次性。从区位的选择与设计的内涵出发，可以将区位分为宏观、中观和微观区位。

（4）区位的等级性。区位的等级性即区位质量等级性。区位质量是指某一区位给特定经济活动带来的社会效益、经济效益的高低，往往由区位效益来衡量。所以区位的等级性，是指对某一类经济活动而言，区位效益的好坏与区位质量的高低呈现出因地而异的差异性。

（5）区位的稀缺性。区位的稀缺性是指人类在进行经济活动时，优良区位总是供不应求。区位的稀缺性是导致区位需求者之间进行激烈的区位竞争的根本原因，对商业区位来说尤其如此。

（6）区位的相对性。同一区位会因区位经济活动类型的差异而产生不同的区位效益，使得区位质量不同，即区位质量的好坏具有相对性。如城郊风景优美的山地对别墅式住宅开发来说是优良区位，但对于商业活动而言却是一个劣等区位。

（7）区位的设计性。区位的设计性是指区位具有典型的人为设计的色彩。人类可以根据自身经济活动的需要，发挥主观能动性，在不违背生态和经济规律的前提下改善区位质量，提高区位效益。如房地产开发商可以在住宅小区建造小区花园和文化娱乐设施，以提高住宅小区的美学价值和文化品位，进而提高住宅区位质量。区位的动态性和设计性特征要求我们科学地制订和编制城市土地利用规划和城市规划，以提高对城市区位发展变化的预见性和引导性。按照规划的要求，通过对旧城区的改造和再开发、新城区的建设，合理发展房地产业，优化商业、金融、信息等产业部门的布局，达到优化土地区位利用、提高土地利用效率的目的。

二、区位理论的形成

区位理论是关于人类经济活动的场所及其空间经济联系的理论，研究人类经济活动的空间选择与设计的基本法则，探索一定空间内经济活动分布、组合以及区位深化的基本规律。简单地说，区位理论就是探讨人类经济活动空间分布法则的理论。区位理论是在研究土地利用问题的过程中逐步产生和发展起来的，是土地长期利用过程中的经验概括与总结，是做好土地利用工作的理论基础。同时，正确认识区位理论，对于深入理解级差地租与土地价格的变化规律，以及企业合理选址、城市功能分区和房地产开发项目选位都有着非常重要的作用。

区位理论产生于 18 世纪末，当时的欧洲，资本主义生产方式已经取代了效率低下的封建主义生产方式，极大地促进了社会生产力的发展，导致机器大工业的出现、生产的更高程度的集中和现代交通运输方式的兴起，加快了社会分工和专业化的步伐。在这种历史背景下，人们越来越重视工业生产力的空间布局问题，区位理论也就应运而生了。由此可见，区位理论是社会经济发展到一定阶段的产物。

三、农业区位理论

在区位理论体系中，农业区位理论是最早形成的一种理论，其代表人物是冯·杜能。他在1826年发表了代表作《孤立国同农业和国民经济的关系》，其主要内容可以概括如下。

（1）"孤立国"假设。

①孤立国建立于一个面积相当大的区域内，其土地面积是一定的，而且全部作为农业用地经营，以获得尽可能高的纯收益为目的。

②孤立国实行自给自足，只有一个城市，位于其中心，也是全国农产品的消费中心。

③孤立国周围是荒地，城市和郊区只有陆上道路相通，交通手段是马车。

④土壤肥力、气候条件、农业技术条件和农业经营者能力是对等的。

⑤市场谷价、农业劳动者工资、资本利息是均等的。

⑥运输费用与农产品重量以及农产品从生产地到消费市场的距离成正比。

（2）计算公式。根据上述假设，生产某种农产品的总成本除运费这一项外，其他都是一样的，这样市场销售价格也是一样的。越靠近市场即城市的企业其总成本越小，纯收益越大，反之亦然。在这种情况下，在什么地方种植何种农作物最为有利，完全取决于利润。而利润R由农业生产成本C农产品市场价格P与把农产品运到市场上的运费T三个因素决定。

这样，冯·杜能就提出了农业区位的理论模式：

$$R=P-（C+T）$$

在P、C不变的情况下，T的高低就直接决定着利润R的大小。

（3）"杜能圈"。"杜能圈"共包括六个同心圆。各个圈由内到外分别是：

①第一圈为自由农业区，接近中心城市，距市场最近，运费低。适于生产易腐、不易长途运输或者重量大、单位价值低，必须及时消费的农产品，如蔬菜，牛奶、花卉等，集约度和收益最高；

②第二圈为林业区，单位产品体积大、重量大、运费高，主要供应城市燃料；

③第三圈为轮作农业区。以集约方式种植农作物，实行两年轮作；

④第四圈为谷草农业区，生产非集约化的谷物、牧草、稻麦；

⑤第五圈为三圃式农业区，实行粗放的三年轮作。并有33%的荒地提供体积小，不易腐烂、易于运输的加工农产品；

⑥第六圈为畜牧业区，主要用于放牧，还可实行粗放种植业。六圈以外的荒地。由于

距离市场过远，供狩猎用。

（4）主要理论贡献，农业区位理论以杜能在《孤立国同农业和国民经济的关系》中的论述最为全面和精辟。其中心内容是：农业土地利用类型和农业土地经营集约化程度，不仅取决于土地的天然特性，更依赖于当时的经济状况和生产力发展水平，尤其是农业生产用地到农产品消费地（市场）的距离。因此，冯·杜能就从农业土地利用角度阐述了农业生产的区位选择与进行经济分析的方法。

杜能农业区位理论的核心是农业土地的区位级差地租与级差地租同到中心城市的距离成反比。他对农业区位理论的贡献主要体现在：①提出了一种抽象化的研究方法，即在假定其他因素不变的条件下，研究单一重要因素对土地区位的影响。尽管其建立在诸多不切实际的假设上。存在着较多局限性，但他是第一次从理论上系统阐明了农业土地区位的本质规律，因而具有重要的意义。②从级差地租出发，阐明了市距离对于农业生产集约程度和土地利用类型（农业类型）的影响，并得出农业布局应该由近至远配置不同的作物，其经营方式也应由集约到粗放的结论。③第一次正式表述了后来演化为最高和最优用途原则的理论一依据不同使用群体的地租支付能力，在市场中能经济的决定土地用途。进而言之，如果将杜能的分析扩展到其他生产领域也会得出相同的结论。运费是影响区位选择的重要因素，只不过在杜能的年代农业占统治地位，他的研究重点只能局限于农业用地，后期的区位理论都是以冯·杜能的理论作为基础的。但是冯·杜能只考虑运费因素，其他如土地占有形式，工资高低，资源丰度，农业专业化、世界市场等都没有考虑，所以这种单一因素的区位论是有很大局限性的。不过，也要注意，虽然杜能的理论模式比较简单，但如果要应用于实际，只需要将其理论假设根据实际情况进行适当调整即可。正是因为其理论框架较为简单，冯·杜能才能深刻地研究农业、工地资源合理配置问题，也才能得出农业土地利用的最优条件。

四、工业区位理论

工业区位理论是关于工业企业合理选址的理论。韦伯第一个完整地提出了工业区位的理论，并在当时产生了广泛的影响，被公认为工业区位理论的奠基者，其代表作有《工业区位理论一论工业区位》1909 年）和《工业区位理论：区位的一般及资本主义的理论》1914年）。韦伯的基本理论方法是"区位因素分析"。即认为在选择工业区位时，要尽量降低生产成本，尤其是要把运费降到最低程度，以实现产品的最终销售，获得最大限度的利润。他认为"区位因素"可以划分为三类：

一般性区位因素和特殊性区位因素。即对每一种工业生产都有一定意义的因素和只对某些部门才有意文的因素：区域因素、集聚因素和分散因素。区域因素决定企业的布局，而集聚和分散因素影响企业的联合性和协作性。自然技术因素和社会文化因素等。同时韦伯认为，对企业生产成本起决定作用的因素只有运输费用、工资成本和集聚因素，并通过设定一定的假设条件，分析这些因素对企业的影响。其主要内容可以概括如下。

1. 假设条件

（1）所研究的区域单位是一个孤立的国家或地区。

（2）这一区域除工业区位的经济因素外，其他因素如地形、气候、种族、技术，政治制度等都相同。

（3）工业所需的原料、燃料、劳动力供应地和消费区为已知，且其他矿藏生产条件，产品需求量，劳动力供应状况和工资不变（但不同地区的工资有差别）。

（4）运输方式为铁路，且运费与运距和运载重量成正比。

2. 三个法则

（1）运输区位法则。韦伯认为厂址应选择运输成本最低的地点。运费决定于两个因素：一是距离远近，与运费成正比；二是原料性质，是常见性还是稀有性原料。根据原料的基本特征，他将其分为两大类：一类是广布原料，即到处都有分布的常见性原料，对工业区位没有影响，如粮食、水、土、空气等；另一类是限地原料，即只有个别地区有分布的稀有性原料，对工业区位有重大影响，如煤、铁及其他矿藏。韦伯进而把稀有性原料分为两种：一种是纯粹原料，加工后基本上成为制成品，很少失重；另一种是失重原料，生产过程中大部分损失掉，不会转换到制成品中去。在此基础上，韦伯提出原料指数概念，定义为运进工厂的稀有性原料与运出工厂的产品总重之比，即：

原料指数=稀有性原料总重量/制成品总重量

①当原料指数小于1时，即采用稀有纯粹原料，其运进工厂的物质总重量小于运出工厂产品的总重量，为节约运费，工厂应设在消费中心区。

②当原料指数大于1时，即运进工厂的原料总重量大于运出工厂产品的总重量，如金属冶炼、食品加工等。为节省运费，工厂应设在稀有性原料产区附近。

③当原料指数等于1时，即采用纯粹原料，其运进工厂的物质总重量与运出工厂产品的总重量相等，工厂既可选择原料产地，也可选择消费地或两者之间的任何一点。此外，如果有两种主要原料，而且都是稀有的失重原料，与市场位置不在一条直线上。情况比较复杂，但基本原理同上，不再整述。

依此原理，韦伯对一个市场和一种稀有原料地、一个市场和两种稀有原料地以及一个市场和多种稀有原料地等不同情况进行了分析，并提出了著名的"区位三角形"模式（即区位三角形的三个顶点分别为两种稀有原料和市场的所在地，工业区位应设在总运费最低的一点），用以证明和选择运费定向区位。

（2）工资成本法则。韦伯在单纯考虑费用因素对工业区位的影响后，加入了工资成本的因素，对上述工业区位模型进行修正。他认为当某一地点由于工资费用非常低廉而对企业有利时，可将企业市场区位从运费最低点吸引到工资成本的最低点，使运费定向区位产生第一次空间"偏离"。但条件是只有当工资成本节约额大于运费增加额时，工厂才会从运费最低点移向劳动供给点。

假定一个工厂，从运输成本出发，选择某一区位作为理想的厂址，但发现别处的工资较低，于是需要把增加的运输成本和节约的工资作对比。韦伯认为，如果每吨成本所增加的运输成本大于所节省的工资成本，不应当迁移；如果每吨成本所增加的运输成本小于所节省的工资成本，则应把厂址迁至工资较低地区。

（3）集聚法则。工业企业的规模经济、分工协作与资源共享所产生的集聚经济效益，使集聚因素对工业区位选择有着重要的影响。而分散因素是与集聚因素同时并存、方向相反、相辅相成的，它同样会对工业区位的选择有重要影响。因此，若干工厂集中在一个地方，在产生显著的集聚经济效益的同时，一方面会使地租、房租等增加，另一方面也带来城市的污染和环境的恶化。一般来说，集中程度越高，分散因素的影响也就越大。一个地点的工业集中程度是"集中因素"和"分散因素"两方面力量相互作用的结果。韦伯认为集聚经济效益的产生，首先，由于企业规模扩大所带来的大生产的经济效益或成本的节约；其次，几个工厂集中于一个地点能给各工厂带来专业化的利益。如有专门的机器修理与制造业可为各工厂服务，有专门的劳动力市场，各厂享有购买原料方面的协作与便利等优势。最后，集聚因素带来了外部经济利益的增长。

如同工资成本可以改变工业区位的选择一样，集聚（分散）效益也可以使运费和劳动力定向的区位发生第二次空间偏离，将工厂从运费最低点引向集聚地区或分散地区。如果集聚（或分散）获得的利益大于工业企业从运费最低点迁出增加的费用额，企业就可以进行集聚和分散。

3. 主要理论贡献

韦伯将数学与土地经济学应用于土地规划，是运用现代计量方法研究土地经济问题的先驱；他提出的追求成本费用最低点的思想尽管有不合理之处，但仍是现代追求经济效益的核心思想，他提出的三要素也是土地利用规划、城市规划和土地利用的核心。同时，区位经济学中"增重"和"失重"的概念就是来源于韦伯的著作。

当然，由于韦伯所处时代的局限和他本人的局限，其理论的缺陷是在所难免的。韦伯研究的出发点是成本，但对于其决定因素，他的研究过于简化，忽略掉了许多经济因素和非经济因素，从而无法真正解答工业区位的规律问题。虽然韦伯在研究工业区位时，把劳动因素放在了重要的地位，但他只研究了简单劳动因素，没有注意到知识、技术因素对区位的重大作用。面对于知识密集型部门来说，其科研人员的比例大、科研试验费用比例高、与科研单位和高等院校关系密切，决定这种工业部门区位的主要因素是技术条件。以电子工业为例，运费只占成本的 0.25%，对区位影响甚微。随着科学技术和社会的发展，知识、技术等与区位的关系会越来越南切。

五、中心地理论

中心地理论是关于城市区位的一种理论，产生于第一次世界大战后的西欧工业化和城市化迅速发展的时期。1933年，克里斯塔勒在其出版的《德国南部中心地原理》一书中首次提出了中心地理论。该理论的主要目的是探索和揭示城镇分布的"安排原则"，即决定城镇数量、规模和分布的原则。他回答了"市场是怎样产生的"这一问题，这个问题也就是为什么会有大大小小的城市和村庄，并且为什么会有像现在这样的格局分布。

1. 中心地理论的基本观点

中心地是向居住在它周围地域的居民提供各种货物和服务的地方，一般是指城镇的所在地。中心地的职能指由中心地提供的货物和服务的种类。中心地理论的基本观点是，城市形成于一定数量的生产地中的中心地，是向周围区域居住的人口供应物品和劳务的地点，而且不同级别的中心地应遵循一定的等级分布规律。

2. 假设条件

在建立中心地模型之前，克里斯塔勒也提出了一系列假设条件：

（1）所研究的区域是无边界的平原，土地肥沃，资源、人口和收入分布均匀，对货物需求，消费方式都是一致的。

（2）有一个统一的交通系统，交通费和运距成正比，朝各个方向移动皆可。

（3）生产者和消费者都是经济行为合理的人。

（4）消费者到离他们居住地最近的中心地购买他们需要的货物和服务，为此付出的实际价格等于销售价格加上来往的交通费用。

3. 六边形网络等级体系

克里斯塔勒认为，任何一个确定级别的中心地生产的某一级产品或提供的某级水平的劳务，都有大致确定的经济距离和能达到的范围。距离最近、最便于提供货物和服务的地点，应位于圆形商业地区的中心，因为对于一个孤立的中心地的市场而言，圆形是最合理的市场区图形，圆的半径是最佳的服务半径。但在多个中心地并存的情况下，圆形市场区就不再是最合理的市场区图形，因为这时相邻中心地的服务范围会产生空白或重叠交叉，从而达不到最佳的效果，克里斯塔勒从几何学上，根据周边最短面面积最大和不留空当的原理，推导出市场区最合理、最有效的市场图形是正六边形体系。同时，中心地由于提供的货物和服务有高级、低级之分，对周边地区的重要性也不同。低级中心地的门槛较低，最大销售距离和范围较小；高级中心地的门槛较高，最大销售距离和范围较大。因此，克里斯塔勒认为，不同货物和服务的提供点都能够按照一定的规则排列成有序的等级体系，一定等级体系的中心地不仅提供相应级别的货物和服务，还提供所有低于那一级别的货物和服务。

按照克里斯塔勒的理论，可以想象，几个分别定位在一个生产商周围的小交易区顺次地聚集在一个较大的市场中心周围，这些最大的中心又会聚集在更大的中心周围。结果是形成村庄、城镇和大城市的蜂巢状分布结构。

4. 主要理论贡献

中心地理论主要论述一定区域（国家）内城镇等级、规模、职能间的关系及其空间结构的规律性，并采用六边形图式对城镇等级与规模关系加以概括，同冯·杜能与韦伯的理论一起，曾在人文地理学、经济学、区城经济学和城市规划等领域产生很大的影响。

六、市场区位理论

与克里斯塔勒同一时期的，勒施，于 1945 年，在其所著的《区位经济学》一书中，在与克氏毫无关系的情况下，把生产区位与市场区位结合起来；把利润原则同产品的销售范围联系起来，以利润来判断企业区位选择的方向。勒施的市场区位理论，是通过对整个企业体系的考察，从总体均衡的角度揭示区位的分布和选择问题。勒施从利润最大化原则出发，对市场价格、需求，人口分布等多种因素进行了分析，提出了"市场圈"的概念，分析了区域集聚和点集聚的问题，进而指出市场圈扩大，运费增加，价格就会提高并导致销售量下降。他还提出以垄断取代韦伯的自由竞争，以利润最大化代替成本最低化。勒施还在假定运输条件相同、原料分布平均和、人口分布均衡，居民购物相同的条件下，分析了市场区、市场网、市场网系，指出不同区位的生产费用、市场控制范围大小，以求得最大利润，并从理论上剖析了经济区形成的内部机制。

（一）决定城市土地区位的主要因素

不管是农业经济活动、工业经济活动还是商业经济活动，其空间分布规律的分析与区位经济活动的决策，都是为了追求对特定区位土地的投资收益，均是对土地的区位经济利用。随着城市化水平的日益提高和房地产业的快速发展，城市土地区位已变得越来越重要，特别是商业用地显示出强烈而且敏感的区位效益，下面我们对城市土地区位因素进行分类分析。

人类活动并不是均匀地分布在地球表面，而是局限在局部地点（场所）。究其原因，不同的场所并不能满足人类从事某项活动的要求，即不同性质经济活动的场所有着不同的区位因素。所谓区位因素，是指影响区位经济活动的诸种因素，又称为区位因子，不同类型的区位其区位因素的组合不同；同一区位因素对不同经济活动的区位决策的重要性也不同。

城市土地区位因素按影响的空间范围可以划分为一般因素、区城因素、个别因素三类，也可以按区位因素的性质划分为自然区位因素、经济区位因素、社会和制度环境区位因素三个方面。

1. 一般因素

所谓一般因素，是指对一个城市具有普遍性、一般性和共同性的区位因素。这些区位因素对城市内具体地段的区位影响不具有差异性，但它们决定各个地块的总体效益和基础水平，影响一个城市在全国或地区中的宏观区位质量。

（1）自然区位因素。

①宏观地理特征。宏观地理特征主要指一个城市在国家或地区中的位置特征，如是否沿江、沿湖、临海、沿边境，是否位于首都、省会、经济特区、政治中心，经济中心等。

它会影响到一个城市的发展基础和发展潜力，影响到原材料，产品等的运距，进而影响到运费。它是决定和形成土地区位的最基本因素。

②宏观自然地质条件。宏观自然地质条件主要指城市整体范围内地质构造、土质、地形和地势情况等。地质稳定整固，土质整实，地势平坦，有利于各类建筑物的建造，从而对土地区位产生积极的影响，反之亦然。

③宏观自然环境条件。宏观自然环境条件主要指城市整体地貌、水文、气候等。它对有产业与旅游、居住等特殊要求用途土地的区位产生影响。

④自然资源状况。自然资源状况指矿产资源和旅游资源等情况，相应地对工业区位和旅游业区位产生影响。

（2）经济区位因素。

①总体人口状况。人口状况对土地区位的影响是多方面的，这里主要指城市总的人口数量、总体人口密度和人口素质状况的影响。

人口数量包括常住人口，上班人口和流动人口。它关系到劳动力市场和消费市场的总规模。人口密度是单位土地面积上的人口数量，直接反映的是人地之间的相互关系。由于人是最活跃的因素，它对土地区位的好坏会产生重大影响。人口数量越大，人口密度越高，购买力越强，越有利于促进商业中心的形成；作为城市基础设施的使用者，也只有达到了一定的人口数量和密度，才开始配套建设比较完善的城市基础设施和服务设施。从这个意义上讲，人口数量越大，人口密度越高，土地利用的集约化程度也越高，土地的区位就越好。

值得注意的是，人口的聚集效益是有一定限度的。当人口密度超过了合理的环境容量，非但不能继续产生新的效益，反而会使城市环境恶化，交通拥挤，市容脏乱，从而影响土地的区位。保持一个合理的人口密度，才能有利于城市发展，使城市土地发挥最佳的经济效益。

人口素质是人口的收入水平、受教育程度、职业等的综合反映，直接或间接对土地的利用发生作用，影响到土地条件的变化。收入水平的差异直接影响人们的消费水平，决定人们对房地产产品标准的要求，影响到土地的利用效益。人们受教育程度以及从事职业的差别，直接影响人们的消费观念与消费水平以至于土地的利用效益。

区位质量一般与人口数量、人口密度和经济收入成正比，人口数量大、人口密集和收入水平高的地域是区位选择的最佳候选地。大城市成为主要区位候选地的原因之一就在于此。

②交通和通信状况。交通和通信状况指城市对外（其他城市、地区和国家）的交通和通信条件。它是决定城市土地区位的重要因素，不仅关系到原材料采购，产品生产和销售过程中的费用、时间及便利程度，也关系到能否及时准确地获得经营决策所需要的经济信息。

③经济发展状况。经济发展状况是一个综合性因素，可以用国民收入，物价变动、利率水平、消费水平等指标的变化来衡量。总体来说，经济发展状况好、水平高有利于提高

区位效益与区位质量，反之亦然。

（3）社会和制度环境区位因素。

①土地与住房政策。土地制度规定着土地所有者、使用者以及其他主体对土地的占有、使用、收益以及处置等权利，直接影响各个主体的经济行为。合理有效的制度，不仅有利于土地的合理配置与对土地的有效开发与利用，以便获得土地最大的利用效益，也能保证各利益主体的权益，利于社会的安定，以便创造良好的经济环境。我国土地使用制度由无偿使用到有偿使用所带来的巨大变化，诸如城市土地的高效，集约利用，土地市场机制的建立与发展等，为国民经济的发展奠定了重要基础。

②总体社会状况。社会状况指政治安定状况、社会治安程度等。政治安定，政局稳定，社会治安情况良好，则房地产投资的运转渠道正常，投资风险小，可以增加房地产投资者的信心，带动地价上涨；政局不稳，则会直接影响房地产投资成本的收回和利润的获取，影响对房地产的投资。

③行政区划。行政区划的变化主要有两种情况：行政级别升格，行政界限发生变化。行政级别升格意味着投资环境的改善以及投资机遇的增加。这将有利于提高地区的地价水平；行政界限的变更，如将原属于较落后地区的地方划归另一较发达地区管辖，同样会增加投资的机会，有利于改善地区投资环境。

④城市规划。合理安排好城市各类用地，是城市规划的主要内容。虽然规划涉及的土地利用是未来的目标，但土地区位的优劣在现实的土地市场中就会表现出来。例如在城市郊区的农地，一旦被城市规划确定为近期开发的建设用地后，地价就会急剧上升，自然这些土地区位也就变得越来越好。

⑤土地利用计划。政府的土地利用计划直接影响土地一级市场的供给状况。并对整个房地产市场的供求关系产生重要的作用。合理的土地利用计划，会促进土地市场的运作，带动地价的上涨；不合理的土地利用计划会干扰土地和房地产市场的正常运转，阻碍市场的发展。

⑥政府政策。政府的税收政策、金融政策对房地产投资有直接影响，可以起到抑制投资或促进、鼓励投资的作用。

2. 区域因素

区域因素是指对一个城市内部某个城区具有普遍性、一般性和共同性的区位因素，它同样对城市内具体地段的区位影响不具有差异性。区域因素决定城市的中观区位特征。

（1）自然区位因素。

①区域地理特征。区域地理特征是指城市内部某一相对独立的地理特征，如地理上或行政上的一个区域在城市中的位置特征，如是否在城市中心区、是否在开发区等。它决定了一个区域土地区位的总体特征，是形成区域土地区位的最基本因素。

②区域自然环境。区域自然环境是指城市内部某一区域的自然环境。一个区域内自然环境状况良好（如有充足的园林绿地），会对净化空气、美化环境、改善城市小气候、丰

富城市居民室外活动起到积极的作用。区城自然环境是城市环境与生态系统的主要组成部分。在工业化和城市化的过程中，环境问题不仅影响着城市的发展，涉及居民的切身利益，同时也直接影响土地区位的优劣。

（2）经济区位因素。

①区域人口状况。区城人口状况是指某城市一区域内的人口状况，主要是人口密度和人口素质因素。

在一个城市中，人口密度和土地区位的关系基本遵循以下规律：城区人口密度最高，边缘区次之，郊区最低。与此相对应。土地区位也随之由城市中心向外逐渐变差。因而，区域人口密度对区域土地区位的影响是明显的。区域内人口素质对区域土地区位也有很大影响。人口素质高，受教育程度、收入水平和职业地位一般也高，从而在居住环境、文化娱乐、日常生活等方面有较高的要求和消费能力，进而影响到土地的利用程度。

②繁华程度。所谓繁华，是指城市某些职能的集聚对各企业和居民产生巨大引力的结果。繁华地区能创造高额收益和利润，在形式上则表现为城市生活中交往最频繁、最活跃。由于商业集聚具有很大的吸引力，而且获得级差收益最高，商业服务设施的集聚程度可以用来代表繁华程度。

商业服务业的集聚程度可以用商业的集聚经济效益表示。商业的集聚经济效益主要来源于它的互补性。在一个中心商业区里，通常集中分布着数百家不同类型的商店及相应的服务设施。由于商品繁多，服务项目齐全，能够满足各种社会需求的物品几乎应有尽有，可供选择的余地大，因而具有很大的吸引力。能够形成巨大的客流量。而顾客多又意味着收益多、利润高。商业集聚的互补性还表现在，顾客到此的目的绝非光顾一家商店，大部分人都要综合利用，会产生冲动性购买。这就是为什么商业集聚中心吸引的顾客及盈利要比分散布置的商店高得多的原因。

③通达程度。通达程度就是把通行距离和时间作为一个整体，既要求通行距离短以节约运费，又要求有四通八达的交通网络，把出行时间减少到最低程度。反映通达程度的因素主要包括道路功能、道路宽度、道路网密度、公交便捷度和对外设施的分布状况。

④市政设施完善程度。市政设施包括城市基础设施和城市公用设施。城市基础设施主要指交通、能源，给排水，通信、环境保护、抗灾防灾等设施，是城市发展必不可少的物质基础。其配套程度和质量直接影响生产生活等城市功能的正常运转。城市公用设施与城市居民正常生活和工作有密切关系，包括医疗、教育、银行、邮政、商业服务业、行政管理机构等设施，对城市的经济效益和社会效益也能产生间接影响。

（3）社会和制度环境区位因素。

①区域社会状况。区域社会状况主要是指城市中某一区域内的政治安定状况，社会治安状况、社会风俗和道德状况等。区城社会状况良好，有利于吸引人们来投资，置业、安家，形成良性的小环境，带动房地产价格和地价上升，使土地区位向好的方向发展。

②土地使用限制。土地使用限制指城市规划以及环境保护等对土地开发、利用的各项

条件的规定，从而会对土地的区位造成影响。

3.个别因素

个别因素是指与宗地直接相关的因素，只包括自然区位、社会和制度环境区位两个方面的因素。个别因素决定土地的微观区位，即决定地段地块的区位质量。

（1）自然区位因素。

①微观地理特征。微观地理特征是指具体宗地坐落地点的特征，是决定和形成具体地块区位的最基本因素。如居住用地周围是否安静，是否风景秀丽，是否面向绿地、公园、广场、海滩，出人是否方便等。商业用地是否在商业集中区，是否临街，位于十字路口还是丁字路口，临街的宽度，道路状况等，都对其土地利用的充分程度、经济收入产生直接影响。

②微观自然地质条件。微观自然地质条件是指具体地块的地形、坡度、土地承载力、排水状况、地质构造等，它直接影响土地使用条件和价格。

③微观市政设施。微观市政设施主要指具体地块所在地的各项设施条件，它影响土地的投资效益。

④宗地形状。一般来说，规则的宗地要比不规则的宗地好用，而在规则的宗地中又以长方形（长宽的比例要适当）的利用效果最好。

（2）社会和制度环境区位因素。它只包括宗地使用限制因素一项，主要是指城市规划对宗地利用的限制，包括用途，容积率、建筑密度、建筑高度等条件的限制。因为涉及对土地的利用程度和地价，它对微观土地的区位也具有较大的影响。

（二）房地产业的区位选择

人们对土地用地区位的选择在很大程度上取决于区位因素条件的好坏，区位是相对于区位主体即土地用途而言的。土地用途不同，区位因素随之不同。例如，在选择工业区位时，原料，能源、运输、市场、资本、劳动力等一般是主要的区位因素；面在选择农业区位时，光热、温度、土壤、劳动力、交通以及市场则构成主要的区位条件、区位因素。就选择工业区位而言，由于交通运输技术的发展，工业活动本身制造工艺技术进步以及生产中的物耗水平和投入比例的变化，区位选择中的原料，能源，运输等因素的地位相对下降；相反，劳动力（尤其是高技能劳动力）、地区智力密集程度、市场等因素地位大大提高。

1.工业用房地产宏观区位的选择

工业化、城市化高度发展的现代社会市场，是一国范围内高度统一的市场。随着经济全球化，各国积极参与国际合作与竞争，日益形成国际统一的大市场。所以，工业用房地产的区位选择是全国性乃至世界性的，是一种宏观区位选择。从国内角度看，它的区位选择除了取决于国家的产业政策外，更主要取决于国家工业的宏观空间布局。国家工业的宏观空间布局确定了，工业用房地产的宏观区位选择也就随之确定。

如前所述，决定和形成工业用房地产区位的因素很多，但影响其区位选择的因素主要有原料，能源、运输、市场、资本、劳动力等。因此，在进行工业用房地产宏观区位的选择时，一般可采用原材料指向、能源指向、市场指向，原材料与市场双重指向、科技指向等来安排工业部门的布局。

原材料指向的工业，一般其产品在生产过程中，原料失重程度大，单位产品的原料消耗量大大高于产成品的重量。同时，还有部分原料不宜运输和储藏，因而大多数从事农矿产品的加工工业，一般都要求布局在原料产地。能源指向的工业企业在生产过程中，单位产品能耗大，能源消耗占总成本的比例高（能源费用一般占成本的20%~-30%，甚至达到50%），故一般要求布局在能源产地。市场指向的工业与原材料指向的工业正好相反，需要长途运输的原料在生产过程中失重程度小甚至增重，产成品不宜运输的，如玻璃、家具，大多数食品、消费品等工业，一般要求布局在消费地。科技指向的工业是指产品的科技含量高，需要科技助推和智力支持的工业，如生物工程、计算机等高科技产业，一般要求布局在科研单位及高等院校集中、劳动力素质高、环境优美的城市里。

在具体对工业宏观区位进行布局时，要应用可行性研究方法对各种方案的技术经济指标进行测算和比较，力求选出最优的实施方案。另外，对工业区位的宏观布局除考虑技术因素外，还应参考社会生产力的平衡，在特定情况下还要考虑军事，政治等因素。

2. 城市房地产中观区位的选择

城市房地产中观区位的选择主要是在城市内部功能分区的基础上，完成各类房地产的区位选择。城市一般可分为商业、工业、居住等若干功能区。

（1）商业区。商业区一般在大城市中心、交通路口、繁华街道两侧、大型公共设施周围。在大城市和特大城市，商业区又划分为中央、区和街等不同层次和规模。在中央商业区又逐渐形成了中央商务区，其中心为由规模较大的银行、保险公司和财务公司组成的金融"核"或金融中心。该中心外的第一层是规模较大的工业、商业企业的总部或机构；第二层是为这些核心公司及其办公机构提供会计、律师、咨询、广告、经纪、市场顾问等服务的公司。中央商务区主要具有如下特征：①区域内汇集的大公司及机构（如商业公司、银行、保险公司、公司总部以及各种咨询机构等）种类繁多，影响范围很大。②土地区位形成全市标准区位，地租（地价）最高，劳动力成本也较高。③客流量和信息流量高度集中。④基础设施和各种配套设施完善。

在中央商务区可以减少信息的不确定性，获得更多更全面的信息，有利于迅速、准确地做出决策，还可以获得大量的外部经济服务。如中央商务区各类大公司的高度集中，大大扩大了市场规模，从而可以获得大量高质量低成本的税收、法律、财务和其他多方面的咨询服务，随时获得各种专家的帮助，分享交易厅、交易所等提供的种种好处。

在中央商务区外侧则是一般的商业区。这里仍然是高地价区位，其特点是交通和通信特别方便，市政基础设施完善，人口流量大等。

（2）工业区。根据各种工业的特点、污染状况、占地面积等，工业区可以分内圈工业区、外圈工业区和远郊工业区。内圈工业区在中央商业区外侧，主要是高档的服装、首饰、食品、精密仪表等工业，它们占地面积小，主要面向本地消费市场，又要求与中央商业区的企事业机构建立密切联系，及时了解市场信息并获得技术支持；外圈工业区里的工业一般是装备有自动化生产线，机械实行平面布局，产品体积大，所需仓库和厂房较大，产品多属标准化的定型产品，适于大批量生产（如家用电器等），技术要求高，对环境污染较轻的工业，包括大部分轻工业和重工业中的机械制造、金属加工业等。由于处在城市的边缘地区，这里地价低、交通便利，距离住宅区也较近；远郊工业区一般集中了规模大、古地多、污染严重的工业，如冶金、炼油、化工、重型机械、发电（原子能核电厂）和造纸等工业。

（3）居住区。居住区是人们生活、休闲的场所。它一般位于中央商业区与内圈工业区之间，也可以设在内圈工业区与外圈工业区之间。随着生活水平的提高，人们对居住环境的要求也日益提高，因此居住区应满足以下要求：一是交通便利；二是环境幽雅舒适，区内无煤气矿、化工厂、石油站，无三废，无噪声源；三是治安良好；四是文化教育设施齐备；五是采购、娱乐方便；六是人际交往方便。

3. 城市房地产微观区位的选择

房地产开发商和投资者、使用人、银行利用区位理论，可以确定当地市场范围内风险较小或优势更大的区位，可以深入了解具体项目的特定区位与总体环境的关系，以便更好地评估预期收益的风险和机会。政府可以利用区位理论提供的依据，对房地产微观区位选择进行调控，以提高土地利用效率。

（1）城市房地产微观区位选择的标准。我国城市房地产开发的主体是房地产开发投资企业，主要投资于商业房地产和居住房地产，对它们区位的选择标准如下。

选择商业房地产微观区位的标准：

①应处在商业区，以利于利用其外部经济效益。

②临街或道路状况良好，即至少要一面临街，街道标准较高，路况较好。

③交通及通信要方便。

④有足够的人口流量。

⑤有较大的增值潜力。

选择居住房地产微观区位的标准：

①周围的自然环境应幽雅、舒适、清静，如果临水及靠近绿地则更好。高档住宅多选择在起伏不平或小山较多的地方。

②交通、通信和人际交往要方便。

③生活服务配套设施齐全。

④有便利的购物、出行条件。

⑤有良好的社区文化环境，包括完善的文化娱乐设施、健康而积极的风俗习惯和良好的治安状况。

⑥具有较高的增值潜力。

（2）微观区位的选择与土地的最佳用途。所谓土地的最佳用途，是指特定的城市区位的土地可为整个城市带来最大经济效益的用途，即不仅要考虑微观单位获得的经济效益，还要考虑宏观上的社会效益和生态效益。对于一宗具体区位的城市土地来说，虽然其用途可能有很多种，如用作工业用地、商业用地、居住用地或其他类型用地等，但在这些用途中必然存在一个最好的用途（单一的或两种以上相结合的用途）。因此，我们在选择微观区位时，应尽量使其达到最佳用途，以实现城市土地资源的优化配置。

（3）政府对土地微观区位选择的调整。为正确引导各微观经济利益主体的行为，规范其在土地利用中的市场竞争秩序，提高土地的利用效率，国家和各级政府应以土地所有权者或管理者的身份实施其调控职能。具体的调控手段和途径为：①可运用土地利用规划来约束和规范各土地使用者的选择行为，将其纳入国家宏观优化配置土地资源的轨道中。②利用经济手段，主要是运用地租机制或税收政策来引导各用地者的用地行为。这些政策措施可对各微观经济利益主体的土地使用决策产生明显影响，促使城市土地空间布局得到优化，使全社会获得最大的经济效益、社会效益和生态效益。

4.区位选择的注意事项

房地产开发投资量大，回收期长，投资地点即区位的选择准确与否，在房地产开发直至销售的全过程中举足轻重。由于区位选择对房地产投资决策的成败具有重大影响，所以，在选择区位过程中必须进行大量的市场调研和科学的分析归纳，筛选整理，从而做出正确的决策判断。

房地产业的发展有赖于地方经济的发展，地方的经济发达，房地产业也随之兴旺。就全国而言，国家区域发展战略及生产力总体布局在这方面起着很重要的作用。国家重视哪些区域城市的发展，哪些区城城市就会成为经济增长的热点地区，从而也必然成为房地产投资的优势区位。

在一个城市中，必须对影响区位的环境进行研究。这种研究的内容包括交通状况、地块的规模及形状，地貌、市政配套及区域的发展潜力等。其中对交通状况的研究十分重要。交通状况与区城的发展潜力密切相关，从而也会对市场产生深远的影响。交通滞后，人们不愿去那里购房，房价也不会很高；交通一经改善，人们纷纷去那里购房，房价也就随之上扬。

此外，容积率及绿化布置、市场配套的完善与否等因素也会影响到选址的质量。当前，在我国城市房地产区位选择过程中特别要重视三个方面：

首先，注重区位升值潜力的分析。现在，房地产界形成一种共识，即认为并不是越接近市中心搞开发取得的收益越高。选择某地块进行开发，往往要做升值潜力的分析，权衡利弊，在科学的基础上进行决策。

其次，选择区位应具有超前意识，特别要注意对交通、服务网点等公共设施的深层分析。如有些开发企业得到某交通线路将要开辟或延伸的消息后，马上对该信息进行了解、摸底、分析、归纳，做出准确判断，确定在沿线某区域选址开发，结果取得较高收益。

再次，选择区位要运用定量定性相结合的办法，任何地块均无法用好或坏加以简单的判断，对区位的选择只能以定量和定性相结合的办法才能做出合理判断。定量在这里是指价格的判断，由于不同区位价格不一，不宜用较恒定的价格来划分选择地块的标准，高房价、高地价是相对而言的。定性则指某地域开发项目性质的确定。如在 CBD 搞住宅开发，显然与整个区域环境不相协调，而在边缘地区建造高级写字楼，恐怕也难以维持。定量和定性相结合，混合分析地块的区域特征、周边环境、交通状况、价格情况、增值潜力等各种相关因素，才能准确选址，为成功投资奠定基础。

（三）土地区位与房地产业发展

1. 区位理论在房地产业发展中的作用

区位理论为房地产业的发展提供了理论指导，房地产业的发展必须遵循土地区位规律。在宏观方面，为了保证社会的整体利益及城市规划的整体实施。促进房地产业的健康发展，必须使不同地区地段的所有土地获得最佳用途，从而取得最佳的经济效益、社会效益和生态效益。这些都决定了房地产业的发展必须遵循城市土地区位规律。在微观方面，房地产企业为了实现利润最大化，必然要寻找最佳的城市土地区位，购买能够取得最大效益的区位土地，而事业单位、机关和居民也会寻找经济上能承受又适合自己活动的最佳位置的房地产。可见，无论从宏观角度，还是从微观角度，土地区位理论都对房地产业的发展起到积极的指导作用。

从城市发展的历史来看，城市土地区位开始是自发形成的，随着工业化、城市化的发展，城市土地利用中不利的，即消极的外部因素的产生、发展及其日益累积，引起了社会的注意并开始由政府加以一定程度的控制。城市土地区位的形成越来越受到人们自觉行动的影响。因此，在一定程度上城市土地区位是可变的，随着决定城市土地区位的因素的变化，其方向可能趋向更优的区位；也可能趋向衰退，丧失原来的区位优势。所以，在房地产业的发展过程中需要政府的宏观调控，以使其发展遵循土地区位规律，提高土地的使用效益。

此外，每一宗特定区位的城市土地都可以有多种用途，并有一个最佳用途。前已述及，制定城市土地利用规划就是要使城市不同区位的土地实现其最优用途，并逐步调整那些使用不合理的土地用途，以达到城市土地资源的优化配置。所以，城市土地利用规划需要遵循城市土地区位形成和变化的基本规律。

由此可见，区位理论在房地产业发展中的作用主要表现在两个方面：一是能够指导整个城市规划，包括土地利用及城市建设工作；二是能够指导房地产企业及房地产用户更好地进行区位选择，从而取得良好的经济效益和社会效益。

2. 土地区位和城市规划

（1）土地区位与城市土地利用规划的相互关系。城市土地利用规划的实质就是人类自觉地运用区位规律，合理安排土地使用的方向和规模，以获取最大的效益。从土地合理利用而言，必须实行土地规划，这是因为：一是土地的稀缺性。随着经济的发展，人们对土地的需求越来越大，而土地的有限性、差异性和固定性等特点又限制了土地的供给，使土地成为一种稀缺的资源。二是土地的区位可变性。三是土地的报酬递减性。在一定的技术水平下，连续在一块土地上投资，超过一定限度，就会引起成本增加、收益递减。四是土地经营的垄断性。一宗土地一旦给某人使用，其他单位和个人就不能使用。

此外，从保护、优化生态环境来看，也必须实行土地规划。生态环境是由自然生态系统和人工生态系统组成的。人工生态系统在很大程度上是受城市经济系统制约的。人们如能根据生态环境规律来安排土地的使用，那么生态环境会得到保护，并不断优化，反之就会破坏生态环境。从城市土地规划角度看，必须重视土地区位的地域差异。土地的自然特性决定了自然条件和包括土地在内的自然资源的差异性，也就是不同地区的自然条件和资源条件是存在差异的。自然条件在城市则主要指地形、地貌、地质等，它们在不同的地区是不同的，在房地产开发过程中不同地形地貌的开发成本差异极大。自然资源主要是指气候资源、水资源、土地资源、生物资源、能源和矿产资源等，同时因地而异。在此情况下，只有充分、合理地运用当地的各种资源条件才能使土地配置达到最佳状态。

在现实经济中，土地资源的自然空间和历史上对土地的开发、利用，逐渐形成了土地区位的经济差异或效益差异，即在特定地点或某几个同类地点进行某种经济活动，比在其他地点进行这种经济活动能获得更大的利益和更高的效率。在城市土地利用中存在着强烈的区位效益差异。区位经济差异是由自然条件和社会经济条件即人们社会经济活动中的一系列因素造成的，如资源质量优劣，距离市场或城市中心区的远近，交通通信便利程度，人口密度大小，环境条件好坏，基础设施配备情况等。各种用地的不同区位与布局可获得不同利润，为了利润最大化或成本最小化，就要比较选择最优用途，即同一宗土地有不同用途，就要按照比较利益原则，找出效益最佳的用途。可见，城市土地规划只有符合土地区位规律，才能符合土地最优利用的原则。

（2）住宅区位与城市规划。城市住宅建设的区位选择要服从城市土地利用总体规划和功能分区规划。在城市中，良莠不齐的土地区位，产生不同的使用价值，带来不同土地区位的级差收益。在市场经济条件下，这种级差收益就转化为级差地租。在级差地租的调节下，城市土地的空间布局就表现出一定的规律性。各经济主体、居民户对距离市中心远近不同的地段愿意或能够支付的地租数额是不一样的。金融、商业、服务业在市中心具有较强的竞争能力，故金融、商业、服务业用地位于市中心区，需要支付高于其他任何活动的地租，向外依次是工业、住宅、郊区农业用地。就住宅用地而言，越靠近城市中心，其租金水平就越高，占地面积也就越小；越远离城市中心，租金水平就越低，相对前者所占的面积就大。因此，在城市级差地租杠杆的调节下；住宅用地的区位选择有一定的向外移动的特性。

（3）非住宅区位与城市规划。根据住宅房地产规划，非住宅房地产按照提供服务的性质可以划分为以下几类：工业用房，商业及服务业用房，城市文化教育、卫生、体育事业用房，行政办公及其他公共建筑等。一般来讲，在制定规划时应当注意以下几个方面的问题。

①城市非居住用房发展规划要服从城市土地利用规划和城市发展总体规划的基本要求。如果建设过程中没有统一严密的规划，就会造成城市土地使用不合理、城市各项建设设施配套不齐全等后果，则城市各项建设的协调性被打乱，城市的功能不能充分发挥，城市的性质和特点也就无法体现，进而对城市的生存和发展造成严重威胁。

②城市非居住用房规划必须体现综合开发的原则，即建设的统一性和有序性。统一性表现在开发建设中高度的统一规划、统一征地、统一设计、统一施工和统一组织管理，主体各配套工程同步进行；有序性指要协调城市非居住用房内部及其与居住用房、城市基础设施等外部设施的比例关系，使它们有计划按比例地协调发展，避免城市建设的无政府状态。

③城市非居住用房发展规划要突出公共建筑设施配套功能。可以说，公共建筑设施是构成居住区良好室外环境的物质基础，是使住宅区生活有序、稳定的重要条件。

第四节　市场理论

市场理论又称厂商均衡理论（Theory of Equilibrium of the Firm），是管理经济学上最为重要的一个理论，研究消费者和厂商之间的交易行为如何共同决定产品的价格和产量。

经济分析将不同的市场结构分为四种类型，即完全竞争市场、完全垄断市场、垄断竞争市场和寡头垄断市场，不同的市场结构对产品价格和产量的决定有不同的影响。

一、完全竞争市场的厂商均衡

完全竞争又称纯粹竞争，是一种竞争不受任何阻碍与干扰的市场结构。所谓完全竞争市场，必须同时具备以下四个条件：

（1）存在大量的买者和卖者；

（2）产品是同质的；

（3）资源自由流动，厂商进出容易；

（4）生产者和消费者具有完备的市场知识。

1.完全竞争市场上的短期均衡

从短期看，由于生产规模既定，厂商不能根据市场需求调整其全部生产要素，整个行业的厂商个数也相对稳定。因此，整个行业中的产品可能出现供不应求或供过于求的状况。

对单个厂商而言，按利润最大化原则决定产品的产量，厂商均衡的条件是边际收益等于边际成本。当整个行业的产品供不应求因而市场价格高时，厂商均衡可能实现超额利润；当整个行业的产品供需平衡时，厂商均衡可实现正常利润（超额利润为零）；当整个行业的产品供大于求因而市场价格低时，厂商可能亏损。厂商均衡可使亏损最小。当市场价格降低到使厂商产品的需求曲线正好与边际曲线和平均可变曲线的交点相交时，表示厂商的总收益恰好可以收回全部可变成本。而固定成本不能得到任何补偿，此点为厂商短期均衡的停止营业点，如市场价格更低，则厂商的亏损更大，因此厂商将终止生产。

2. 完全竞争市场上的长期均衡

从长期看，各个厂商都可以根据市场价格通过调整资源配置和生产规模来调整产量和产品的生产成本，或者通过自由进出某个行业从而改变整个行业的供给状况和市场价格。当整个行业的产品供不应求因而价格高时，各个厂商都会扩大生产，其他厂商也会加入该行业进行生产，从而使整个行业的产品供给增加，导致价格水平降低；当整个行业的产品供过于求因而价格低时，各个厂商会减少生产，一些厂商会退出该行业，从而使整个行业的产品供给减少，导致价格水平提高。通过完全市场竞争，整个行业达到供求均衡，单个厂商既不可能继续获得超额利润，也不可能继续出现亏损，厂商的产量也不再调整，从而实现了长期均衡，此时有 MR=MC=AR=AC。

二、完全垄断市场的厂商均衡

完全垄断市场是指整个行业的市场完全处于一家厂商所控制的状态。它主要有以下特征：

（1）市场上只有唯一的一个厂商生产和销售某商品；

（2）该厂商生产和销售的商品没有任何相近的替代品；

（3）其他任何厂商不可能进入该行业；

（4）垄断厂商是产品价格的制定者。

1. 完全垄断市场上的短期均衡

在完全垄断市场上，虽然具有垄断地位的厂商可以通过对产量和价格的控制来实现利润最大化，但同时也受到市场需求的制约，所以厂商仍要按边际收益等于边际成本的原则确定产量。当产量决定之后，短期内由于生产规模既定，厂商难以完全按市场需求变动而进行调整，因此，仍可能出现供不应求或供过于求的状况，所以短期均衡时同样可能出现厂商获得超额利润、正常利润或出现亏损三种情况。完全垄断市场上短期均衡的条件是 MR=MC。

2. 完全垄断市场上的长期均衡

从长期看，厂商可以通过调节产量与价格实现利润最大化。厂商长期均衡的条件是边际收益与长期边际成本和短期边际成本都相等。

三、垄断竞争市场的厂商均衡

完全竞争与完全垄断是两种极端的市场结构，而绝大多数行业既包括竞争因素，也包含垄断因素。垄断竞争是仅与完全竞争的第二个条件不同，而与其他条件都相同的一种市场结构,即各厂商的产品不同质,存在一定的差别。这些差别主要表现在产品的质量、款式、颜色、包装、品牌以及销售条件等方面的不同,从而对消费者产生不同的心理影响,因此每一种有差别的产品都能以自身特色在一部分消费者中形成垄断地位,每个厂商对自己的产品都享有一定的排斥其竞争者的垄断权利。产品差别是指同一种产品之间的差别,因此它们之间又有很高的替代性,从而又会引起竞争。此外,垄断竞争市场具有众多的生产者和消费者,加上资源可自由流动和信息畅通,所以垄断竞争市场十分接近于完全竞争市场。

1. 垄断竞争市场上的短期均衡

垄断竞争市场上,厂商实现短期均衡的条件仍然是 MR=MC。为了实现利润最大化,完全竞争市场上的厂商需要选择的变量只是他的产(销)量,完全垄断市场上的厂商需要确定的变量是产品的产量或产品的价格。垄断竞争市场的厂商可以选择的变量有三个,即产品:的售价、质量和销售费用。当实现短期均衡时,厂商获得超额利润、正常利润或出现亏损都是可能的,这取决于厂商在均衡产量下的平均成本是小于、等于还是大于销售价格。

2. 垄断竞争市场上的长期均衡

从长期看,垄断竞争市场的厂商也可以通过调整生产规模来调节产量,而且其他厂商也可以进入或退出该行业。厂商长期均衡的条件是 MR=SMC=LMC,AR=SAC=LAC。

四、寡头垄断市场的厂商均衡

寡头垄断是同时包含垄断因素和竞争因素而更接近于完全垄断的一种市场结构。它的特点是:

(1)一个行业只有几家大厂商,每一家厂商的产量都占有很大的份额;

(2)进入市场很困难但不是不可能;

(3)厂商之间存在着明显的相互依赖性。

1. 寡头垄断市场上产量的决定

在寡头垄断市场上,当不存在相互勾结时,各寡头根据其他寡头的产量决策,按利润最大化原则调整自己的产量;当寡头之间存在勾结时,产量由各寡头协商确定。而确定的结构对谁有利,则取决于各寡头的实力大小。

2. 寡头垄断市场上价格的决定

寡头垄断市场上的价格,通常表现为由各寡头相互协调的行为方式所决定。这种协调可以有多种形式,可以是以卡特尔正式协议所表现的公开勾结,但大多是寡头共同默认和遵从一些行为准则而形成的非正式勾结。前者通过建立卡特尔,以达成的协议来协调各寡头的行动,统一确定产品价格,并规定各寡头产品的生产和销售限额;后者则表现为寡头垄断市场上所通行的价格领先和成本加成等定价方法。

第五节　制度经济学理论

制度经济学（Institutional Economics）是把经济制度作为研究对象的一门经济学分支学科。它研究制度对于经济发展的影响，也研究经济的发展如何影响制度的演变。旧制度经济学代表康芒斯、米切尔等，考察了制度，但没有对主流经济学的方法有所改进。新制度经济学由科斯在 1937 年出版的《企业的性质》论文中首次提出，他的贡献在于将交易成本这一概念引入到经济学的分析之中。威廉姆森、德姆塞茨、张五常等人对于这门新兴学科也做出了重大的贡献。近 30 年，新制度经济学的发展初具规模，已形成交易费用经济学、产权经济学、委托—代理理论、公共选择理论、新经济史学等几个支流。新制度经济学包括四个基本理论：交易费用理论、产权理论、企业理论和制度变迁理论。

一、交易费用理论

交易费用是新制度经济学最基本的概念。交易费用思想是科斯在 1937 年的论文一《企业的性质》一文中提出的。该理论认为，企业和市场是两种可以相互替代的资源配置机制，由于存在有限理性，机会主义、不确定性与小数目条件使得市场交易费用高昂，为节约交易费用，企业作为代替市场的新型交易形式应运而生。交易费用决定了企业的存在，企业采取不同的组织方式，最终目的也是为了节约交易费用。

科斯提出，市场和企业是两种不同的组织劳动分工的方式（即两种不同的"交易"方式），企业产生的原因是企业组织劳动分工的交易费用低于市场组织劳动分工的费用。一方面，企业作为一种交易形式，可以把若干个生产要素的所有者和产品的所有者组成一个单位参加市场交易，减少交易者的数目和交易中的摩擦，从而降低交易成本；另一方面，在企业之内，市场交易被取消，伴随着市场交易的复杂结构被企业家所替代，企业家指挥生产，因此，企业替代了市场。由此可见，无论是企业内部交易，还是市场交易，都存在着不同的交易费用；而企业替代市场，是因为通过企业交易而形成的交易费用比通过市场交易而形成的交易费用低。

所谓的交易费用，是指企业用于寻找交易对象、订立合同、执行交易、洽谈交易、监督交易等方面的费用与支出，主要由搜集成本，谈判成本、签约成本与监督成本构成。

企业运用收购、兼并、重组等资本运营方式，可以将市场内部化，消除由于市场的不确定性所带来的风险，从而降低交易费用。

交易费用的提出，对于新制度经济学具有重要意义。由于经济学是研究稀缺资源配置的，交易费用理论表明交易活动是稀缺的，市场的不确定性导致交易也是要冒风险的，因而交易也有代价，从而也就有了如何配置的问题。资源配置问题就是经济效益问题，所以，制度必须提高经济效益，否则旧的制度将会被新的制度所取代。

二、产权理论

新制度经济学家一般认为，产权既是一种权利，也是一种社会关系，是规定人们相互行为关系的一种规则，并且是社会的基础性规则。产权经济学大师阿尔软认为："产权是一个社会所强制实施的选择一种经济物品的使用的权利。"这揭示了产权的本质是社会关系。只有在相互交往的人类社会中，人们才需要相互尊重产权。

产权是一个复数概念，一个权利束包括所有权、使用权、收益权、处置权等。当一种交易在市场中发生时，就发生了两束权利的交换。

产权实质上是一套激励与约束机制。影响和激励行为，是产权的一个基本功能。新制度经济学认为，产权安排直接影响资源配置效率，一个社会的经济绩效如何，最终取决于产权安排对个人行为所提供的激励。

三、企业理论

科斯运用其首创的交易费用分析工具，对企业的性质以及企业与市场并存于现实经济世界这一事实做出了先驱性的解释。将新古典经济学的单一生产制度体系—市场机制，拓展为彼此之间存在替代关系的，包括企业与市场的两种生产制度体系。

科斯认为市场机制是一种配置资源的手段，企业也是一种配置资源的手段，二者是可以相互替代的。在科斯看来，市场机制的运行是有成本的，通过形成一个组织，并允许某个权威（企业家）来支配资源，就能节约某些市场运行成本。交易费用的节省是企业产生、存在以及替代市场机制的唯一动力。而企业与市场的边界在哪里呢？科斯认为企业管理也是有费用的，企业规模不可能无限扩大，其限度在于：利用企业方式组织交易的成本等于通过市场交易的成本。

四、制度变迁理论

所谓制度变迁，是指新制度（或新制度结构）产生，并否定、扬弃或改变旧制度（或旧制度结构）的过程。它一定是向更有效率的制度演化。制度变迁是一个动态的现实过程，在这个过程中，涉及谁发动制度变迁、为什么要进行制度变迁、如何进行制度变迁，制度变迁的效果如何等问题。因此，制度变迁的理论应该包括制度变迁的主体、制度变迁的动力，制度变迁的方式、制度变迁的效率评价等方面。

制度变迁理论是新制度经济学的一个重要内容。其代表人物是诺斯，他强调技术的革新固然为经济增长注入了活力，但人们如果没有制度创新和制度变迁的冲动，并通过一系列制度（包括产权制度、法律制度等）构建把技术创新的成果巩固下来，那么人类社会的长期经济增长和社会发展是不可设想的。总之，诺斯认为，在决定一个国家经济增长和社会发展方面，制度具有决定性的作用。

制度变迁的原因之一就是为了节约交易费用，即降低制度成本，提高制度效益。所以，制度变迁可以理解为一种收益更高的制度对另一种收益较低的制度的替代过程。产权理论、国家理论和意识形态理论构成制度变迁理论的三块基石。制度变迁理论涉及制度变迁的原因或制度的起源问题、制度变迁的动力、制度变迁的过程、制度变迁的形式、制度移植、路径依赖等。

科斯的原创性贡献，使经济学从零交易费用的新古典世界走向正交易费用的现实世界，从而获得了对现实世界较强的解释力。经过威廉姆森等人的发挥和传播，交易费用理论已成为新制度经济学理论的一个重要贡献。目前，正交易费用及其相关假定已经构成了可能替代新古典环境的新制度环境，正在影响着许多经济学家的思维和信念。

第六节 工程建设概述

一、工程建设的概念和基本建设的主要类型

1. 工程建设的概念

工程建设是指固定资产扩大再生产的新建、改建、扩建、恢复工程及与之连带的工作，包括建筑工程、安装工程、设备及工器具购置以及其他建设工作。其实质是形成新的固定资产。

工程建设是形成固定资产的生产活动。固定资产是指在其有效使用期内重复使用而不改变其实物形态的主要劳动资料。它是人们生产和活动的必要物质条件，是一个物质资料生产的动态过程。这个过程概括起来，就是将一定的物资、材料、机器设备通过购置、建造和安装等活动转化为固定资产，形成新的生产能力或使用效益的建设工作。

工程建设的内容主要有：

（1）建筑工程。其包括建筑物、构筑物、给排水、电器照明、暖通、园林和绿化等工程。

（2）安装工程。其包括机械设备安装和电气设备安装工程。

（3）设备及工器具购置。

（4）其他工程建设工作。其包括获得土地使用权、与项目建设有关的工作、与未来生产经营有关的准备工作。

2. 基本建设的主要类型

（1）按建设的性质分类。

基本建设按建设的性质分为新建项目、扩建项目、改建项目、迁建项目和恢复项目。

新建项目是指从无到有平地起家的建设项目；扩建和改建项目是指在原有企业、事业、行政单位的基础上，扩大产品的生产能力或增加新的产品生产能力，以及对原有设备和工程进行全面技术改造的项目；迁建项目是指原有企业、事业单位，由于各种原因，经有关部门批准搬迁到另地建设的项目；恢复项目是指对由于自然、战争或其他人为灾害等而遭到毁坏的固定资产进行重建的项目。

（2）按建设的经济用途分类。

基本建设按建设的经济用途分为生产性基本建设和非生产性基本建设。生产性基本建设是用于物质生产和直接为物质生产服务的项目的建设，包括工业建设、建筑业和地质资源勘探事业建设及农林水利建设；非生产性基本建设是用于人民物质和文化生活项目的建设，包括住宅，学校、医院、托儿所、影剧院以及国家行政机关和金融保险业的建设等。

（3）按投资额构成分类。

基本建设按投资额构成分为建筑安装工程投资、设备工具投资和其他基本建设投资。

（4）按建设规模分类。

基本建设按建设规模和总投资的大小，可分为大型、中型、小型三类。

（5）按建设阶段分类。

基本建设按建设阶段分为预备项目、筹建项目、施工项目、建成投资项目、收尾项目等。

二、基本建设工作程序

基本建设工作程序是指建设项目从设想、选择、评估、决策、设计、施工到竣工验收、投入生产或交付使用的整个建设过程中各项工作必须遵守的先后顺序。我国基本建设工作程序一般可分为决策、设计、准备、实施及竣工验收五个阶段。其主要内容包括以下几个方面：

1. 项目建议书阶段。

2. 可行性研究报告阶段。

3. 编制设计任务书阶段。

4. 选择建设地点。

5. 编制设计文件。

6. 做好施工准备工作。

7. 全面工作。

8. 竣工验收。

9. 项目后评价阶段。

第七节 工程经济分析的基本原理

一、工程经济分析的基本原理概述

1. 工程经济研究的出发点

工程项目经济方面的研究是以市场为导向的。在对工程经济的研究中可以证明，在满足完全竞争的市场均衡，不存在外部效应和公用物品等一系列前提条件下，从企业利润最大化的决策和社会角度出发的资源配置与效率最大化的目标是一致的。尽管这些前提、假设很难得到满足，从社会角度进行的经济分析还是可以在企业角度分析的基础上进行修正的。因此，可以把从企业（投资者）角度的分析作为基础平台和框架。也就是通过收益和费用的计算比较得出结论。而这些计算多数是以市场价格为基础，以货币量为单位的。因为在市场经济中，我们还没有办法找到比价格和货币更为一般的度量尺度。

工程经济分析的实质，就是对可实现的某一预定目标的多种工程技术方案进行比较，从中选出最优方案。要比较就必须建立共同的比较基础和条件，没有"比较"就无从"优选"，"比较"是工程经济分析的重要环节。但是，相比较的各个工程和项目方案，总是在一系列技术经济因素上存在着差异。所以，在方案比较之前，必须先考虑方案之间是否可比，如果不可比，就要做些修正性的计算，只有这样才能得到合理可靠的分析结果。因此，可比性关系到结果的正确性，必须给予充分注意。研究建筑工程经济分析的比较原理，就是掌握建筑工程分析的可比条件，把握技术方案之间可比与不可比的内在联系，找出不可比向可比转化的规律，从而保证工程方案经济效益结论正确、可行。

2. 基本原理

工程经济分析是帮助决策者（设计人员或管理者）做出正确决策的过程。它与工程技术的考虑密切地联系在一起，贯穿于决策和设计的全过程。经验表明，很多决策失误，都是由分析时运用的原理、原则、方法框架选择不当造成的。因此有必要对这些原理、原则和方法框架做必要说明。

（1）工程经济分析的目的是提高工程经济活动的经济效果。

（2）技术与经济之间是对立统一的辩证关系：

①技术进步促进经济的发展；

②技术和经济的关系中，经济占支配地位。

（3）工程经济分析所讨论的经济效果问题几乎都和"未来"有关，是科学地预测未来活动的结果。

（4）工程经济分析是对工程经济活动的系统评价。

（5）满足可比条件是技术方案可比的前提。

3. 基本原则

（1）工程经济分析强调的是技术可行基础上的经济分析。

（2）形成尽可能多的备选方案。

（3）形成比较基础，着眼方案的差异比较。

（4）选择影响正确决策的恰当的基础数据。

（5）充分揭示和估计项目的不确定性。

二、建筑工程经济研究的内容及原则

1. 建筑工程经济研究的内容及程序

工程经济的研究是在技术可行的条件已经确定后，也就是在技术可行性研究的基础上进行经济合理性的研究与论证工作。它为技术可行性提供经济依据，并为改进技术方案提供社会采纳条件的改进方案的途径。

2. 建筑工程技术经济评价的基本原则

（1）力求做到技术先进性和经济合理性的统一。

技术和经济之间是一种辩证的关系，它们之间既相互统一，又相互矛盾。我们知道，人们为了达到一定的目的和满足一定的需要，就必须采用一定的技术，而任何技术的社会实践在所有条件下都必须消耗人力、物力和财力。换句话说，技术不能脱离经济，这就是技术和经济之间相互制约和相互统一的关系。许多先进的技术往往同时有着很好的经济效益，在生产实践中得到了广泛的应用和推广，促进了国民经济的发展，反过来也推动了这种先进技术的提高和发展。这反映了技术和经济之间相互促进、共同发展的辩证关系。但是，由于受各种因素的影响，技术和经济之间也常常有着互相对立、互相矛盾和互相限制的一面。例如，某种技术从其本身来说（不从经济性来说）是比较先进的，但在当时和当地的经济条件和技术条件下，由于其经济效益不及另一种技术经济效益好，因而这种技术就不能在生产实践中被广泛使用。又如，有不少技术，从技术本身讲都是比较先进的，但是，在一定情况下某一种技术可能最经济，在实践中被采用，而另一种技术可能不是最经济的，在实践中不能被采用。随着事物的发展以及条件的改变，这种相互矛盾的关系也会随之改变。原来不经济的技术可以转化为经济的，原来经济的技术可以转化为不经济的。这种关系实际上就是技术和经济之间根本的矛盾所在。因此，在进行技术经济评价时，既要求技术上的先进性，又要求分析经济上的合理性，力求做到两者的统一。

（2）坚持以全局的观点计算经济效益。

在进行技术经济评价时，不仅要计算直接的经济效益，还要考虑相关投资的经济效益。国民经济是一个有机的整体，建筑业是国民经济的一个重要组成部分，它和其他各部门紧密联系，相互制约，相互矛盾，相互依存。在评价建筑技术的经济效益时，不仅要对给建筑部门带来的经济效益加以详细计算，还要考虑对相邻部门（如建材工业、机械工业部门等）和整个国民经济带来的效益和影响。处理好全局经济效益和局部经济效益的关系。局部的经济效益（又称微观经济效益）是基础，全局的经济效益（又称宏观经济效益）是重点和前提。有些方案的经济效益，从个别地区或局部范围来看是较大的，但从整个国民经济来看却较小，甚至相反，这种方案就不可取。在进行技术经济评价时，要坚持全局观点，应主要考虑给国民经济带来的经济效益来决策技术方案。

（3）既要计算目前的经济效益，又要考虑长远的经济效益。

我国实行的社会主义市场经济，从根本上说目前和长远的经济效益应是一致的，但有时也会出现某些技术方案从当前看较为有利，从长远看不利的情况，或者相反。因此，在评价建筑工程技术经济效益时，既要考虑生产施工过程的经济效益，也要考虑投入使用以后的经济效益，使目前的经济效益与长远的经济效益相结合。

（4）经济效益、社会效益和环境效益的统一。

对建筑工程技术方案的评价是以经济效益为主要依据的。但是技术方案的影响，除了经济效益方面以外，还涉及社会、环境等方面。因此，经济效益并不是对技术方案进行比较和决策的唯一依据，它需要根据技术方案的具体目标以及涉及的具体情况，把经济效益、社会效益和环境效益结合起来进行综合评价。在特定的情况下，社会效益或环境效益可能成为评价技术方案的主要依据。

三、建筑工程技术经济评价的一般程序

1. 根据评价的目的，明确方案评价的任务和范围。

2. 探讨和建立可能的技术方案。在评价前，要对技术方案进行审查，只有在技术过关和产品质量达到基本要求的前提下，才能列为对比方案。

3. 确定反映方案特征的技术经济指标体系。

技术经济评价所采用的指标体系，一般可分为技术指标经济指标、其他因素或指标三类。技术指标是反映技术方案的技术特征和工艺特征的指标，用以说明方案适用的技术条件和范围；经济指标是用以反映方案的经济性和经济效果的指标，如劳动消耗指标、效益指标、经济效果指标等；其他因素或指标是指除了技术指标和经济指标以外，还要考虑的因素或指标。如社会因素、政治因素、国防因素等。

对评价方案指标体系的要求是：能全面反映方案的主要方面或基本特征，指标的概念确切，指标要容易计算。因此，评价每一个技术方案，都应有一套指标体系。

4. 对方案的各种指标进行计算。

指标的计算要按规则和要求进行，为了使指标具有可比性，计算时应遵循相同的计算规则和计算方法。对不同方案中可计量的数量指标分别进行计算和分析，得出定量的分析结果。对不同方案中不可计量的指标（包括质量）也要通过分析和判断，得出定性分析的

结果。对于经济现象比较复杂的技术方案，必须根据经济指标和各参变数之间的丽数关系，列出相应的经济数学模型，然后求解。

5.方案的分析和评价。

根据评价的目的，方案的指标可分为主要（基本）指标和一般（辅助）指标，评价时，不能将两者等同视之，要突出主要指标，根据方案的特征，确定评价的标准（或基础）。通过对比指标的分析，排出方案的优劣顺序，并提出推荐方案的建议。

6.综合论证、方案抉择。

综合论证、方案抉择即对技术方案进行全面分析、论证和综合评价，选择最经济的方案，然后做出最终结论。

第三章　工程技术经济分析的基本要素

第一节　工程项目投资的概念及分类

一、投资的概念

在人类所有的经济活动中，投资是其中最重要的活动之一。投资一般有广义和狭义两种理解。狭义的投资是指为建造和购置固定资产、购买和储备流动资产而事先垫付的资金及其经济行为；广义的投资则是指一切为了将来的所得而事先垫付的资金及其经济行为。广义的投资概念不仅包括狭义的投资，而且包括为获得金融资产甚至包括与增加资产无关的货币投入。

工程经济学中所说的投资主要是指狭义的投资。建造和购置固定资产等投资活动一方面为社会再生产创造物质条件；另一方面为政府实现职能、居民满足物质文化生活需要提供消费品。因此我们可以看出，狭义投资是所有投资活动中最基本的，也是最重要的投资。社会发展的各个时期，如果没有一定量的投资活动，经济是难以启动和发展的。

投资活动是诸多要素的统一，具体体现在以下几个方面：

1. 投资主体。是指各种从事投资活动的法人和自然人。在我国实践中，具体表现为从事投资的各级政府、企业、个人及外商等。

2. 投资环境。其中包括投资政策、法律法规的保障水平等投资软环境，也包括基础设施等投资硬环境。

3. 资金投入。投资主要以货币表现，也可以表现为设备、材料等有形资本和技术、信息、商标、专利权等无形资本的投入。

4. 投资产出。投资的直接产出表现为购建的资产和新增加的生产能力（或服务能力）。所购建的资产又包括固定资产、流动资产、无形资产和递延资产等真实资产。

5. 投资目的。投资活动是人类的有意识活动，其目的是获得预期效益，即必须对投入与产出进行核算，考察预期目标的实现程度。

二、工程造价相关概念

1. 静态投资与动态投资

静态投资是以某一基准年、月建设要素的价格为依据所计算出的建设项目投资的瞬时值。静态投资包括：建筑安装工程费、设备和工器具购置费、工程建设其他费用、基本预备费，以及因工程量误差而引起的工程造价的增减等。

动态投资是指为完成一个工程项目的建设，预计投资需要量的总和。它除了包括静态投资所含内容之外，还包括建设期贷款利息、投资方向调节税、涨价预备费等。

静态投资和动态投资的内容虽然有所区别，但二者有密切联系。动态投资包含静态投资，静态投资是动态投资最主要的组成部分，也是动态投资的计算基础。

2. 建设项目总投资与固定资产投资

建设项目按用途可分为生产性建设项目和非生产性建设项目。生产性建设项目总投资包括固定资产投资和流动资产投资两部分；非生产性建设项目总投资只包括固定资产投资，不含流动资产投资。建设项目总造价是指项目总投资中的固定资产投资总额。

固定资产投资是投资主体为特定目的，达到预期收益的资金垫付行为。我国的固定资产投资包括：基本建设投资、更新改造投资、房地产开发投资和其他固定资产投资四种。

建设项目的固定资产投资也就是建设项目的工程造价，二者在量上是等同的。其中，建筑安装工程投资也就是建筑安装工程造价，二者在量上也是等同的。从这里也可以看出工程造价两种含义的同一性。

三、投资的分类

投资是一个极为复杂的经济系统。进行科学分类，有助于深入了解投资的概念、本质和运动规律。

1. 按建设性质分类

按照工程项目的建设性质分为新建项目投资、改建项目投资、扩建项目投资、恢复项目投资和迁建项目投资。

2. 按投资的用途分类

按投资用途分为生产性投资和非生产性投资。生产性投资是指直接用于物质生产领域建设的投资（如工业企业）；非生产性投资是指投入资金不是直接用于物质生产建设，而是用于满足人民的物质文化生活的需要和为生产建设服务的投资（科学技术、文化教育、国防、城市基础设施建设等）。

3. 按形成真实资产的内容分类

按形成真实资产的内容划分为固定资产投资、流动资产投资、无形资产投资与递延资产投资。

4. 按形成资产的用途分类

投资按其形成资产的用途不同,可划分为经营性投资与非经营性投资。

(1) 经营性投资,是指投资建设参加生产经营过程或者直接服务于生产经营过程的各种房屋、建筑物、机器设备、工具等。其主要特征是投资资金所转换的资产在运转中进行经济核算,以其收入弥补其支出,计算和考核盈亏。正常情况下,所投资金能够完成周转过程。

(2) 非经营性投资,是指所形成的资产主要用于服务管理性事业,如食堂和职工住宅等。其主要特征是投资资金所转换的资产在运转中,资产的使用价值逐渐损耗,资产的价值却无处转移,不能以收抵支,不考核经济成果。因此,投资资金不能形成自身的循环周转。

投资除上述分类外,还可分为生产性投资与非生产性投资,建筑安装工程投资、设备工器具购置投资、其他费用投资等。

四、建设工程投资的特征

1. 建设工程投资数额巨大

建设工程投资数额巨大,动辄上千万甚至数十亿。建设工程投资数额巨大的特点使它关系到国家、行业或地区的重大经济利益,对国计民生也会产生重大的影响。

2. 建设工程投资差异明显

每个建设工程都有其特定的用途、功能、规模,每项工程的结构、空间分封、设备配置和内外装饰都有不同的要求,工程内容和实物形态都有其差异性。同样的工程处于不同的地区,在人工、材料、机械消耗上也有差异。所以,建设工程投资的差异十分明显。

3. 建设工程投资需单独计算

建设工程的实物形态千差万别。再加上不同地区构成投资费用的各种要素的差异,最终导致建设工程投资的千差万别。因此,建设工程只能通过特殊的程序(编制估算、概算、预算、合同价、结算价及最后确定竣工决算等),就每项工程单独计算其投资。

4. 建设工程投资确定依据复杂

建设工程投资的确定依据繁多,关系复杂。在不同的建设阶段有着不同的确定依据,且互为基础和指导,互相影响。

5. 建设工程投资确定层次繁多

建设工程投资的确定需分别计算分部分项工程投资、单位工程投资、单项工程投资,最后才形成建设工程投资。可见,建设工程投资的确定层次繁多,且应该理解分部工程、分项工程、单位工程、单项工程、建设项目几个层次的含义。

6. 建设工程投资需动态跟踪调整

建设工程投资在整个建设期内都属于不确定的,需随时进行动态跟踪、调整,直至竣工决算后才能真正形成建设工程投资。

第二节　工程项目投资的构成及计算

一、工程项目总投资构成

工程项目总投资由建设投资和流动资金投资两大部分组成。非生产性建设项目总投资不含流动资金投资。建设项目总投资构成见表 3-1。

表 3-1　建设项目总投资构成表

建设项目总投资	固定资产投资（工程造价）	建设投资	工程费用	设备及工器具购置费
				建筑安装工程费
			工程建设其他费用	建设用地费
				与项目建设有关的其他费用
				与未来生产经营有关的其他费用
			预备费	基本预备费：工程建设不可预见费
				价差预备费：价格变动不可预见费
		建设期利息：均衡贷款；建设期只计息不还款		
		固定资产投资方向调节税（目前已停收）		
	流动资产投资（流动资金）	扩大指标估算；详细估算		

二、设备购置费的构成及计算

设备购置费是指为建设项目购置或自制的达到固定资产标准的各种国产或进口设备、工具、器具的购置费用。

$$设备购置费＝设备原价＋设备运杂费$$

1. 国产设备原价的构成及计算

（1）国产标准设备原价

国产标准设备是指按照主管部门颁布的标准图纸和技术要求，由我国设备生产厂批量生产的，符合国家质量检测标准的设备。国产标准设备原价有两种：带有备件的原价和不带有备件的原价。在计算时，一般采用带有备件的原价。

（2）国内非标准设备原价

国产非标准设备是指国家尚无定型标准，各设备生产厂不可能在工艺过程中采用批量生产，只能按一次订货，并根据具体的设计图纸制造的设备。非标准设备原价有多种不同的计算方法，如成本计算估价法、系列设备插入估价法、分部组合估价法、定额估价法等。但无论采用哪种方法，都应该使非标准设备计价接近实际出厂价，并且计算方法要简便。

单台非标准设备原价可用下面的公式表达：

单台非标准设备原价 = {[(材料费十加工费 + 辅助材料费) × (1 + 专用工具费率) × (1 + 废品损失费率) + 外购配套件费] × (1 + 包装费率) - 外购配套件费} × (1 + 利润率) + 销项税金 + 非标准设备设计费 + 外购配套件费

2. 进口设备原价的构成及计算

进口设备的原价是指进口设备的抵岸价，即抵达买方边境港口或边境车站，且交完关税等税费后形成的价格。进口设备抵岸价的构成与进口设备的交货类别有关。

（1）进口设备的交货类别

进口设备的交货类别可分为内陆交货类、目的地交货类、装运港交货类。

①内陆交货类，即卖方在出口国内陆的某个地点交货。在交货地点，卖方及时提交合同规定的货物和有关凭证，并负担交货前的一切费用和风险；买方按时接受货物，交付货款，负担接货后的一切费用和风险，并自行办理出口手续和装运出口。货物的所有权也在交货后由卖方转移给买方。

②目的地交货类，即卖方在进口国的港口或内地交货，有目的港船上交货价、目的港船边交货价（FOS）和目的港码头交货价（关税已付）及完税后交货价（进口国的指定地点）等几种交货价。它们的特点是：买卖双方承担的责任、费用和风险以目的地约定交货点为分界线，只有当卖方在交货点将货物置于买方控制下才算交货，才能向买方收取贷款。这种交货类别对卖方来说承担的风险较大，在国际贸易中卖方一般不愿采用。

③装运港交货类，即卖方在出口国装运港交货。主要有装运港船上交货价（FOB，习惯称离岸价格），运费在内价（C&.F）和运费、保险费在内价（CIF 习惯称到岸价格）。它们的特点是：卖方按照约定的时间在装运港交货，只要卖方把合同规定的货物装船后提供货运单据便完成交货任务，可凭单据收回货款。

（2）进口设备抵岸价的构成及计算

进口设备采用最多的是装运港船上交货价（FOB），其抵岸价的构成可概括为：

进口设备抵岸价 = 货价 + 国际运费 + 运输保险费 + 银行财务费 + 外贸手续费 + 关税 + 增值税 - 消费税 + 海关监管手续费 + 车辆购置附加费

3. 设备运杂费的构成及计算

（1）运费和装卸费：国产设备由设备制造厂交货地点起至工地仓库（或施工组织设计指定的需要安装设备的堆放地点）止所发生的运费和装卸费；进口设备则由我国到岸港口或边境车站起至工地仓库（或施工组织设计指定的需安装设备的堆放地点）止所发生的运费和装卸费。

（2）包装费：在设备原价中没有包含的，为运输而进行的包装支出的各种费用。

（3）设备供销部门的手续费，按有关部门规定的统一费率计算。

（4）采购与仓库保管费：指采购、验收、保管和收发设备所发生的各种费用，包括设备采购人员、保管人员和管理人员的工资、工资附加费、办公费、差旅交通费、设备供应部门办公和仓库所占固定资产使用费、工具用具使用费、劳动保护费、检验试验费等。这些费用可按主管部门规定的采购与保管费费率计算。

设备运杂费按设备原价乘以设备运杂费率计算，其公式为：

$$设备运杂费=设备原价×设备运杂费率$$

其中，设备运杂费率按各部门及省、市等的规定计取。

三、工具、器具及生产家具购置费的构成及计算

工具、器具及生产家具购置费，是指新建或扩建项目初步设计规定的，保证初期正常生产必须购置的没有达到固定资产标准的设备、仪器、工卡模具、器具、生产家具和备品备件等的购置费用。其计算公式为：

$$工具、器具及生产家具购置费=设备原价×定额费率$$

第三节　工程经济要素的基本构成

一、资产

1. 固定资产

固定资产是指同时具有下列两个特征的有形资产：

（1）为生产商品、提供劳务、出租或经营管理而持有的。

（2）使用寿命超过一个会计期间。使用寿命是指企业使用固定资产的预计期间，或者该固定资产所能生产产品或提供劳务的数量。固定资产的各组成部分具有不同使用寿命或者以不同方式为企业提供经济利益，适用不同折旧率或折旧方法的，应分别将各组成部分确认为单项固定资产。固定资产应当按照成本计量。外购固定资产的成本包括购买价款、进口关税和其他税费，使固定资产达到预定可使用状态前所发生的可归属于该项资产的场地整理费、运输费、装卸费、安装费和专业人员服务费等。自行建造固定资产的成本，由建造该项资产达到预定可使用状态前所发生的必要支出构成。

2. 流动资产

流动资产是指企业可以在一年内或超过一年的一个营业周期内变现或者运用的资产，属于生产经营过程中短期置存的资产，是企业资产的重要组成部分。

流动资产在企业的再生产过程中以各种不同的形态同时存在，这些不同的存在形态就是流动资产的组成部分。具体包括：货币资金（包括现金和存入银行的各种款项）、应收

及预付款项（包括应收票据、应收账款、其他应收款、预付账款、待摊费用等）、存货和短期投资等。

流动资产在企业的再生产过程中是不断循环的，企业的流动资产同时分别使用在生产储备资金、未完工产品资金、成品资金和货币资金与结算资金等各种形态上，并且不断地由货币资金转化为生产储备资金、由生产储备资金转化为未完工产品资金、由未完工产品资金转化为成品资金、再由成品资金转化为货币资金。

3. 无形资产

无形资产是指企业拥有或者控制的没有实物形态的可辨认的非货币性资产，一般包括专利权、商标权、土地使用权、非专利技术、商誉等。资产在符合下列条件时，满足无形资产定义中的可辨认性标准：

（1）能够从企业中分离或者划分出来，并能单独或者与相关合同、资产或负债一起，用于出售、转移、授予许可、租赁或者交换。

（2）源自合同性权利或其他法定权利，无论这些权利是否可以从企业或其他权利和义务中转移或者分离。

在工程项目投入运营后，固定资产在使用过程中会逐渐磨损和贬值，其价值会逐步转移到产品中去，这种伴随固定资产损耗发生的价值转移称为固定资产折旧。转移的价值以折旧费的形式计入产品成本，并通过产品的销售以货币的形式回到投资者手中。与固定资产类似，无形资产也有一定的有效服务期，无形资产的价值也要在服务期内逐渐转移到产品的价值中去。无形资产的价值转移是以其在有效服务期内逐年摊销的形式体现的。

4. 其他资产

其他资产是指固定资产、无形资产及流动资产以外的其他资产，包括其他长期资产、递延税款借项和长期待摊费用等。

（1）其他长期资产

它指除流动资产、固定资产和无形资产以外的资产，如特准储备物资、银行冻结存款、冻结物资、涉及法律诉讼中的财产和临时设施等。

（2）递延税款借项

它指资产负债表"资产"栏内的最后一个项目，它反映公司期末尚未转销的"递延税款"账户内递延所得税费用的借方余额。

（3）长期待摊费用

它指企业已经支出，但摊销年限在1年以上的各项费用，包括开办费、租入固定资产改良支出、固定资产大修理费用等。其中，开办费是指企业筹划期间所发生的不应计入有关资本成本的各项费用，其主要内容包括：筹建期间工作人员的工资、办公费、培训费、印刷费、律师费、注册登记费、银行借款利息，以及其他不能计入固定资产和无形资产的支出。而投资人的差旅费、构成固定资产和无形资产的支出、筹建期间应计入工程成本的利息支出、汇兑损失等不得计入开办费，应由投资者负担。

二、成本与费用

（一）总成本费用

总成本费用是指在运营期内为生产产品或提供服务所发生的全部费用，等于经营成本与折旧费、摊销费和财务费用之和。以下所述的总成本费用估算方法与注意事项适用于工业项目，在折旧、摊销、利息和某些费用计算方面也基本适用于其他行业。

1. 生产成本加期间费用估算法

$$总成本费用=生产成本+期间费用$$

其中生产成本 = 直接材料费 + 直接燃料和动力费 + 直接工资 + 其他直接支出 + 制造费用期间费用 = 管理费用 + 营业费用 + 财务费用

采用这种方法一般需要先分别估算各种产品的生产成本，然后与估算的营业费用、管理费用和财务费用相加。

（1）生产成本的构成

生产成本是指企业生产经营过程中实际消耗的直接材料费、直接燃料和动力费、直接工资、其他直接支出和制造费用。

①直接材料费

直接材料包括企业生产经营过程中实际消耗的原材料、辅助材料、设备配件、外购半成品包装物、低值易耗品以及其他直接材料。

②直接工资

直接工资包括企业直接从事产品生产人员的工资、奖金、津贴和补贴。

③直接燃料和直接动力费

直接燃料和直接动力费包括企业生产经营过程中实际消耗的燃料、动力。

④其他直接支出

其他直接支出包括直接从事产品生产人员的职工福利费等。

⑤制造费用

制造费用是指企业各个生产单位（分厂、车间）为组织和管理生产所发生的各项费用，包括生产单位（分厂、车间）管理人员工资、职工福利费、折旧费、修理费、物料消耗、低值易耗品摊销、劳动保护费、水电费、办公费、差旅费、运输费、保险费、租赁费（不包括融资租赁费）、设计制图费、试验检验费、环境保护费以及其他制造费用。

（2）期间费用的构成

期间费用是指在一定会计期间发生的与生产经营没有直接关系和关系不密切的管理费用、财务费用和营业费用。期间费用不计入产品的生产成本，直接体现为当期损益。

①管理费用

管理费用是指企业行政管理部门为管理和组织经营活动所发生的各项费用，包括公司经费（工厂总部管理人员工资、职工福利费、差旅费、办公费、折旧费、修理费、物料消耗、低值易耗品摊销以及其他公司经费）、工会经费、职工教育经费、劳动保险费、董事会费、咨询费、顾问费、交际应酬费、税金（指企业按规定支付的房产税、车船使用税、土地使用税和印花税等）、土地使用费（海域使用费）、技术转让费、无形资产摊销、开办费摊销、研究发展费以及其他管理费用。

②财务费用

财务费用是指企业为筹集资金而发生的各项费用，包括企业生产经营期间的利息净支出（减利息收入）、汇兑净损失、调剂外汇手续费、金融机构手续费以及筹资发生的其他财务费用等。

③营业费用

营业费用是指企业在销售产品、自制半成品和提供劳务等过程中发生的各项费用以及专设销售机构的各项经费，包括应由企业负担的运输费、装卸费、包装费、保险费、委托代销费、广告费、展览费、租赁费（不包括融资租赁费）和销售服务费用、销售部门人员工资、职工福利费、差旅费、办公费、折旧费、修理费、物料消耗、低值易耗品摊销以及其他经费。

2. 生产要素估算法

总成本费用＝外购原材料、燃料和动力费＋工资及福利费＋折旧费＋摊销费＋修理费＋（财务费用）利息支出＋其他费用

这种方法是从估算各种生产要素的费用入手汇总得到项目总成本费用，而不管其具体应归集到哪个产品上。即将生产和销售过程中消耗的全部外购原材料、辅助材料、燃料、动力、人工工资福利、修理等费用要素加上当年应计提的折旧、摊销、财务费用和其他费用，合计为项目的总成本费用。采用这种估算方法，不必计算项目内部各生产环节成本结转，同时也较容易计算经营成本、可变成本、固定成本和进项税额。

按现行会计制度，制造费用、管理费用和营业费用中均包括多项费用，且行业间不尽相同。为了估算简便，财务分析中可将其归类估算，上式其他费用是指由这三项费用中分别扣除折旧费、摊销费、工资及福利费、修理费以后的其余部分。在管理费用中含有技术转让费、技术开发费和土地使用费等数额较大的费用时，应放在其他费用之外，单独进行估算。

（二）经营成本

经营成本是指项目总成本费用扣除折旧费、摊销费和利息支出以后的成本费用。

经营成本＝总成本费用 - 折旧费 - 摊销费 - 利息支出

或：

经营成本＝外购原材料、燃料和动力费＋工资及福利费＋修理费＋其他费用

经营成本是财务分析的现金流量分析中所使用的特定概念，它涉及产品生产及销售，

企业管理过程中的物料、人力和能源的投入费用，反映企业的生产和管理水平。同类企业的经营成本具有可比性，在项目评估的财务分析中，它被应用于现金流量的分析。

计算经营成本之所以要从总成本费用中剔除折旧费、摊销费和利息支出，主要是基于如下的理由：

1.现金流量表反映项目在计算期内逐年发生的现金流入和流出。与常规会计方法不同，现金收支何时发生，就在何时计算，不做分摊。由于投资已按其发生的时间作为一次性支出被计入现金流出，所以不能再以折旧和摊销的方式计为现金流出，否则会发生重复计算。因此，作为经常性支出的经营成本中不包括折旧费和摊销费。

2.各项目的融资方案不同，利率也不同，因此，项目投资现金流量表不考虑投资资金来源，利息支出也不作为现金流出。项目资本金现金流量表中已将利息支出单列，因此，经营成本中也不包括利息支出。

（三）固定成本与变动成本

根据成本费用与产量的关系可以将总成本费用分解为可变成本、固定成本和半可变（或半固定）成本。

1.固定成本是指在一定的产量范围内不随着产量变化而变化的成本费用，如按直线法计提的固定资产折旧费、计时工资及修理费等。

2.变动成本是指随着产量的增减而成正比例变化的各项费用，如原材料费用、燃料动力费用等。

3.半可变成本是指介于固定成本和变动成本之间，既随产量变化又不成正比例变化的成本费用。混合成本又被称为半固定半变动成本，这是指其同时具有固定成本和变动成本的特征，如不能熄灭的工业炉的燃料费用等。在线性盈亏平衡分析时，要求对混合成本进行分解，以区分出其中的固定成本和变动成本，并分别计入固定成本和变动成本总额之中。

工资、营业费用和流动资金利息等也都可能既有可变因素又有固定因素。必要时需将半可变（或半固定）成本进一步分解为可变成本和固定成本，使产品成本费用最终划分为可变成本和固定成本。长期借款利息应视为固定成本，流动资金借款和短期借款利息可能部分与产品产量相关，其利息可视为半可变半固定成本，为简化计算，一般也将其作为固定成本。

三、营业收入和利润

1.工程项目收入

收入是指企业在生产经营与非生产经营活动中能够导致企业净资产增加的所得，包括营业收入、投资收入和营业外收入。企业会计准则中规定的收入，是指企业在日常活动中形成的、会导致所有者权益增加的、与所有者投入资本无关的经济利益的总流入，包括销售商品收入、提供劳务收入和让渡资产使用权收入。对于工程项目来讲，工程项目收入主要是指营业收入，是工程项目建成投产后销售产品或提供服务等取得的收入，这部分收入也称为主营业务收入。其中产品销售收入是销售产成品、自制半成品等取得的收入；劳务收入是指安装费收入、运输收入、宣传媒介收费收入，为客户开发软件收入，艺术表演、招待宴会和其他特殊活动的收费等。

与主营业务收入相对应的是其他业务收入，指企业根据会计收入准则确认的除主营业务以外的其他经营活动实现的收入，包括出租固定资产、出租无形资产、出租包装物和商品、销售材料等实现的收入。

除以上两项收入之外，还有与正常经营活动无关的收入，主要包括非流动资产处置利得、非货币性资产交换利得、债务重组利得、政府补助、盘盈利得、捐赠利得等。一些工程项目需要政府的支持，会得到政府补贴的收入，也应作为项目的收入。

2. 营业收入

（1）营业收入的估算

营业收入是指销售产品或者提供服务所获得的收入，是现金流量表中现金流入的主体，也是利润表的主体。营业收入是财务分析的重要数据，其估算的准确性极大影响着项目财务效益的估计。

营业收入估算时的基础数据，包括产品或服务的数量和价格，都与市场预测密切相关。在估算营业收入时，应对市场预测的相关结果以及建设规模、产品或服务方案进行概括的描述或确认，特别应对采用价的合理性进行说明。

营业收入是项目建成投产后补偿总成本费用、上缴税金、偿还债务、保证企业再生产正常进行的前提。它是进行利润总额和营业税金估算的基础数据。项目营业收入的估算公式如下：

$$营业收入=产品销售单价×产品年销售量$$

产品销售单价一般采用出厂价格，也可根据需要采用送达用户的价格或离岸价格。产品年销售量等于年产量。这里值得注意的是，在现实经济生活中，产值不一定等于营业收入，这主要是因市场波动而存在库存变化引起的产量与销售量的差别。但在项目评估阶段，项目评估人员难以准确估算出市场波动引起的库存量变化，因此做了这样的假设，即不考虑项目的库存情况，假设当年生产出来的产品当年全部售出，从而使项目的销售量等于项目的产量，项目的营业收入也就等于项目的产值。这样就可以根据投产后各年的生产负荷确定销售量。如果项目的产品比较单一，用产品单价乘产量即可得到每年的营业收入；如果项目的产品种类比较多，要根据营业收入和营业税金及附加估算表进行估算，即应首先计算每一种产品的年营业收入，然后再汇总在一起，求出项目生产期的各年营业收入。如果产品部分销往国外，应计算外汇收入，并按外汇牌价折算成人民币，然后再计入项目的年营业收入总额中。

（2）补贴收入

某些项目还应按有关规定估算企业可能得到的补贴收入（仅包括与收益相关的政府补助，与资产相关的政府补助不在此处核算，与资产相关的政府补助是指企业取得的、用于构建或以其他方式形成长期资产的政府补助），包括先征后返的增值税、按销量或工作量等依据国家规定的补助定额计算并按期给予的定额补贴，以及属于财政扶持而给予的其他形式的补贴等。补贴收入同营业收入一样，应列入利润与利润分配表、财务计划现金流量表、项目投资现金流量表和项目资本金现金流量表。

以上几类补贴收入，应根据财政、税务部门的规定，分别计入或不计入应税收入。

3. 利润

（1）利润的构成与计算

利润总额是企业在一定时期内生产经营活动的最终财务成果。它集中反映了企业，生产经营各方面的效益。

利润总额的估算公式为：

利润总额 = 营业收入 - 营业税金及附加 - 总成本费用 + 补贴收入

根据利润总额可计算所得税及税后利润的分配，在财务分析中，利润总额还是计算投资利润率等静态投资收益率指标的基础数据。

（2）利润的分配

在项目评估中，利润分配内容和顺序如下：

①当期实现的净利润，加上期初未分配利润（或减去期初未弥补亏损），为可供分配的利润。

②内资项目以当年净利润为基数提取法定盈余公积金，外商投资项目按有关法律提取的是储备基金、企业发展基金、职工奖励和福利基金。

③可供分配的利润减去提取的法定盈余公积金等后，为可供投资者分配的利润。中外合作经营企业按规定在合作期内以利润归还投资者的投资，也从可供分配的利润中扣除。

④可供投资者分配的利润，按下列顺序分配：

A. 应付优先股股利（如有优先股的话），是指按照利润分配方案分配给优先股股东的现金股利。

B. 提取任意盈余公积金，任意公积金的提取比例由董事会决定。

C. 应付普通股股利，是指企业按照利润分配方案分配给普通股股东的现金股东。企业分配给投资者的利润，也在此核算。

D. 经过上述分配后的剩余部分为未分配利润。

4. 税金

税金是国家凭借政治权利参与国民收入分配和再分配的一种货币形式。在项目财务评价中合理计算各种税费，是正确计算项目效益与费用的重要基础。

在项目财务评价中，涉及的税费主要有：

（1）从营业收入中扣除的营业税金及附加和增值税。在财务现金流量表中所列的营业税金及附加是指项目生产期内各年因销售产品（或提供服务），而发生的从营业收入中缴纳的税金，包括营业税、资源税、消费税、城市维护建设税及教育费附加。一般不含增值税，因为增值税是价外税，纳税人交税，最终由消费者负担，因此与纳税人的经营成本和经营利润无关。

（2）计入总成本费用的进口材料的关税、房产税、土地使用税、车船使用税和印花税等。

（3）计入建设投资的引进技术、设备材料的关税和固定资产投资方向调节税（目前，国家暂停征收）。

（4）从利润中扣除的所得税等。项目评价涉及的税费主要包括关税、增值税、营业税、消费税、所得税、资源税、城市维护建设税和教育费附加等，有些行业还包括土地增值税。其中，营业税、消费税、土地增值税、资源税和城市建设税、教育费附加均可包含在营业税金及附加中。

第四节 折旧与摊销

一、折旧

1. 折旧的概念

固定资产在使用期限内要不断发生损耗，它的价值逐渐转移到所生产的产品上去，以折旧费的形式构成产品成本和费用的一部分，通过产品销售的实现，从产品营业收入中得到补偿。固定资产因损耗而转移到产品上的那部分价值，称为固定资产的折旧。

2. 计提折旧的方法

（1）平均年限法

平均年限法是最常用的固定资产折旧方法，其计算公式为：

$$年折旧率=\frac{1-预计净残值率}{折旧年限}\times100\%$$

$$年折旧额=固定资产原值\times年折旧率=\frac{固定资产原值-预计净残值}{折旧年限}$$

其中，预计净残值率通常取 3%~5%。

（2）工作量法

①行驶里程法

行驶里程法是以固定资产折旧总额除以预计使用期内可以完成的总行驶里程，求得每行驶里程折旧额的方法。使用这种方法时，每行驶里程的折旧额是相同的，根据各个时期完成的行驶里程，即可计算出该时期应计提的折旧额。计算公式为：

每行驶里程折旧额 =（原始价值－残余价值）/ 预计总行驶里程

或

每行驶里程折旧额 =[原始价值 ×（1 －预计净残值率）]/ 预计总行驶里程

②工作小时法

工作小时法是以固定资产折旧总额除以预计使用期内可以完成的总工作小时，求得每工作小时折旧额的方法。根据各个时期使用的工作小时，即可计算出该时期应计提的折旧额。计算公式为：

每工作小时折旧额 =（原始价值－残余价值）/ 预计总工作小时

或

每工作小时折旧额 =[原始价值 ×（1 －预计净残值率）]/ 预计总工作小时

（3）双倍余额递减法

双倍余额递减法属于加速折旧的方法，其特点是在折旧年限内，计提的年折旧额先多后少。双倍余额递减法根据年初固定资产折余价值乘以年折旧率，确定年折旧额。双倍余额递减法年折旧率是平均年限折旧法折旧率的 2 倍，其特点是年折旧率不变，折旧基数递减。计算公式为：

双倍余额递减法年折旧率 = 平均年限法计算的年折旧率 ×2

或

年折旧率 =2/ 折旧年限 ×100%

年折旧额 = 固定资产净值 × 双倍余额递减法年折旧率

固定资产净值 = 固定资产原值－上年累计折旧额

需要指出的是：企业财务制度规定，实行双倍余额递减法的固定资产，应当在其固定资产折旧年限到期前两年内，将固定资产折余价值扣去预计净残值后的净值平均摊销。

（4）年数总和法

这种方法根据折旧总额乘以递减分数（折旧率），确定年度折旧额。折旧总额为固定资产的原值减去残值后的余额。递减分数的分母为固定资产使用年限的各年年数之和，即年数总和，如使用年限为 6 年，则年数总和为 21（6+5+4+3+2+1=21）；递减分数的分子为固定资产尚可使用的年数，如第一年为 6 年，第二年为 5 年，以后各年依此类推。

这种方法计算出来的折旧额每年递减，其折旧率也是每年变化的，只是其折旧总额是固定不变的。其计算公式为：

固定资产年折旧率 =（折旧年限－已使用年限）/ 年数总和

固定资产年折旧额 = 固定资产折旧总额 × 年折旧率 =（固定资产原值－预计净残值）× 年折旧率

3. 我国固定资产计提折旧的范围

根据我国会计制度，应计提折旧的资产包括：房屋和建筑物（不论使用与否）；在用的机器设备、仪器仪表、运输车辆、工具器具等；季节性停用和大修理停用的设备；以经营租赁方式租出的固定资产；以融资租赁方式租入的固定资产；通过局部轮番大修理实现整体更新的固定资产；生产任务不足，处于半停产企业的设备。而另一些固定资产则不计提折旧，包括未使用、不需用、封存的机器设备和仪器仪表、运输车辆、工具器具等；交付改、扩建的房屋和建筑物；以经营租赁方式租入的固定资产；基建工厂交付使用前的固定资产；已提足折旧继续使用的固定资产；提前报废的固定资产；按照规定已提取修理费的固定资产；破产、关停企业的固定资产，以及过去已经估价单独入账的土地。

二、摊销

摊销费是指无形资产等投入费用的分摊，其性质与固定资产折旧费相同。无形资产从开始使用之日起，在有效使用期内平均计算摊销费。有效使用期按下列原则确定：法律、合同或企业申请书分别规定有法定的有效期限和受益年限取两者较短者为有效使用年限；法律没有规定有效期限的，按照合同或企业申请书规定的受益年限确定有效使用年限；法律、合同或企业申请书均未规定有效期或者受益年限的，按照不少于10年确定有效使用期。

第四章　建设项目资金筹措

第一节　建设项目资金筹措概述

一、建设项目资金筹措的概念与分类

1. 资金筹措的概念

资金筹措又称融资，是以一定的渠道为某种特定活动筹集所需资金的各种活动的总称。在工程项目经济分析中，融资是为项目投资而进行的资金筹措行为或资金来源方式。

2. 资金筹措的分类

（1）按照融资的期限，可分为长期融资和短期融资

长期融资是指企业为购置和建设固定资产、无形资产或进行长期投资等资金需求而筹集的且使用期限在1年以上的融资。长期融资通常采用吸收直接投资、发行股票、发行长期债券或进行长期借款等方式进行。

短期融资是指企业因季节性或临时性资金需求而筹集的且使用期限在1年以内的融资。短期融资一般通过商业信用、短期借款和商业票据等方式进行。

（2）按照融资的性质，可分为权益融资和负债融资

权益融资是指以所有者身份投入非负债性资金的方式进行的融资。权益融资形成企业的"所有者权益"和项目的"资本金"。权益融资在我国项目资金筹措中具有强制性。其特点是：

①权益融资筹措的资金具有永久性特点，无到期日，不需归还。项目资本金是保证项目法人对资本的最低需求，是维持项目法人长期稳定发展的基本前提。

②没有固定的按期还本付息压力。股利的支付与否和支付多少，视项目投产运营后的实际经营效果而定，因此项目法人的财务负担相对较小，融资风险较小。

③权益融资是负债融资的基础。权益融资是项目法人最基本的资金来源。它体现项目法人的实力，是其他融资方式的基础，尤其可为债权人提供保障，增强公司的举债能力。

负债融资是指通过负债方式筹集各种债务资金的融资形式。负债融资是工程项目资金筹措的重要形式。其特点是：

①筹集的资金在使用上具有时间限制，必须按期偿还。

②无论项目法人今后经营效果好坏，均需要固定支付债务利息，从而形成项目法人今后固定的财务负担。

③资金成本一般比权益融资低，且不会分散对项目未来权益的控制权。

根据工程项目负债融资所依托的信用基础的不同，负债融资可分为国家主权信用融资、企业信用融资和项目融资三种。

（3）按照风险承担的程度，可分为冒险型筹资、适中型筹资和保守型筹资

①冒险型筹资：在冒险型筹资类型中，一部分长期资产由短期资金融通。

②适中型筹资：在适中型筹资类型中，固定资产及长期流动资产所需的资金均由长期资金安排，短期资金只投入短期流动资产。

③保守型筹资：在保守型筹资类型中，长期资产和短期流动资产的一部分采用长期资金来融通。

（4）按照不同的融资结构安排，可分为传统融资和项目融资。传统融资方式是指投资项目的业主利用其自身的资信能力为主体安排的融资。

二、项目资金筹措的基本要求

1. 合理确定资金需要量，力求提高筹资效果

无论通过任何渠道、采取何方法筹集资金，都应首先确定资金的需要量，也即筹资要有一个"度"的问题。资金不足会影响项目的生产经营和发展；资金过剩不仅是一种浪费，也会影响资金的使用效果。在实际工作中，必须采取科学的方法预测与确定未来资金的需要量，以便选择合适的渠道与方式，筹集所需的资金。这样，可以防止筹资不足或筹资过剩，提高资金的使用效果。

2. 认真选择资金来源，力求降低资金成本

项目筹集资金可以采用的渠道和方式多种多样，不同渠道和方式筹资的难易程度、资金成本和风险各不一样。但任何渠道和方式的筹资都要付出一定的代价，包括资金占用费（利息等）和资金筹集费（发行费等）。因此，在筹资中，通常选择较经济方便的渠道和方式，以降低综合的资金成本。

3. 适时取得资金，保证资金投放需要

筹集资金也有时间上的安排，这取决于投资的时间。应合理安排筹资与投资，使其在时间上互相衔接，避免取得资金过早而造成投放前的闲置或取得资金滞后面耽误投资的有利时机。

4. 适当维持自有资金比例，正确安排举债经营

所谓举债经营，是指项目通过借债开展生产经营活动。举债经营可以给项目带来一定的好处，因为借款利息可在所得税前列入成本费用，对项目净利润影响较小，能够提高自

有资金的使用效果。但负债的多少必须与自有资金和偿债能力的要求相适应。负债过多会发生较大的财务风险，甚至会由于丧失偿债能力而面临破产。因此，项目法人既要利用举债经营的积极作用，又要避免可能产生的债务风险。

三、建设项目资金的来源构成

在资金筹措阶段，建设项目所需资金的来源与构成总额由自有资金、赠款、借入资金三部分组成。

1. 自有资金

企业自有资金是指企业有权支配使用、按规定可用于固定资产投资和流动资金的资金。亦即在项目资金总额中投资者缴付的出资额，包括资本金和资本溢价。

资本金是指新建项目设立企业时在工商行政管理部门登记的注册资金。根据投资主体的不同，资本金可分为国家资本金、法人资本金、个人资本金及外商资本金等。资本公积金是指企业接受捐赠、财产重估差价、资本折算差额和资本溢价等形成的公积金。接受捐赠资产是指地方政府、社会团体或个人以及外商赠予企业货币或实物等财产而增加的企业资产。财产重估差价是指按国家规定对企业固定资产重新估价时，固定资产的重估价值与其账面值之间发生的差额。资本折算差额是指汇率不同引起的资本折算差价。资本溢价指在资金筹集过程中，投资者缴付的出资额超出资本金的差额。最典型的是发行股票的溢价净收入，即股票溢价收入扣除发行费用后的净额。

2. 借入资金

借入资金亦即企业对外筹措的资金，是指以企业名义从金融机构和资金市场借入，需要偿还的用于固定资产投资的资金，包括国内银行贷款、国际金融机构贷款、外国政府贷款、出口信贷、补偿贸易、发行债券等方式筹集的资金。

通过投资体制的宏观管理，微观运行的一系列改革，我国在投资领域形成了以投资主体多元化、投资资金多渠道、投资方式多样化为特征的新格局，开辟了自筹资金、国内银行贷款、利用外资和利用长期金融市场资金等多元化的融资渠道。建设项目筹资渠道是指项目资金的来源，从总体上看，项目的资金来源有投入资金和借入资金，前者形成项目资本金，后者形成项目负债。

四、项目资本金制度

1. 项目资本金相关规定

《国务院关于固定资产投资项目试行资本金制度的通知》（国发 [1996]35 号，以下简称《通知》）规定，各种经营性固定资产投资项目必须实行资本金制度。所谓投资项目资本金，是指在投资项目总投资中，由投资者认缴的出资额，对投资项目来说属于非债务性资金，项目法人不承担这部分资金的任何利息和债务，投资者可按其出资的比例依法享有所有者权益，也可转让其出资，但不得以任何方式抽回。

从《通知》发布开始，各种经营性固定资产投资项目，包括国有单位的基本建设、技术改造、房地产项目和集体投资项目，都必须首先落实资本金才能进行建设。主要用财政预算内资金投资建设的公益性项目不实行资本金制度。

实行资本金制度的投资项目，在可行性研究报告中要就资本金筹措情况做出详细说明，包括出资方、出资方式、资本金来源及数额、资本金认缴进度等有关内容。上报可行性研究报告时需附有各出资方承诺出资的文件，以实物、工业产权、非专利技术、土地使用权作价出资的，还需附有资产评估证明等有关材料。计算资本金基数的总投资，是指投资项目的固定资产投资与铺底流动资金之和。

2. 项目资本金来源

项目资本金可以用货币出资，也可以用实物、工业产权、非专利技术、土地使用权、资源开采权作价出资。除国家对采用高新技术成果有特别规定的外，其比例不得超过投资项目资本金总额的 20%。

根据出资方的不同，项目资本金分为国家出资、法人出资和个人出资。根据国家法律、法规规定，建设项目可通过争取国家财政预算内投资、发行股票、自筹投资和利用外资直接投资等多种方式来筹集资本金。

（1）国家预算内投资

国家预算内投资，简称"国家投资"，是指以国家预算资金为来源并列入国家计划的固定资产投资。包括：国家预算、地方财政、主管部门和国家专业投资拨给或委托银行贷给建设单位的基本建设拨款及中央基本建设基金，拨给企业单位的更新改造拨款，以及中央财政安排的专项拨款中用于基本建设的资金。国家预算内投资的资金一般来源于国家税收，也有一部分来自国债收入。

国家预算内投资目前虽然占全社会固定资产总投资的比重较低，但它是能源、交通、原材料以及国防、科研、文教卫生、行政事业建设项目投资的主要来源，对于整个投资结构的调整起着主导性的作用。

（2）自筹投资

自筹投资是指建设单位报告期收到的用于进行固定资产投资的上级主管部门、地方和单位、城乡个人的自筹资金。目前，自筹投资占全社会固定资产投资总额的一半以上，已成为筹集建设项目资金的主要渠道。建设项目自筹资金来源必须正当，应上缴财政的各项资金和国家有指定用途的专款及银行贷款、信托投资、流动资金，不可用于自筹投资。自筹资金必须纳入国家计划，并控制在国家确定的投资总规模以内；自筹投资要符合一定时期国家确定的投资使用方向，投资结构去向合理，以提高自筹投资的经济效益。

（3）发行股票

股票是股份有限公司发放给股东作为已投资入股的证书和索取股息的凭证，是可作为买卖对象或质押品的有价证券。

①股票的种类

按股东承担风险和享有权益的大小，股票可分为普通股和优先股两大类。

普通股：在公司利润分配方面享有普通权利的股份。普通股股东除能分得股息外，还可在公司盈利较多时再分享红利。因此，普通股获利水平与公司盈亏息息相关。股票持有人不仅可据此分配股息和获得股票涨价时的利益，且有选举该公司董事、监事的机会，有参与公司管理的权利，股东大会的选举权根据普通股持有额计算。

优先股：在公司利润分配方面较普通股有优先权的股份。优先股的股东按一定比例取得固定股息，企业清算时，能优先得到剩下的可分配给股东的股产。

②发行股票筹资的优点

以股票筹资是一种有弹性的融资方式。由于股息或红利不像利息那样必须按期支付，当公司经营不佳或现金短缺时，董事会有权决定不发股息或红利，因而公司融资风险低。股票无到期日，其投资属永久性投资，公司不需为偿还资金而担心。发行股票筹集资金可降低公司负债比率，提高公司财务信用，增加公司今后的融资能力。

③发行股票筹资的缺点

发行股票筹资的资金成本高。购买股票承担的风险比购买债券商，投资者只有在股票的投资报酬高于债券的利息收入时，才愿意投资于股票。此外，债券利息可在税前扣除，而股息和红利需在税后利润中支付，这样就使股票筹资的资金成本大大高于债券筹资的资金成本。增发普通股需给新股东投票权和控制权，从而降低原有股东的控制权。

（4）吸收国外资本直接投资

吸收国外资本直接投资主要包括与外商合资经营、合作经营、合作开发及外商独资经营等形式。国外资本直接投资方式的特点是：不发生债权债务关系，但要让出一部分管理权，并且要支付一部分利润。

①合资经营（股权式经营）

合资经营是外国公司、企业或个人经我国政府批准，同我国的公司、企业在我国境内举办合营企业。合资经营企业由合营各方出资认股组成，各方出资多寡由双方协商确定，但外方出资不得低于一定比例；合资企业各方的出资方式可以是现金、实物，也可以是工业产权和专有技术，但不能超出其出资额的一定比例。合营各方按照其出资比例对企业实施控制权、分享收益和承担风险。

②合作经营（契约式经营）

这种经营方式是一种无股权的契约式经济组织，一般情况下由中方提供土地、厂房、劳动力，由国外合作方提供资金、技术或设备而共同兴办的企业。合作经营企业的合作双方权利、责任、义务由双方协商并用协议或合同加以规定。

③合作开发

主要指对海上石油和其他资源的合作勘探开发，合作方式与合作经营类似。合作勘探开发，双方应按合同规定分享产品或利润。

④外资独营

外资独营是由外国投资者独资投资和经营的企业形式。按我国的相关规定，外国投资者可以在经济特区、开发区及其他经我国政府批准的地区开办独资企业，企业的产、供、销由外国投资者自行规定。外资独营企业的一切活动应遵守我国的法律、法规和我国政府的有关规定，并照章纳税。纳税后的利润，可通过中国银行按外汇管理条例汇往国外。

五、负债筹资

项目的负债是指项目承担的能够以货币计量且需要以资产或者劳务偿还的债务。它是项目筹资的重要方式，一般包括银行贷款、发行债券、设备租赁和借入国外资金等筹资渠道。

1. 银行贷款

项目银行贷款是银行利用信贷资金所发放的投资性贷款。自 20 世纪 80 年代以来，随着投资管理体制、财政体制和金融体制改革的推进，银行信贷资金有了较快发展，成为建设项目投资资金的重要组成部分。

2. 发行债务

债券是借款单位为筹集资金而发行的一种信用凭证，它证明持券人有权按期取得固定利息并到期收回本金。我国发行的债券又可分为国家债券、地方政府债券、企业债券和金融债券等.

（1）债券筹资的优点

①支出固定。不论企业将来盈利如何，它只需付给持券人固定的债利息。

②企业控制权不变。债券持有者无权参与企业管理，因此，公司原有投资者控制权不因发行债券而受到影响。

③少纳所得税。合理的债券利息可计入成本，实际上等于政府为企业负担了部分债券利息。

（2）债券筹资的缺点

固定利息支出会使企业承受一定的风险。特别是企业盈利波动较大时，按期偿还本息较为困难。发行债券会提高企业负债比率，增加企业风险，降低企业的财务信誉、债券合约的条款常常对企业的经营管理有较多的限制，如限制企业在偿还期内再向别人借款、未按时支付到期债券利息不得发行新债券、限制分发股息等。因此，企业发行债券在一定程度上约束了企业从外部筹资的扩展能力。

一般来说，当企业预测未来市场情况良好、盈利稳定、预计未来物价上涨较快、企业负债比率不高时，可以考虑发行债券的方式进行筹资。

（3）设备租赁

设备租赁是指出租人和承租人之间订立契约，由出租人应承租人的要求购买其所需的设备，在一定时期内供其使用，并按期收取租金。租赁期间设备的产权属出租人，用户只有使用权，且不得中途解约。期满后，承租人可以从以下的处理方法中选择：将所租设备退还出租人、延长租期、作价购进所租设备、要求出租人更新设备、另定租约。

设备租赁的方式可分为：

①融资租赁

融资租赁是设备租赁的重要形式，它将贷款、贸易与出租三者有机地结合在一起。其出租过程为：首先，由承租人选定制造厂家，并就设备的型号，技术，价格、交货期等与制造厂家商定，再与租赁公司就租金、租期、租金支付方式等达成协议，签订租赁合同；然后，由租赁公司通过向银行借款等方式筹贷资金，按照承租人与制造厂家商定的条件将设备买下，最后根据合同出租给承租人。融资租赁是一种融资与融物相结合的筹资方式。它不需要像其他筹资方式那样，等筹集到足够的货币资本后再去购买长期资产。同时，融资租赁还有利于及时引进设备，加速技术改造。但融资租赁的成本相对较高，一般情况下，融资租赁的资金成本率比其他筹资方式（如债券和银行贷款）的资金成本率要高。

②经营租赁

即出租人将自己经营的出租设备进行反复出租，直至设备报废或淘汰为止的租赁业务。

③服务出租

主要用于车辆的租赁，即租赁公司向用户出租车辆时，还提供保养、维修、验车、事故处理等业务。

（4）贷用国外资金

借用国外资金大致可分为以下几种途径：

①外国政府贷款

指外国政府通过财政预算每年拨出一定款项，直接向我国政府提供的贷款。这种贷款的特点是利率较低（年利率一般为2%~3%），期限较长（一般为20~30年），但数额有限。因此，这种贷款比较适用于建设周期较长、金额较大的工程建设项目，如发电站、港口、铁路及能源开发等项目。

②国际金融组织贷款

主要是国际货币基金组织、世界银行、国际农业发展基金会、亚洲开发银行等组织提供的贷款。近年来，我国大量利用世界银行贷款进行项目建设，这类贷款由我国财政部负责谈判并签订协议。各种大型项目由世界银行直接贷款，各中小工业项目由中国投资银行负责转贷，各中小农业项目由中国农业银行负责转贷。

③国外商业银行贷款

包括国外开发银行、投资银行、长期信用银行以及开发金融公司向我国提供的贷款。建设项目投资贷款主要是向国外银行筹措中长期资金。这种贷款的特点是可以较快筹集大额资金，借得资金可由借款人自由支配，但利息和费用负担较重。

④在国外金融市场上发行债券

债券的偿付期限较长，一般在7年以上，发行金额一次在1亿美元以上，筹得的款项可以自由使用。但债券发行手续比较烦琐，且发行费用较高，同时还要求发行人有较高的信誉，精通国际金融业务。由此可见，这种筹资方式适用于资金运用要求自由、投资回报率较高的项目。

⑤吸收外国银行、企业和私人存款

吸收国外的存款主要是通过我国的金融机构，特别是设在经济特区、开发区和海外的金融机构，广泛吸收包括私人客户外汇存款、同业银行存款、企业外汇存款在内的各类外汇存款。这类存款的特点是分散、流动性大，但成本低、风险小。若安排得当，不失为利用外资的一种好方法。

⑥利用出口信贷

出口信贷是西方国家政府为了鼓励资本和商品输出而设置的专门信贷。这种贷款的特点是利息率较低，期限一般为10~15年，借方所贷款项只能用于购买出口信贷国设备。出口信贷可根据贷款对象的不同分为买方信贷和卖方信贷。买方信贷是指发放出口信贷的银行将贷款直接贷给国外进口者（即买方）；卖方信贷是指发放出口信贷的银行将资金贷给本国的出口者（即卖方），以便卖方将产品赊卖给国外进口者（即买方），而不致发生资金周转困难。

第二节 资金结构与资本结构

一、资金结构

资金结构是指融资方案中各种资金的比例关系。融资方案分析中，资金结构是一项重要内容。资金结构包括项目资本金与项目债务资金的比例、项目资本金内部的比例和项目资金内部结构的比例。

1. 项目资本金与项目债务资金的比例：

（1）项目资本金与项目债务资金的比例是项目资金结构中最重要的比例关系。项目投资者希望投入较少的资本金，获得较多的债务资金，尽可能降低债权人对股东的追索；提供债务资金的债权人则希望项目能够有较高的资本金比例，以降低债权的风险。当资本金比例降低到银行不能接受的水平时，银行将会拒绝贷款。资本金与债务资金的合理比例需要由各个参与方的利益平衡来决定。

资本金所占比例越高，企业的财务风险和债权人的风险越小，可能获得较低利率的债务资金。债务资金的利息是所得税前列支的，可以起到合理减税的效果。在项目的收益不变，项目投资财务内部收益率高于负债利率的条件下，由于财务杠杆的作用，资本金所占比例越低，资本金财务内部收益率越高，同时企业的财务风险和债权人的风险也越大。因此，一般认为，在符合国家有关资本金（注册资本）比例规定、符合金融机构信贷法规及债权人有关资产负债比例的要求的前提下，既能满足权益投资者获得期望投资回报的要求，又能较好地防范财务风险的比例是较理想的资本金与债务资金的比例。

（2）按照我国有关法规规定，从 1996 年开始，对各种经营性国内投资项目试行资本金制度，投资项目资本金占总投资的比例根据不同行业和项目的经济效益等因素确定。

根据国民经济发展的实际情况，政府有关部门可能调整建设项目的资本金比例。2004年 4 月，国务院决定钢铁项目资本金比例由 25% 及以上提高到 40% 及以上，水泥、电解铝、房地产开发项目（不含经济适用房项目）资本金比例由 20% 及以上提高到 35% 及以上。2005 年 11 月，国务院又决定将铜冶炼项目资本金比例由 20% 及以上提高到 35% 及以上。

（3）外商投资项目（包括外商独资、中外合资、中外合作经营项目）的注册资本与投资总额的比例，按照现行法规。

投资总额是指建设投资、建设期利息和流动资金之和。

2. 项目资本金内部结构比例是指项目投资各方的比例。不同的出资比例决定各投资方对项目建设和经营的决策权和承担额责任，以及项目收益的分配。

（1）采用新设法人融资方式的项目，根据投资各方在资金、技术和市场开发方面的优势，通过协商确定各方的比例、出资形式和出资时间。

（2）采用既有法人融资方式的项目，项目的资金结构要考虑既有法人的财务状况和筹资能力，合理确定既有法人内部融资与新增资本金在项目融资总额中所占的比例，分析既有法人内部融资与新增资本金的可能性与合理性。既有法人将现金资产和非现金资产投资于拟建项目长期占用，将使企业的财务流动性降低，其投资额度受到企业自身财务资源的限制。

（3）按照我国现行规定，有些项目不允许国外资本控股，有些项目要求国有资本控股。如 2005 年 1 月 1 日起实施的《外商投资产业指导目录》（2004 年修订）中明确规定，核电站、铁路干线路网、城市地铁及轻轨等项目，必须由中方控股。

根据投资体制改革的精神，国家放宽社会资本的投资领域，允许社会资本进入法律法规未禁入的基础设施、公用事业及其他行业和领域。按照促进和引导民间投资（指个体、私营经济以及它们之间的联营、合股等经济实体的投资）的精神，除国家有特殊规定的以外，凡是鼓励和允许外商投资进入的领域，均鼓励和允许民间投资进入。因此，在进行融资方案分析时，应关注出资人出资比例的合法性。

3. 项目债务资金结构比例反映债权各方为项目提供债务资金的数额比例、债务期限比例、内债和外债的比例以及外债中各币种债务的比例等。在确定项目债务资金结构比例时，可借鉴下列经验：

（1）根据债权人提供债务资金的条件（包括利率、宽限期、偿还期及担保方式等），合理确定各类借款和债券的比例，可以降低融资成本和融资风险。

（2）合理搭配短期、中长期债务比例。适当安排一些短期负债可以降低总的融资成本，但过多地采用短期负债，会产生财务风险。大型基础设项目的负债融资应以长期债务为主。

（3）合理安排债务资金的偿还顺序。尽可能先偿还利率较高的债务，后偿还利率低的债务。对于有外债的项目，由于有汇率风险，通常应先偿还硬货币（指货币汇率比较稳定且有上浮趋势的货币）的债务，后偿还软货币（指汇率不稳定且有下浮趋势的货币）的债务。应使债务本息的偿还不致影响企业正常生产所需的现金量。

（4）合理确定内债和外债的比例。内债和外债的比例主要取决于项目用汇量。从项目本身的资金平衡考虑，产品内销的项目尽量不要借用外债，可以采用投资方注入外汇或者以人民币购汇。

（5）合理选择外汇币种。选择外汇币种应遵循以下原则：

①选择可自由兑换货币。可自由兑换货币是指实行浮动汇率制且有人民币报价的货币，如美元、英镑、日元等，它有助于外汇风险的防范和外汇资金的调拨。

②付汇用软货币，收汇用硬货币。对于建设项目的外汇贷款，在选择还款币种时，尽可能选择软货币。当然，软货币的外汇贷款利率通常较高，这就需要在汇率变化与利率差异之间做出预测和抉择。

（5）合理确定利率结构。当资本市场利率水平相对较低，且有上升趋势时，尽量借固定利率贷款；当资本市场利率水平相对较高且有下降趋势时，尽量借浮动利率贷款。

4.项目总投资使用计划与资金筹措表的编制。在项目融资方案确定以后，应该根据项目实施进度计划的要求，编制资金使用计划，以便在保证完成项目实施规划任务的基础上，更合理有效地利用资金。

为此，在资金使用计划的编制过程中，必须把资金使用的计划安排和融资方案结合起来，使其相互衔接，并且保证资金的使用能够满足项目实施进度规划的要求。在编制资金使用计划时，应以前面述及的分年投资计划为基础。

编制资金使用和筹措计划，必须注意如下几点：

（1）项目的投资计划应涵盖项目的建设期及建成后的投产试运行期和正式的生产经营期。项目建设期安排决定了建设投资的资金使用需求，项目的设计、施工、设备采购均需要按照商业惯例执行，项目的资金筹措需要满足项目投资资金使用的要求。

（2）新组建公司的项目，资金筹措计划通常应当先安排使用资本金，后安排使用负债融资。这样既可以降低项目建设期间所承担的利息负担，更主要的是有利于建立资信，顺利取得债务融资。实践中也有项目的资本金与负债融资同比例到位的安排，或者先投入一部分资本金，剩余的资本金与债务融资同比例到位。

一个完整的项目资金筹措方案，主要由两部分内容构成：一是项目资本金及债务融资资金来源的构成，每一项资金来源条件的详尽描述，以文字和表格加以说明；二是编制分年投资使用与资金筹措计划，使资金的需求与筹措在时序、数量两方面都能平衡。

投资使用与资金筹措计划表是为了衔接投资估算、融资方案两部分内容，用于平衡投资使用及资金筹措计划。

二、资本结构

资本结构是指企业各种长期资金筹集来源的构成和比例关系。

短期资金的需要量和筹集是经常变化的，且在整个资金总量中所占比重不稳定，因此，不列入资本结构管理范围，而作为营运资金管理。

在通常情况下，企业的资本结构由长期债务资本和权益资本构成。资本结构指的就是长期债务资本和权益资本各占多大比例。

1.融资的每股收益分析

资本结构是否合理，通常需要分析每股收益的变化来衡量，能提高每股收益的资本结构是合理的；反之，则不够合理。

每股收益的高低不仅受资本结构的影响，还受到销售水平的影响。可运用融资的每股收益分析方法分析三者的关系。

每股收益分析是利用每股收益的无差别点进行的。

2.最佳资本结构

以上用每股收益的高低作为衡量标准对筹资方式进行的选择，其缺陷在于没有考虑风险因素。从根本上讲，财务管理的目标在于追求公司价值的最大化或股价最大化。然而，只有在风险不变的情况下，每股收益的增长才会直接导致股价的上升，实际上经常是随着每股收益的增长，风险也在加大。如果每股收益的增长不足以补偿风险增加所需的报酬，尽管每股收益增加，股价仍然会下降。所以，公司的最佳资本结构应当是可使公司的总价值最高，而不一定是每股收益最大的资本结构。同时，在公司总价值最大的资本结构下，公司的资金成本也是最低的。

第三节　资金成本计算与筹资决策

一、资金成本的概念及含义

资金成本是指企业为筹集和使用资金而付出的代价。广义地讲，企业筹集和使用任何资金，不论是短期的还是长期的，都要付出代价；狭义的资金成本仅指筹集和使用长期资金（包括自有资金和借入长期资金）的成本。由于长期资金也被称为资本，所以，长期资金的成本也可称为资本成本。在这里所说的资金成本主要是指资本成本。资金成本一般包括资金筹集成本和资金使用成本两部分。

1. 资金筹集成本

资金筹集成本是指在资金筹集过程中所支付的各项费用，如发行股票或债券支付的印刷费、发行手续费、律师费、资信评估费、公证费、担保费、广告费等。资金筹集成本一般属于一次性费用，筹资次数越多，资金筹集成本也就越大。

2. 资金使用成本

资金使用成本又称为资金占用费，是指占用资金面支付的费用，它主要包括支付给股东的各种股息和红利，向债权人支付的贷款利息以及支付给其他债权人的各种利息费用等。资金使用成本一般与所筹集的资金多少以及使用时间的长短有关，具有经常性、定期性的特征，是资金成本的主要内容。

资金筹集成本与资金使用成本是有区别的，前者是在筹借资金时一次支付的，在使用资金过程中不再发生，因此可作筹资金额的一项扣除；后者在资金使用过程中是多次、定期发生的。

二、资金成本的性质

资金成本是一个重要的经济范畴，它是在商品经济社会中由于资金所有权与资金使用权相分离而产生的。

1. 资金成本是资金使用者向资金所有者和中介机构支付的占用费和筹资费

作为资金的所有者，绝不会将资金无偿让渡给资金使用者去使用；作为资金的使用者，也不能无偿地占用他人的资金。因此，企业筹集资金以后，暂时地取得了这些资金的使用价值，就要为资金所有者暂时地丧失其使用价值而付出代价，即承担资金成本。

2. 资金成本与资金的时间价值既有联系，又有区别

资金的时间价值反映了资金随着其运动时间的不断延续而不断增值，是一种时间函数，而资金成本除可以看作是时间函数外，还表现为资金占用额的函数。

3. 资金成本具有一般产品成本的基本属性

资金成本是企业的耗费，企业要为占用资金而付出代价、支付费用，而且这些代价或费用最终也要作为收益的扣除额来得到补偿。但是资金成本只有一部分具有产品成本的性质，即这一部分耗费计入产品成本，另一部分则作为利润的分配，不能列入产品成本。

三、决定资金成本高低的因素

在市场经济环境中，多方面因素的综合作用决定着企业资金成本的高低，其中主要因素有：总体经济环境、证券市场条件、企业内部的经营和融资状况、项目融资规模。

1. 总体经济环境

总体经济环境决定了整个经济中资本的供给和需求，以及预期通货膨胀的水平。总体经济环境变化的影响，反映在无风险报酬率上。显然，如果整个社会经济中的资金需求和

供给发生变动，或者通货膨胀水平发生变化，投资者也会相应改变其所要求的收益率；如果预期通货膨胀水平上升，货币购买力下降，投资者也会提出更高的收益率来补偿预期的投资损失，导致企业资金成本上升。

2. 证券市场条件

证券市场条件影响证券投资的风险。证券市场条件包括证券的市场流动难易程度和价格波动程度。如果某种证券的市场流动性不好，投资者想买进或卖出证券相对困难，变现风险加大，要求的收益率就会提高；或者虽然存在对某证券的需求，但其价格波动较大，投资的风险大，要求的收益率也会提高。

3. 企业内部的经营和融资状况

企业内部的经营和融资状况是指经营风险和财务风险的大小。经营风险是企业投资决策的结果，表现在资产收益率的变动上；财务风险是企业筹资决策的结果，表现在普通股收益率的变动上。如果企业的经营风险和财务风险大，投资者便会有较高的收益率要求。

4. 融资规模

企业的融资规模大，资金成本较高。比如，企业发行的证券金额很大，资金筹集费和资金占用费都会上升，而且证券发行规模的增大还会降低其发行价格，由此也会增加企业的资金成本。

四、资金成本的作用

资金成本是企业财务管理中的一个重要概念，国际上将其列为一项"财务标准"。企业都希望以最小的资金成本获取所需的资金数额，分析资金成本有助于企业选择筹资方案，确定筹资结构以及最大限度地提高筹资的效益。资金成本的主要作用如下：

1. 资金成本是选择资金来源、筹资方式的重要依据

企业筹集资金的方式多种多样，如发行股票、债券、银行借款等。不同的筹资方式，其资金成本也不尽相同。资金成本的高低可以作为比较各种筹资方式优缺点的一项依据，但是，不能把资金成本作为选择筹资方式的唯一证据。

2. 资金成本是企业进行资金结构决策的基本依据

企业的资金结构一般由借入资金与自有资金结合而成，这种组合有多种方案，要寻求两者间的最佳组合，一般可通过计算综合资金成本作为企业决策的依据。因此，综合资金成本的高低是评价各个筹资组合方案、进行资金结构决策的基本依据。

3. 资金成本是比较追加筹资方案的重要依据。企业为了扩大生产经营规模，增加所需资金，往往以边际资金成本作为依据。

4. 资金成本是评价各种投资项目是否可行的一个重要尺度

在评价投资方案是否可行时，一般以项目本身的投资收益率与其资金成本进行比较，如果投资项目的预期投资收益率高于其资金成本，则是可行的；反之，如果预期投资收益率低于其资金成本，则是不可行的。因此，国际上通常将资金成本视为投资项目的"最低收益率"和是否采用投资项目的"取舍率"，同时将其作为选择投资方案的主要标准。

5.资金成本也是衡量企业整个经营业绩的一项重要标准

资金成本是企业从事生产经营活动必须挣得的最低收益率。企业无论以什么方式取得资金，都要实现这一最低收益率，这样才能补偿企业因筹资而支付的所有费用。如果将企业的实际资金成本与相应的利润率进行比较，可以评价企业的经营业绩。若利润率高于资金成本，可以认为经营良好；反之，企业经营欠佳，应该加强和改善生产经营管理，进一步提高经济效益。

五、资金成本的计算

资金成本是指项目为筹集和使用资金而支付的费用，包括资金筹集费和资金占用费。资金筹集费是指资金筹集过程中支付的一次性费用，如承诺费、手续费、担保费、代理费等；资金占用费是指使用资金过程中发生的经常性费用，如利息、股息、银行借款和债券利息等。资金成本的高低是判断项目融资方案是否合理的重要因素之一。

资金成本是资金使用者向资金所有者和中介人支付的占用费和筹资费，是市场经济条件下资金所有权和使用权分离的必然结果。

为了便于分析和比较，资金成本通常以相对数表示。项目使用资金所负担的费用同筹集资金净额的比率，称为资金成本率（一般亦通称为资金成本）。

第四节　项目融资

项目融资方式特指某种资金需求量巨大的投资项目的筹资活动，而且以负债作为资金的主要来源。项目融资不是以项目业主的信用或者项目有形资产的价值作为担保来获得贷款，而是依赖于项目本身良好的经营状况和项目投产后的现金流量作为偿还债务的资金来源；同时将项目的资产，而不是项目业主的其他资产作为借入资金的抵押。

由于项目融资借入的资金是无追索权或有限追索权的贷款，而且需要的资金量又非常大，故其风险也较传统融资方式大得多。

项目融资也称无担保或有限担保贷款，也就是说，项目融资是将归还贷款资金来源限定在特定项目的收益和资产范围之内的融资方式。

一、项目融资的概念

项目融资就是在向一个具体的经济实体提供贷款时，贷款方首先查看该经济实体的现金流量和收益，将其视为偿还债务的资金来源，并将该经济实体的资产视为这笔贷款的担保物，若对这两点感到满意，则贷款方同意贷款。

例如，某集团公司已经拥有 A、B 两个企业。为了增建企业 C，决定从金融市场上筹集资金。如图 4-1 所示。

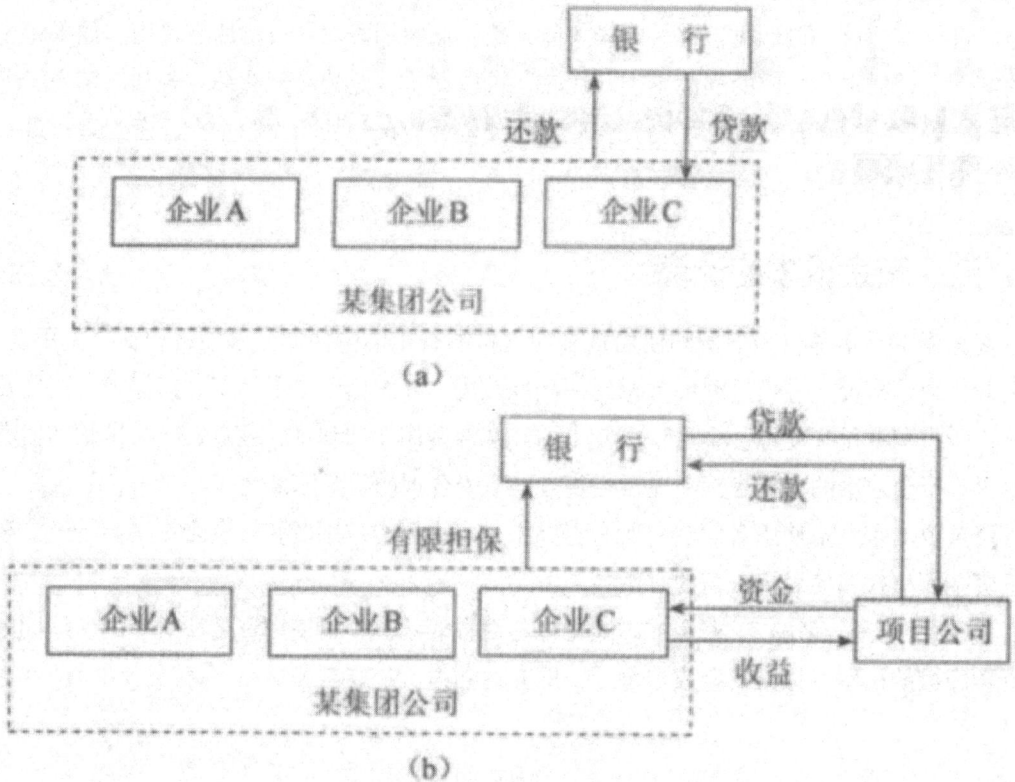

图 4-1 项目融资比较示意图

（a）传统贷款；（b）项目融资

方案 1：借来的款项用于建设新的企业 C，而归还贷款的款项来源于整个集团公司的收益。如果企业 C 建设失败，该集团公司将原来 A、B 两个企业的收益作为偿债的担保。这时，我们称贷款方对该集团公司有完全追索权。

方案 2：借来的款项用于建设新的企业 C，用于偿债的资金仅限于企业 C 建成后生产经营所获得的收益。如果企业 C 建设失败，贷款方只能从清理企业 C 的资产中收回一部分贷款，除此之外，不能要求该集团公司从别的资金来源归还贷款。这时，我们称贷款方对该集团公司无追索权。

方案 3：在签订贷款协议时，只要求该集团公司把特定的一部分资产作为贷款担保。这时，我们称贷款方对该集团公司有有限追索权。

方案 2 和方案 3 称为项目融资。因此，项目融资有时还称无担保或者有限担保贷款，也就是说，项目融资是将归还贷款资金来源限定在特定项目的收益和资产范围内的融资方式。

二、项目融资的特点

从项目融资与传统贷款方式的比较中可以看出，项目融资有以下一些基本特点：

1. 项目导向

资金来源主要是依赖于项目的现金流量，而不是依赖于项目的投资者或发起人的资信来安排融资。贷款银行在项目融资中的注意力主要放在项目在贷款期间能够产生多少现金流量用于还款，贷款的数量、融资成本的高低以及融资结构的设计都是与项目的预期现金流量和资产价值直接联系在一起的。

由于项目导向，有些对于投资者很难借到的资金则可以利用项目来安排，有些投资者很难得到的担保条件则可以通过组织项目融资来实现。此外，由于项目导向，项目融资的贷款期限可以根据项目的具体需要和项目的经济寿命期安排设计，做到比一般商业贷款期限长。

2. 有限追索

追索是指在借款人未按期还债务时，贷款人要求借款人用除抵押财产之外的其他资产偿还债务的权力。在某种意义上说，贷款人对项目借款人的追索形式和程度是区分融资是属于狭义项目融资还是属于广义的资金筹措的重要标志。

作为有限追索的项目融资，贷款人可以在贷款的某个特定阶段对项目借款人实行追索，或者在一个规定的范围内对项目借款人实行追索。除此之外，无论项目出现任何问题，贷款人均不能追索到项目借款人除该项目资产、现金流量以及所承担的义务之外的任务形式的资产。有限追索项目融资的特例是无追索项目融资。

有限追索融资的实质是由于项目本身的经济强度还不足以掌握一个"无追索"的结构，因而还需要项目的借款人在项目的特定阶段提供一定形式的信用支持。追索的程度则是根据项目的性质、现金流量的强度和可预测性，项目借款人的经验、信誉以及管理能力，借贷双方对未来风险的分担方式等多方面的综合因素通过谈判确定的。

3. 风险分担

为实现项目融资的有限追索，对于与项目有关的各种风险要素，需要以某种形式在项目投资者（借款人）、与项目开发有直接或间接利益关系的其他参与者和贷款人之间进行分担。一个成功的项目融资结构应该是在项目中没有任何一方单独承担起全部项目债务的风险责任，这一点构成了项目融资的第三个特点。项目主办人通过融资，将原来应由自己承担的还债义务，部分地转移到该项目身上，也就是将原来由借款人承担的风险部分地转移给贷款人，由借贷双方共担项目风险。

4. 非公司负债型融资

非公司负担债型融资称为资产负债表之外的融资，是指项目的债务不表现在项目投资者（即实际借款人）的公司资产负债表中的一种融资形式。

根据项目融资风险分担的原则，贷款人对于项目的债务追索权主要被限制在项目公司的资产和现金流量上；借款人所承担的是有限责任，因面有条件使融资被安排为一种不需要进入借款人资产负债表的贷款形式。通过对投资者结构和融资结构的设计，可以帮助投资者将贷款安排成为非公司负债型融资。

5. 信用结构多样化

在项目融资中，用于支持贷款的信用结构的安排是灵活和多样化的。项目融资的框架结构由四个基本模块组成，即项目投资结构、项目融资结构、项目资金结构和项目的信用保证结构。

（1）项目的投资结构

项目的投资结构，即项目的资产所有权结构，是指项目的投资者对项目资产权益的法律拥有形式和项目投资者之间（如果项目有超过一个以上的投资者）的法律合作关系。采用不同的项目投资结构，投资者对其资产的拥有形式，对项目产品、项目现金流量的控制程度，以及投资者在项目中所承担的债务责任和所涉及的税务结构会有很大的差异。这些差异会对项目融资的整体结构设计产生直接影响。因此，为了满足投资者对项目投资和融资的具体要求，第一步工作就需要在项目所在国法律、法规许可的范围内，设计安排符合这种投资和融资要求的目标投资结构。

（2）项目的融资结构

融资结构是项目融资的核心部分。一旦项目的投资者在确定投资结构问题上达成一致，接下来的重要工作就是要设计和选择合适的融资结构以实现投资者在融资方面的目标要求。设计项目的融资结构是投资者所聘请的融资顾问（通常由投资银行来担任）的重点工作之一。

（3）项目的资金结构

项目的资金结构设计用于决定在项目中股本资金、准股本资金和债务资金的形式、相互之间比例关系以及相应的来源。资金结构是由投资结构和融资结构决定的，但反过来又会影响到整体项目融资结构的设计。针对同一个项目，选择不同的融资结构和资金结构，最终所收到的结果可能会有相当大的差别。项目融资重点解决的是项目的债务资金问题，然而在整个结构中也需要适当数量和适当形式的股本资金和准股本资金作为结构的信用支持。

（4）项目的信用保证结构

对于银行和其他债权人而言，项目融资的安全性来自两个方面：一方面来自项目本身的经济强度；另一方面来自项目之外的各种直接或间接的担保。

这些担保可以是由项目的投资者提供的，也可以是由与项目有直接或间接利益关系的其他方面提供的。这些担保可以是直接的财务保证，如完工担保、成本超支担保、不可预见费用担保；也可以是间接的或非财务性的担保，如长期购买项目产品的协议、技术服务协议、以某种定价公式为基础的长期供货协议等。这一切担保形式的组合，就构成了项目的信用保证结构。

项目本身的经济强度与信用保证结构相辅相成。项目的经济强度高，信用保证结构就相对简单，条件就相对宽松；反之，就要相对复杂和相对严格。

6.融资成本较高

项目融资涉及面广，结构复杂，需要做好大量有关风险分担、税收结构、资产抵押等一系列技术性的工作，所需文件比传统的资金筹措往往要多出好几倍，需要几十个甚至上百个法律文件才能解决问题。因此，与传统的资金筹措方式相比，项目融资存在的一个主要问题，就是相对融资成本较高，组织融资所需要的时间较长。

项目融资的这一特点限制了其使用范围。在实际运作中，除了需要分析项目融资的优势之外，也必须考虑到项目融资的规模经济效益问题。

三、项目融资的阶段与步骤

从项目的投资决策起，到选择项目融资方式为项目建设筹集资金，最后到完成该项目融资为止，大致上可以分为五个阶段，即投资决策分析、融资决策分析、融资结构分析、融资谈判和项目融资的执行。

1.投资决策分析

从严格意义上讲，这一阶段也可以不属于项目融资范畴。

对于任何一个投资项目来说，都需要经过相当严密的投资决策分析。然而一旦做出投资决策，接下来的一项重要工作——确定项目的投资结构，则与将要选择的融资结构和资金来源有着密切的关系。通常在很多情况下，项目投资决策是与项目能否融资以及如何融资紧密联系在一起的。投资者在决定项目投资结构时需要考虑的因素很多，其中主要包括项目的产权形式，产品分配方式、决策程序、债务责任、现金流量控制、税务结构和会计处理等方面的内容。投资结构的选择将影响到项目融资的结构和资金来源的选择，反过来，项目融资结构的设计在多数情况下也将会对投资结构的安排做出调整。

2.融资决策分析

在这个阶段，项目投资者将决定采用何种融资方式为项目开发筹集资金。

是否采用项目融资，取决于投资者对债务责任分担上的要求，贷款资金数量上的要求，时间上的要求、融资费用上的要求，以及诸如债务会计处理等方面的综合评价。如果决定选择采用项目融资作为筹资手段，投资者就需要选择和任命融资顾问，开始研究和设计项目的融资结构。有时，项目的投资者自己也无法明确判断采取何种融资方式为好，在这种情况下，投资者可以聘请融资顾问对项目的融资能力以及可能的融资方案做出分析和比较，在获得一定的信息反馈后，再做出项目的融资方案决策。

3.融资结构分析

设计项目融资结构的一个重要步骤是完成对项目风险的分析和评估。

对于银行和其他债权人而言，项目融资的安全性来自两个方面：一方面来自项目本身的经济强度；另一方面来自项目之外的各种直接或间接的担保。这些担保可以是由项目的投资者提供的，也可以是由与项目有直接或间接利益关系的其他方面提供。因此，能否采用以及如何设计项目融资结构的关键就是要求项目融资顾问和项目投资者一起对于项目有关的风险因素进行全面的分析和判断，确定项目的债务承受能力和风险，设计出切实可行的融资方案。

4. 融资谈判

在初步确定了项目融资的方案之后，融资顾问将有选择地向商业银行或其他一些金融机构发出参加项目融资的建议书，组织贷款银团，着手起草项目融资的有关协议。这一阶段往往会反复多次，此时，融资顾问、法律顾问和税务顾问的作用是十分重要的。强有力的融资顾问可以帮助加强项目投资者的谈判地位，保护投资者的利益，并在谈判陷入僵局时，及时并灵活地找出适当的变通办法，绕过难点解决问题。

5. 项目融资的执行

在正式签署项目融资的法律文件之后，融资的组织安排工作就结束了，项目融资将进入其执行阶段。

在传统的融资方式中，一旦进入贷款的执行阶段，借贷双方的关系就变得相对简单明了，借款人只要求按照贷款协议的规定提款、偿还贷款的利息和本金。然而，在项目融资中，贷款银团通过其经理人将会经常地监督项目的进展，根据融资文件的规定，参与部分项目的决策程序，管理和控制项目的贷款资金投入和部分现金流量。除此之外，银团经理人也会参与一部分项目生产经营决策，在项目的重点决策问题上（如新增资本支出、减产、停产和资产处理）有一定的发言权。由于项目融资的债务偿还与该项目的金融环境和市场环境密切相关，因此，帮助项目投资者加强对项目风险的控制和管理，也成为银团经理人在项目正常运行阶段的一项重要工作。

四、项目融资的方式

项目融资可以采用很多方式，如产品支付、远期购买以及融资租赁等比较常见的方式。经过近几年的发展，除了 BOT 方式逐渐成熟与丰富之外，还同时诞生了几种不同的融资方式，并且伴随着不同的融资方式有不同的融资结构和融资过程。

1. BOT 方式

BOT 是主要用于公共基础设施建设的项目融资方式。其基本思路是，由项目所在国政府或其所属机构为项目的建设和经营提供一种特许权协议作为项目融资的基础，由本国公司或者外国公司作为项目的投资者和经营者安排融资、承担风险、开发建设项目并在特许权协议期间经营项目获取商业利润。特许期满后，根据协议将该项目转让给相应的政府机构。通常所说的 BOT 主要包括以下三种基本形式：

（1）标准 BOT（Build Operate Transfer），即建设经营移交。

（2）BOOT（Build Own Operate Transfer），即建设拥有 - 经营 - 移交。BOOT 与 BOT 的区别在于：BOOT 在特许期内既拥有经营权，又拥有所有权。此外，BOOT 的特许期要比 BOT 的长一些。

（3）BOO（Build Own Operate），即建设拥有经营。最终不将该基础设施移交给项目所在国政府。

近年来，经常与 BOT 相提并论的项目融资模式是 PPP（Public Private Partner-ship）。所谓 PPP（公私合作），是指政府与民营机构（或任何国营 / 民营 / 外商法人机构）签订长期合作协议，授权民营机构代替政府建设、运营或管理基础设施（如道路、桥梁，电厂、水厂等）或其他公共服务设施（如医院、学校、监狱、警岗等），并向公众提供公共服务。由此可见。PPP 与 BOT 在本质上区别不大。

当然，PPP 与 BOT 在细节上也有一些差异。如在 PPP 项目中，民营机构做不了的或不愿做的，需要由政府来做；其余全由民营机构来做，政府只起监管作用。而在 BOT 项目中，绝大多数工作由民营机构来做，政府则提供支持和担保。但无论 PPP 或 BOT 方式，都要合理分担项目风险，从而提高项目的投资、建设、运营和管理效率，这是 PPP 或 BOT 的最重要目标。

2.ABS 方式

ABS 是指以资产支持的证券化。具体讲，它是以目标项目所拥有的资产为基础，以该项目资产的未来收益为保证，通过在国际资本市场上发行债券筹集资金的一种项目融资方式。其目的在于，通过其特有的提高信用等级方式，使原本信用等级较低的项目照样可以进入高等级证券市场，利用该市场信用等级高、债券安全性和流动性高、债券利率低的特点大幅度降低发行债券筹集资金的成本。ABS 融资方式的运作过程主要包括以下几个方面：

（1）组建 SPC。该机构可以是一个信托投资公司、信用担保公司、投资保险公司或其他独立法人，该机构应能够获得国际权威资信评估机构较高级别的信用等级（AAA 或 AA 级）。由于 SPC 是进行 ABS 融资的载体，成功组建 SPC 是 ABS 能够成功运作的基本条件和关键因素。

（2）SPC 与项目结合。SPC 进行 ABS 方式融资时，其融资风险仅与项目资产未来现金收入有关，与建设项目的原始权益人本身的风险无关。

（3）进行信用增级。利用信用增级手段使该组资产获得预期的信用等级。

（4）SPC 发行债券。SPC 直接在资本市场上发行债券募集资金，或者经过 SPC 通过信用担保，由其他机构组织债券发行，并将通过发行债券筹集的资金用于项目建设。

（5）SPC 偿债。由于项目原始收益人已将项目资产的未来现金收入权利让渡给 SPC，因此，SPC 就能利用项目资产的现金流入量，清偿其在国际高等级投资证券市场上所发行债券的本息。

BOT 和 ABS 融资方式都适用于基础设施建设，但两者在运作中的特点及对经济的影响等方面存在着很大差异。其主要区别有：

（1）运作繁简程度与融资成本的差异。BOT 方式的操作复杂，难度大。采用 BOT 方式必须经过确定项目、项目准备、招标、谈判、文件合同签署，建设、运营、维护、移交等阶段，涉及政府特许以及外汇担保等诸多环节，牵扯的范围广，不易实施，其融资成本也因中间环节多面增高。

ABS 融资方式的运作则相对简单，它只涉及原始权益人、特别用途公司 SPC、投资者、证券承销商等几个主体，无须政府的特许及外汇担保，是一种主要通过民间的非政府的途径运作的融资方式。它既实现了操作的简单化，又降低了融资成本。

（2）项目所有权、运营权的差异。BOT 项目的所有权、运营权在特许期内属于项目公司，特许期届满，所有权将移交给政府。因此，通过外资 BOT 进行基础设施项目融资可以带来国外先进的技术和管理，但会使外商掌握项目控制权。

ABS 方式中，在债券的发行期内，项目资产的所有权属于 SPC，项目的运营决策权属于原始收益人。原始收益人有义务把项目的现金收入支付给 SPC，待债券到期，用资产产生的收入还本付息后，资产的所有权又复归原始权益人。因此，利用 ABS 进行基础设施国际项目融资，可以使东道国保持对项目运营的控制，但却不能得到国外先进的技术和管理经验。（与 BOT 相反）

（3）投资风险的差异。BOT 项目投资人一般都为企业或金融机构，其投资是不能随便放弃和转让的，每一个投资者承担的风险相对较大。

ABS 项目的投资者是国际资本市场上的债券购买者，数量众多，这就极大的分散了投资风险。同时，这种债券可在二级市场流通，并经过信用增级降低了投资风险，这对投资者有很强的吸引力。

（4）适用范围的差异。BOT 方式是非政府资本介入基础设施领域，其实质是 BOT 项目在特许期内的民营化，因此，某些关系国计民生的要害部门是不能采用 BOT 方式的。

ABS 方式则不然，在债券的发行期间，项目的资产所有权虽然归 SPC 所有，但项目的经营决策权依然归原始权益人所有。因此，运用 ABS 方式不必担心重要项目被外商控制。比如，不能采用 BOT 方式的重要铁路干线、大规模发电厂等重大基础设施项目，都可以考虑采用 ABS 方式。相比而言，在基础设施领域，ABS 方式的使用范围要比 BOT 方式广泛。

3.TOT 方式

TOT，即移交——经营——移交，是指通过出售现有投产项目在一定期限内的现金流量，从而获得资金来建设新项目的一种融资方式。具体说来，是东道国将已经投产运行的项目在一定期限内移交（T）给外资经营（O），以项目在该期限内的现金流量为标的，一次性地从外商那里融得一笔资金，用于建设新的项目；外资经营期满后，再将原来项目移交（T）回东道国。

TOT 的运作程序相对比较简单，一般包括以下步骤：

（1）东道国项目发起人设立 SPC，发起人将完工项目的所有权和新建项目的所有权均转让给 SPC，以确保有专门机构对两个项目的管理、移交、建造负有全责，并对出现的问题加以协调。SPC 通常是政府设立或政府参与设立的具有特许权的机构。

（2）SPC 与外商洽谈以达成移交投产运行项目在未来一定期限内全部或部分经营权的协议，并取得资金。

（3）东道国利用获得资金来建设新项目。

（4）新项目投入运行。

（5）移交经营项目期满后，收回移交的项目。

TOT 方式的优点如下：

（1）有利于引进先进的管理方式。

（2）项目引资成功的可能性增加。

（3）使建设项目的建设和营运时间提前。

（4）融资对象更为广泛。

（5）具有很强的可操作性。

TOT 与 BOT 方式相比，TOT 方式不以需要融资的项目的经济强度为保证，不依赖这个项目，而是依赖所获特许经营权的项目的一定时期的未来收益。融资成功与否取决于已经建设好的项目，与需筹资项目分割开来，融资人对拟建项目无发言权，无直接关系，政府具有完全的控制权。

4.PFI 方式

PFI 方式是政府与私营企业合作，由私营企业承担部分政府公共物品的生产或提供公共服务，政府购买私营部门提供的产品或服务，或给予私营企业以收费特许权，或政府与私营企业以合伙方式共同营运等方式，来实现政府公共物品产出中的资源配置最优化、效率和产出的最大化。

PFI 方式的特点为：PFI 与私有化不同，同时与买断经营也有所不同，PFI 方式的核心旨在增加包括私营企业参与的公共服务或者是公共服务的产出大众化。

PFI 方式最大的优势在于，它是政府公共项目投融资和建设管理方式的重要的制度创新。

第五章 工程项目经济评价

第一节 工程项目经济评价指标体系

投资项目财务分析结果的好坏，一方面，取决于基础数据的可靠性；另一方面，则取决于所选取的指标体系的合理性。只有选取正确的指标体系，项目的财务分析结果才能与客观实际情况相吻合，才具有实际意义。一般来讲，投资者的投资目标不止一个，因此项目财务指标体系也不是唯一的。根据不同的评价深度要求和可获得资料的多少，以及项目本身所处条件与性质的不同，可选用不同的指标。这些指标也有主次之分，可从不同侧面反映项目的经济效益状况。

一、投资方案经济评价指标的设定原则和基本假定条件

不同的工程项目、不同的投资方案，可从不同的角度评价。评价的结果是多样的，如何将这些评价结果作为项目选择和方案选择的依据，首先，确定评价指标；然后，将这些指标综合成可比的一个指标，作为选择项目或方案的依据。

1. 工程项目经济评价指标的设定应遵循的原则

（1）经济效益原则，即所设指标应该符合项目工程的经济效益。

（2）可比性原则，即所设指标必须满足排他型项目或方案共同的比较基础与前提。

（3）区别性原则，即坚持项目或方案的可鉴别性原则，所设指标能够检验和区别各项目的经济效益与费用的差异。

（4）评价指标的可操作性，即所设指标要简便易行而且确有实效。

2. 基本假定条件

（1）存在一个理想的资金市场，资金来源是不受限制的。

（2）投资后果是完全确定性的，也即投资主体掌握了全部有关当前和未来的情报信息，这些信息是正确的，不存在风险问题和不确定的变动。

（3）投资项目是不可分割的，也即在项目评价中，每个项目被视为一个功能实体，只能完整地实现成者根本不实现。其财务含义是投资主体必须逐项地调拨资金，每一笔资金表示并且只能表示某一特定投资项目（或项目组合）。

二、经济效果评价的基本方法

经济效果评价的基本方法包括确定性评价方法与不确定性评价方法。对同一投资方案而言，必须同时进行确定性评价和不确定性评价。

经济效果评价方法又可分为静态评价方法和动态评价方法。静态评价方法不考虑资金时间价值，其最大特点是计算简便，适用于方案的初步评价，或对短期投资项目进行评价，以及对于逐年收益大致相等的项目评价；动态评价方法考虑资金时间价值，能较全面地反映投资方案整个计算期的经济效果。因此，在进行方案比较时，一般以动态评价方法为主。

第二节　静态评价指标

静态评价指标是在不考虑时间因素对货价值影响的情况下，直接通过现金流量计算出来的经济评价指标。静态评价指标的最大特点是计算简便。

它适于评价短期投资项目和逐年收益大致相等的项目。另外对方案进行根概略评价时也常采用静态评价指标。回收期法又叫返本期法，或叫偿还年限法，是以项目的净收益抵偿全部投资（包括固定资产投资和流动资产投资）所需要时间的一种评价方法。对于投资者来讲，投资回收期越短越好，它是反映工业项目财务上清偿能力的重要指标。投资回收期自建设开始年算起，但也应同时写明自投产开始年算起的投资回收期。在用投资回收期法评价某一方案的经济效益时，因为方案的各年收益可能相等，也可能不等，所以计算方法也有区别。在年收益相等的情况下，项目的投资回收期可定义为项目投产后用每年取得的净收益把初始投资全部回收所需要的年限。投资回收期作为评价指标，其主要优点是概念明确，计算简单。由于它判别项目或方案的标准是回收资金的速度越快越好，因此在对投资进行风险分析中有一定的作用，即能反映出投资风险的大小，特别是在资金缺乏和特别强调项目清偿能力的情况下，投资回收期指标尤为重要。但是由于这个指标在计算过程中不考虑投资回收以后的经济效益，不考虑项目的服务年限等，因此不能全面地反映项目在整个寿命期内真实的经济效益，只能作为项目评价中的辅助指标。

1. 投资收益率

投资收益率指标的经济意义明确、直观，计算简便，在一定程度上反映了投资效果的优劣，可适用于各种投资规模。但不足的是没有考虑投资收益的时间因素，忽视了资金具有时间价值的重要性且指标计算的主观随意性太强，换句话说，就是正常生产年份的选择比较困难，如何确定带有一定的不确定性和人为因素。因此，以投资收益率指标作为主要的决策依据不太可靠。

2. 资本金净利润率

年净利润是选择正常生产年份的税后利润，还是选择生产期平均年税后利润，原理同总投资收益率的计算。资本金也是指项目的全部注册资本金。资本金净利润率应该是投资者最关心的一个指标，它反映了投资者自己的出资所带来的净利润。项目资本金净利润率高于同行业的净利润率参考值，表明用项目资本金净利润率表示的盈利能力满足要求。

3. 静态投资回收期

投资回收期指标容易理解，计算也比较简便。项目投资回收期在一定程度上显示了资本的周转速度。但不足的是投资回收期没有全面考虑投资方案整个计算期内的现金流量，即只考虑投资回收之前的效果，不能反映投资回收之后的情况，便无法准确衡量方案在整个计算期内的经济效果。

因此，投资回收期作为方案选择和项目排队的评价准则是不可靠的，只能作为辅助评价指标，或与其他评价方法结合应用。

4. 利息备付率

利息备付率表示项目的利润偿付利息的保证倍率。利息备付率高，说明利息偿付的保证度大。对于正常运营的企业，利息备付率应当大于1，利息备付率低于1表示没有足够资金支付利息，偿债风险很大。

利息备付率应分年计算。利息备付率高，表明利息偿付的保障程度高。

5. 偿债备付率

融资租赁费用可视同借款偿还。运营期内的短期借款本息也应纳入计算。如果项目在运行期内有维持运营的投资，可用于还本付息的资金应扣除维持运营的投资。

偿债备付率表示可用于还本付息的资金偿还借款本息的保证倍率。正常情况下，偿债备付率应当大于1，且越高越好。偿债备付率低，说明还本付息的资金不足，偿债风险大。当指标值小于1时，表示当年资金来源不足以偿还当期债务，需要通过短期借款偿付已到期的债务。

6. 借款偿还期

借款偿还期指标适用于那些计算最大偿还能力、尽快还款的项目，不适用于那些预先给定借款偿还期的项目。对于预先给定借款偿还期的项目，应采用利息备付率和偿债备付率指标分析项目的偿债能力。

偿还借款的资金来源包括折旧、摊销费、未分配利润和其他收入等。借款偿还期依据借款还本付息计算表计算。

借款还本付息计算表可依据投资总额与资金筹措表、总成本费用估算表和利润与利润分配表的有关数据，通过计算进行填列。

对于涉及外资的项目，还要考虑国外借款部分的还本付息，应按已经明确的或预计可能的借款偿还条件（包括偿还方式及偿还期限）计算。

计算出借款偿还期后，要与贷款机构的要求期限进行对比，等于或小于贷款机构提出的要求期限，即认为项目是有清偿能力的；否则，认为项目没有清偿能力，从清偿能力角度考虑，则认为项目是不可行的。

7. 资产负债率

适度的资产负债表明企业经营安全、稳健，具有较强的筹资能力，也表明企业和债权人的风险较小。

对该指标的分析，应结合国家宏观经济状况、行业发展趋势、企业所处竞争环境等具体条件判定。项目财务分析中，在长期债务还清后，可不再计算资产负债率。

第三节　动态评价指标

动态评价指标是在分析项目或方案的经济效益时，要对发生在不同时间的效益、费用计算资金的时间价值，将现金流量进行等值化处理后计算评价指标动态评价指标能较全面地反映投资方案整个计算期的经济效果。适用于详细可行性研究，或对计算期较长以及处在终评阶段的技术方案进行评价。一般在方案比较时以动态评价方法为主，在方案初法阶段，可采用静态评价方法。在工程项目方案经济评价时，应根据评价深度要求、可获得资料的多少以及工程项目方案本身所处的条件，选用多个潜标，从不同侧面反映工程项目的经济效果。

一、净现值（NPV）

1. 评价准则

净现值是评价项目盈利能力的绝对指标，它反映项目在满足按设定折现率要求的盈利能力之外，获得的超额盈利的现值。计算出的净现值可能有三种结果，即 NPV>0，NPV=0 或 NPV<0.

（1）当 NPV>0 时，说明项目的盈利能力超过了按设定的基准折现率计算的盈利能力，从财务角度考虑，项目是可以接受的。

（2）当 NPV=0 时，说明项目的盈利能力刚好达到按设定的基准折现率计算的盈利能力，从财务角度考虑，项目可以考虑接受。

（3）当 NPV<0 时，说明项目的盈利能力达不到按设定的基准折现率计算的盈利能力，一般从财务角度判断项目是不可行。

2. 净现值指标的优点与不足

净现值指标计算简便，只要编制了现金流量表、确定好折现率，净现值的计算仅是一种简单的算术方法。另外，该指标的计算结果稳定，不会因算术方法的不同而带来任何差异。

净现值虽然考虑了项目整个寿命期的经济数据，全面地反映了项目的盈利能力，但净现值指标也有不足。主要体现在两个方面：第一，净现值指标是一个绝对数指标，只能反映项目是否有盈利，并不能反映拟建项目的实际盈利水平。第二，需要事先确定 i, ic 是部门或行业的基准收益率或者是我们设定的一个基准收益率，作为计算净现值的折现率，在项目所有经济数据不变的情况下，我们使 ic 从小到大变化，就会发现作为 i 的函数，同一现金流量的净现值随着 i 的增大，发生由大到小的变化。可见，项目选择的折现率过高，可行的项目可能被否定；选择的折现率过低，不可行的项目就可能被选中，特别是对那些投资收益水平居中的项目。所以，在运用净现值指标时，要选择一个比较客观的折现率，否则，评价的结果往往"失真"，可能造成决策失误。

为了克服利用净现值指标评价方案或筛选方案时可能产生的误差，在财务分析中，往往选择财务内部收益率作为主要的评价指标。

4. 基准收益率 ic 的确定

基准收益率也称基准折现率，是企业、行业或投资者以动态的观点所确定的、可接受的投资方案最低标准的收益水平。它表明投资决策者对项目资金时间价值的估价，是投资资金应当获得的最低盈利率水平，是评价和判断投资方案在经济上是否可行的依据。基准收益率的确定一般以行业的平均收益率为基础，同时综合考虑资金成本、投资风险、通货膨胀以及资金限制等影响因素。对于政府投资的项目，进行经济评价时使用的基准收益率是由国家组织测定并发布的行业基准收益率；对于非政府投资的项目，可由投资者自行确定基准收益率。

二、内部收益率（IRR）

内部收益率与财务净现值的表达式基本相同，但计算程序却截然不同。在计算净现值时，预先设定折现率，并以此折现率将各年净现金流量折算成现值，然后累加得出净现值；在计算内部收益率时，要经过多次试算，使得净现金流量现值累计等于零。内部收益率的计算比较复杂，一般可借助专用软件的财务函数或有特定功能的计算器完成。如果用手工计算，应先采用试算法，后采用插入法。

运用手工计算项目内部收益率的基本步骤是：

第一步，用估计的某一折现率对拟建项目整个计算期内各年净现金流量进行折现，并得出净现值。如果得到的净现值等于零，则所选定的折现率即为内部收益率；如所得净现值为一正数，则再选一个更高一些的折现率再次进行试算，直至正数净现值接近零为止。

第二步，在第一步的基础上，再继续提高折现率，直至计算出接近零的负数净现值为止。

第三步，根据以上两步计算所得的正、负财务净现值及其对应的折现率，运用插入法计算内部收益率。因为内部收益率与净现值之间不是线性关系，如果两个折现率之间的差太大，则计算结果会有较大的误差。所以，为保证计算的准确性，一般规定两个折现率之差最好是在 2%~5% 之内。

按分析内容不同，内部收益率分为项目投资内部收益率、项目资本金内部收益率和投资各方的内部收益率，但所用的现金流入和现金流出不同。

项目投资内部收益率是考察项目确定融资方案前整个项目的盈利能力。计算出的项目内部收益率要与行业发布或财务分析人员设定的基准折现率，或投资者的目标收益率（ic）进行比较，如果计算的 IRR 大于或等于 ic，则说明项目的盈利能力能够满足要求，因而是可以考虑接受的；否则，不能满足项目盈利能力的要求，认为该项目从财务角度分析是不可行的。

资本金内部收益率是以项目资本金为计算基础，考察所得税税后资本金可能获得的收益水平。投资各方内部收益率是以投资各方出资额为计算基础，考察投资各方可能获得的收益水平。资本金内部收益率和投资各方内部收益率应与出资方最低期望收益率对比，从而判断投资方的收益水平。

内部收益率的概念明晰，反映项目的实际盈利率，并且计算时不用事先确定基准收益率或者设定一个折现率 i。但内部收益率的计算过程还是比较烦琐的，特别是内部收益率是数学表达式，是一个求解高次方程的过程，因此内部收益率可能出现这样几种情况：内部收益率是唯一的、内部收益率有多个（即有多个根）和无实数内部收益率（即无解）。多个根与无解是内部收益率的重要特性。

为了说明内部收益率的多根或无解，有必要了解常规项目与非常规项目的区别。常规项目是指计算期内各年净现金流量在开始一年或数年为负值且在以后各年为正值的项目，非常规项目是指计算期内各年净现金流量的正负符号的变化超过一次的项目。一般来讲，常规项目有唯一实数内部收益率，非常规项目可能会出现多根内部收益率或无实数内部收益率。

第四节　项目方案评价与决策

一、方案类型

在实践中，企业或部门经常会遇到多方案（单独方案可视为无方案与有方案组成的多方案）的选择问题，而且往往是在资源有限的条件下进行的。此时，总是要应用某种尺度和标准进行优劣判断，以便选择最有利的方案。

首先，用一个最简单的例子说明可否利用利润额和利润率进行方案选择。

某企业现有余款，欲在一年内进行投资。一年后确可收回投资的方案有 A 和 B 两个。A 方案现在支出 2 万元，一年后可收回 2.6 万元；B 方案现在支出 3 万元，一年后可收回

3.75 万元。此时哪个方案有利呢？如果以利润额为尺度判断哪个方案为好，则有：因 A 方案的利润额为 6000 元，B 方案的利润额为 7 500 元，B 较 A 多 1 500 元。因而判定的结果是利润额大的 B 方案有利。这种判断正确吗？事实上是不正确的。利用利润率计算出上述 A 和 B 两个方案的利润率分别为 30% 和 25%。因 A 方案较 B 方案利润率大，则认为 A 方案有利。这种判断是正确的吗？假设该企业投资 30 万元，收益为 36 万元，其利润率为 20%，因 20% 小于 A、B 两方案的利润率，是否可以说该方案较 A、B 两方案都不利呢？的确，该方案的效率较低，但利润的金额较 A、B 两方案都多。因而，我们会觉察到仅以利润率为尺度加以判定存在着某种偏差。

通过上例可以看出：为了正确地判定方案的优劣，仅仅使用利润额或利润率是不行的。

实际上，上述问题的前提条件是不完备。至少不给定以下条件就无法得出正确的结论：

第一，不知道全部投资方案是否只有 A 和 B 两个方案；B 方案的投资额较 A 方案多出的 1500 元是否还有其他应用途径。

第二，A、B 两方案只能取其中一个呢？还是两个方案都可以取？相互关系不清。

第三，企业用作本金使用的资金来源（自有资金还是贷款）与限额是多少？限制条件不清。

本例之所以不能应用利润额或利润率作为优劣判定的理由之一，就是缺乏 A、B 两方案之外是否尚有其他方案，即投资机会这个条件。假如甲采用了 A、B 两方案中的某一个方案，很可能就失去了比这两个方案有更高收益的机会。当然大多数情况下将全部方案都找出来也是不可能的，但是总要有个标准，以便以次判定方案的优劣，这个标准就是基准收益率（亦称基准贴现率）。该值描述了通常投资机会的可能收益的比率。

在进行投资方案的比较和选择时，首先，应明确投资方案之间的相互关系；然后，考虑用适宜的评价指标和方法进行方案的比较。备选方案之间的关系不同，决定了所采用的评价方法也会有所不同。按照方案相互之间的经济关系和有无约束条件，可分为以下几类：（资金约束条件主要体现在独立方案中）

所谓方案类型，一般分为单一方案（又称独立型方案）和多方案两类。而多方案又分为互斥型、互补型、现金流量相关型、组合互斥型和混合相关型五种。

1. 独立型方案

独立型方案是指方案间互不干扰、在经济上互不相关的方案，选择或放弃其中一个方案，并不影响其他方案的选择。

2. 互斥型方案

选择其中任何一个方案，则其他方案必然被排斥。

3. 互补型方案

互补型方案是指在方案之间存在技术经济互补关系的一组方案。某一方案的接受有助于其他方案的接受。根据互补方案之间相互依存的关系，互补方案可能是对称的，如建设一个大型非港口电站，必须同时建设铁路、电厂，它们无论在建成时间、建设规模上都要彼此适应，缺少其中任何一个项目，其他项目就不能正常运行。因此，它们之间是互补型方案且是对称的。此外，还存在着大量非对称（不是必需的）的经济互补关系，如建造一座建筑物 A 和增加一个空调系统 B，建筑物 A 本身是有用的，增加空调系统 B 后使建筑物 A 更有用。

4. 现金流量相关型方案

现金流量相关型方案是指方案之间不完全互斥，也不完全相互依存，但任一方案的取舍会导致其他方案现金流量的变化。例如，某跨江项目考虑两个建设方案，一个是建桥方案 A，另一个是轮渡方案 B，两个方案都是收费的。此时，任一方案的实施或放弃都会影响另一方案的现金流量，但采用方案 A 并不一定要采用方案 B。

5. 组合互斥型方案

组合 - 互斥型方案是指在若干可采用的独立方案中，如果有资源约束条件（如受资金、劳动力、材料、设备及其他资源拥有量限制），只能从中选择一部分方案实施时，可以将它们组合为互斥型方案。例如，现有独立方案 A、B、C、D，它们所需的投资分别为 10000 万元、6000 万元、4000 万元和 3000 万元。当资金总额限量为 10000 万元时，除方案 A 具有完全的排他性外，其他方案由于所需金额不大，可以互相组合。这样，可能选择的方案共有：A+B、C+D、B+C、B+D、C+D 等七个组合方案。因此，当受某种资源约束时，独立方案可以组成各种组合方案，这些组合方案之间是互斥或排他的。

二、寿命期相同方案的比较和选择

在投资方案的比较和选择中，经常会使用的是互斥型方案的比较和优选。在方案互斥条件下，只要方案的投资额在规定的投资额内，各个方案均可参加评选。对于评选的方案，经济效果的评价通常包含两方面的内容：一是评价各个方案自身的经济效果，即用前面章节介绍的有关知识进行方案的绝对效果检验；二是在参选的各个方案经济上都可行的条件下，对各个备选方案选优，即进行相对效果检验。

传统的工程经济学或项目评估方面的著作强调产出的数量、质量、时间等方面的可比性，为此要进行繁杂的等同化处理。然而，随着经济体制的改革和市场经济的发展，产出的数量和质量都可以通过市场价格和销售收入体现出来。无论是成本降低，还是质量提高，或者是产量增加，所有这一切均表现为利润的增加，因此，本书只考虑互斥型，方案的时间可比性问题。把互斥型方案的选择根据各个方案寿命期是否相同分为两部分：一是各方案寿命期相等；二是各方案寿命期不全相等。讨论中所使用的评价指标既可以是价值性指标，也可以是比率性指标。依据方案分类和投资方案比选的原则与要求，互斥型方案进行经济评估比选时可采用下列方案比选方法。

对于寿命期相同的互斥方案，计算期通常设定为其寿命期，这样在利用资金等值原理进行经济效果评价时，方案在时间上才具有可比性。

第六章 不确定性分析

第一节 概述

一、不确定分析的概念

不确定性分析是项目经济评价中的一个重要内容。投资决策的主要依据之一就是项目经济评价，而项目经济评价都是以一些确定的数据为基础，如项目总投资、建设期、年营业收入、年经营成本、年利率和设备残值等指标值，认为它们都是已知的、确定的；即使对某个指标值所做的估计或预测，也认为是可靠、有效的。

但事实上，不论用什么方法预测或估计，都会包含有许多不确定性的因素。为了尽量避免决策失误，我们需要了解各种外部条件发生变化时对投资方案经济效果的影响程度，需要了解投资方案对各种外部条件变化的承受能力。

二、不确定性因素产生的原因

不确定性不同于风险。风险是指不利事件发生的可能性，其中不利事件发生的概率是可以计量的；不确定性是指人们在事先只知道所采取行动的所有可能后果，不知道它们出现的可能性，或者两者均不知道，只能对两者做些粗略的估计，因此不确定性是难以计量的。

不确定性分析是指研究和分析当影响项目经济效益的各项主要因素发生变化时，拟建项目的经济效益会发生什么样的变化，以便为正确的投资决策服务的一项工作。不确定性分析是项目评估中一项重要工作，所有拟建项目在未做出最终决策之前，均应进行项目不确定性分析。

1. 所依据的基本数据的不足或者统计偏差。这是指由于原始统计上的误差，统计样本点的不足，公式或模型的套用不合理等所造成的误差。

2. 预测方法的局限，预测的假设不准确。

3. 未来经济形势的变化。由于有通货膨胀的存在，会产生物价的波动，从而会影响项目财务评价中所用的价格，进而导致诸如年营业收入、年经营成本等数据与实际发生偏差；同样，由于市场供求结构的变化，会影响到产品的市场供求状况，进而对某些指标值产生影响。

4. 技术进步。技术进步会引起产品和工艺的更新替代，因此，根据原有技术条件和生产水平所估计出的年营业收入、年经营成本等指标就会与实际值发生偏差。

5. 无法以定量来表示的定性因素的影响。

6. 其他外部影响因素，如政府政策的变化，新的法律、法规的颁布，国际政治经济形势的变化等，均会对项目的经济效果产生一定的甚至是难以预料的影响。

当然，还有一些其他影响因素。在项目经济评价中，如果我们想全面分析这些因素的变化对项目经济效果的影响是十分困难的，因此，在实际工作中，我们往往要着重分析和把握那些对项目影响大的关键因素，以期取得较好的效果。

三、不确定分析的内容

由于上述种种原因，技术方案经济效果计算和评价所使用的计算参数，总是不可避免地带有一定程度的不确定性。不确定性的直接后果是使方案经济效果的实际值与评价值相偏离，从而给投资者和经营者带来风险。因此，为了有效地减少不确定性因素对项目经济效果的影响，提高项目的风险防范能力，进而提高项目投资决策的科学性和可靠性，除对项目进行确定性分析以外，对项目进行不确定性分析也很有必要。

为此，应根据拟建项目的具体情况，分析各种外部条件发生变化或者测算数据误差对方案经济效果的影响程度，以估计项目可能承担不确定性的风险及其承受能力，确定项目在经济上的可靠性，并采取相应的对策力争把风险减低到最小限度。这种对影响方案经济效果的不确定性因素进行的分析称为不确定性分析。

第二节　盈亏平衡分析法

一、盈亏平衡分析的基本原理

盈亏平衡是指项目当年的收入扣除销售税金及附加后等于其总成本费用，即项目的在当年既没有盈利，也没有亏损。盈亏平衡分析是指通过计算盈亏平衡点（BEP，Break Even Point）处的产量或生产能力利用率，分析拟建项目的成本与收益的平衡关系，判断拟建项目适应市场变化的能力和风险大小的一种分析方法。所以盈亏平衡分析也被称为量本利分析。盈亏平衡点是项目盈利与亏损的分界点，它反映了项目不盈不亏时的产量或生产能力利用率的临界水平；也反映了项目在一定的生产水平下的收益和成本的平衡关系。

二、线性盈亏平衡分析

根据项目的收益和成本之间的函数关系，将盈亏平衡分析分为线形盈亏平衡分析和非线性盈亏平衡分析。线形盈亏平衡分析适用与项目的收益和成本都是产量的线形函数的情况。

1. 总成本费用的划分

在进行线形盈亏平衡分析时，首先，把项目建成投产后的正常年份的总成本费用划分为变动成本和固定成本。但需要注意的是，从长期角度看并不存在绝对的固定总成本。只有当产量在适度的范围内变动时，固定总成本才会是基本不变的。如果产量的变化超出了一定的范围，固定总成本也会相应地发生较大的变化。

2. 盈亏平衡分析的假设条件

盈亏平衡分析是基于以下一些假设条件的：

（1）产量等于销量。

（2）成本是产量的函数。

（3）单位变动成本随产量按比例变化。

（4）在盈亏平衡分析的产量范围内，固定总成本维持不变。

（5）销售价格不随销售量的变化而变化，因此，销售收入是销售价格和销售数量的线形函数。

（6）计算所采用的数据均为项目达到设计能力生产期的数据。

3. 线性盈亏平衡分析图和盈亏平衡点

根据上述假设条件和有关产品成本的形态分析资料，我们可以形象地用图示的方法，把项目的营业收入、总成本费用和产量三者之间的变动关系反映出来，便于比较和分析。

在盈亏平衡图中，横坐标表示产量，纵坐标表示收入或成本金额。先确定固定成本线，再在图表上做出总成本和营业收入线。在营业收入线与总成本线的相交处，即为盈亏平衡点；从盈亏平衡点作一条垂线与横坐标相交，交点就是以产量表示的盈亏平衡点；从盈亏平衡点作一条垂线与纵坐标相交处，交点就是以金额表示的盈亏平衡点。在盈亏平衡点右侧，营业收入线与总成本线之间的区域，表示企业可能获得利润的区域；在盈亏平衡点左侧，营业收入线与总成本线之间的区域，表示企业可能发生亏损的区域。

三、非线性盈亏平衡分析

在实际生产经营过程中，产品的销售收入与销售量之间，成本费用与产量之间，并不一定呈现出线性的关系。例如，当项目产品的产量在市场中占有较大的份额时，其产量的高低可能会明显影响该产品的市场供求关系，从而使得生产发生变化。再如，根据边际报酬递减规律，变动成本随着生产规模的不同而与产量呈非线性关系，在生产中还有一些辅助性的生产费用，如可变成本随着产量的变化呈梯形分布。由于这些原因，造成产品的销售收入和总成本与产量之间存在着非线性的关系，在这种情况下进行的盈亏平衡分析被称为非线性盈亏平衡分析。

第三节　敏感性分析

在建设项目经济评价中，各因素的变化对经济指标的影响程度都不相同，有些因素可能仅发生较小幅度的变化就能引起经济评价指标发生大的变动；有些因素即使发生了较大幅度的变化，对经济评价指标的影响也不是太大。我们将前一类因素称为敏感性因素，后一类因素称为非敏感性因素。

一、敏感性分析的内容

项目评价中的敏感性分析，就是在项目确定性分析的基础上，通过进一步分析、预测项目主要不确定因素的变化对项目评价指标（如财务内部收益率、财务净现值等）的影响，从中找出敏感因素，确定评价指标对该因素的敏感程度和项目对其变化的承受能力。敏感性分析有单因素敏感性分析和多因素敏感性分析两种。

1. 单因素敏感性分析是对单一不确定因素变化对方案经济效果的影响进行分析。即假设各个不确定性因素之间相互独立，每次只考察一个因素，其他因素保持不变，以分析这个可变因素对经济评价指标的影响程度和敏感程度。

2. 多因素敏感性分析是假设两个或两个以上互相独立的不确定因素同时变化时，分析这些变化的因素对经济评价指标的影响程度和敏感程度。

二、单因素敏感性分析的步骤

1. 确定分析指标

如果主要分析方案状态和参数变化对方案投资回收快慢影响，则可选用投资回收期作为分析指标；如果主要分析产品价格波动对方案净收益影响，则可选用净现值作为分析指标；如果主要分析投资大小对方案资金回收能力影响，则可选用内部收益率指标等。

如果在机会研究阶段，可选用静态的评价指标，常采用的指标是投资收益率和投资回收期；如果在初步可行性研究和可行性研究阶段，已进入了可行性研究的实质性阶段，经济分析指标则需选用动态的评价指标，常用净现值、内部收益率，通常还辅之以投资回收期等。

2. 选择需要分析的不确定性因素

不确定因素是指那些在投资项目评估过程中，对项目效益有一定影响的基本因素。

敏感性分析不可能也不必要对项目涉及的全部因素进行分析，只需对那些可能对项目效益影响较大的、重要的不确定因素进行分析。在影响投资项目效益的多个不确定因素中，可以根据以下两条原则选择主要的不确定因素进行敏感性分析：一是预计在可能的变动范围内，该因素的变动将会极大的影响项目投资效益；二是对确定性分析中所采用的该因素的数据来源的可靠性、准确性把握不大。对于一般的工业项目来说，确定敏感性分析的因素常从下列因素中选定：投资额、产品价格、产品产销量、经营成本、项目寿命期、寿命期内资产残值和折现率等。不确定因素的选取也可以结合行业和项目特点，根据经验数据加以判断。

3.分析每个不确定性因素的波动程度及其对分析指标可能带来的增减变化情况敏感性分析通常是针对不确定因素的不利变化进行，为绘制敏感性分析图的需要也可考虑分析不确定因素的有利变化。一般是选择不确定因素按照一定的变化幅度（如5%、10%和20%等）发生变化的，通常选择10%；对于那些不便用百分数表示的因素，如建设期，可采用延长一段时间表示，通常延长一年。

4.确定敏感性因素

各因素的变化都会引起效益指标的一定变化，但其影响程度却各不相同。有些因素小幅度的变化，就能引起经济评价指标发生较大幅度的波动；有些因素即使发生了较大幅度的变化，对经济效益评价指标的影响也不是很大。我们把前一类因素称为敏感性因素，后一类因素称为非敏感性因素。敏感性分析的目的就是要找出哪些不确定因素是敏感性因素，哪些是非敏感性因素。敏感性因素的确定，可以采取上面介绍的两种方法：一是求敏感度系数，也称相对测定法；二是求各个不确定因素变动的临界值，也称绝对测定法。在实践中，通常是将这两种方法结合起来使用。

5.方案选择

进行敏感性分析的目的是对不同的投资项目（或某一项目的不同方案）进行选择，一般应选择敏感程度小、承受风险能力强、可靠性高的项目或方案。

敏感性分析也有其局限性，它不能说明不确定因素发生变动情况的可能性大小，也就是没有考虑不确定因素在未来发生变动的概率，而这种概率与项目的风险大小是密切相关的。

结合确定性分析与敏感性分析的结果，粗略预测项目可能的风险，对项目作进一步评价，并为下一步风险分析打下基础，同时还可以进一步寻找相应的控制风险的对策。

第四节　概率分析

一、概率分析相关概念

概率分析又称风险分析，是利用概率来研究和预测不确定因素对项目经济评价指标影响的一种定量分析方法。其目的是在不确定情况下的投资项目或方案提供科学依据。

概率分析的关键是确定各种不确定因素变动的概率。确定事件概率的方法有客观概率和主观概率两种方法。通常把以客观统计数据为基础确定的概率称为客观概率；把以人为预测和估计为基础确定的概率称为主观概率。由于投资项目很少重复过去的同样模式，所以对于大多数技术项目而言，不大可能单纯用客观概率就能完成，尚需要结合主观概率进行分析。但是，确定主观概率时应十分慎重，否则会对分析结果产生不利影响。无论采用何种方法确定不确定因素变动的概率，都需要做大量的调查研究和数据处理工作。只有掌握的信息量足够时，概率分析的结论才科学可靠。因此，信息、情报的收集和整理工作是概率分析的基础工作。

当不确定性因素的概率分布确定之后，就可以用概率分析方法寻求经济效益这个随机变量的取值范围和取值的概率，从而得到了对经济效益的全面认识。但在实际问题中，求经济效益这个随机变量的分布函数不是一件容易的事。在一些情况下，不需要全面地考究经济效益的所有变化情况，因而并不需要求出它的函数，只需知道经济效益随机变量的某些特征，这些特征就是随机变量的期望值和方差。这是概率分析采用的最基本的指标，也就是说，概率分析的核心问题是求出经济效益指标值的期望值和方差，然后利用这两个指标进行各种风险分析。

二、概率树分析的一般步骤

1.列出要考虑的各种风险因素，如投资、经营成本、销售价格等（需要注意的是，所选取的几个不确定因素应是互相独立的）。

2.设想各种风险因素可能发生的状态，即确定其数值发生变化个数。

3.分别确定各种可能发生情况产生的可能性（即概率），且各不确定因素的各种可能发生情况出现的概率之和必须等于 1。

4.分别求出各种风险因素发生变化时，方案净现金流量各状态发生的概率和相应状态下的净现值。

5.求方案净现值的期望值（均值）。

6.求出方案净现值非负的累计概率。

7. 对概率分析结果作说明。

三、净现值期望值的计算

由于各周期的净现金流量都是随机变量，所以把各个周期的净现金流量现值加总得到的方案净现值必然也是一个随机变量，我们称为随机净现值。大多数情况下，可以认为随机净现值近似地服从正态分布。

期望值表明在各种风险条件下期望可能得到的经济效益，方差的均方根这一标准差则反映了经济效益各种可能值与期望值之间的差距。它们之间的差距越大，说明随机变量的可变性越大，意味着各种可能情况与期望值的差别越大，风险就越大；如果它们之间的差距越小，说明经济效益指标可能取的值就越接近于期望值，这就意味着风险越小。所以标准差的大小可以看作是其所含风险大小的具体标志。因此，利用期望值和标准差可以对项目的经济效益风险情况进行分析和比较。一般说来，简单的概率分析也可以只计算项目方案净现值的期望值以及净现值大于或等于零时的累计概率。

通过计算项目净现值的期望值及净现值大于或等于零时的累计概率，以判断项目承担风险的能力和对方案进行选择和甄别。

期望值是在大量重复事件中随机变量取值的平均值，换句话说，是随机变量所有可能取值的加权平均值，权重为各种可能取值出现的概率。

净现值的期望值在概率分析中是一个非常重要的指标。在对项目进行概率分析时，一般都要计算项目净现值的期望值及净现值大于或等于零时的累计概率。累计概率越大，表明项目的风险越小。

净现值期望值的计算步骤：

1. 列出各种欲考虑的不确定因素，如销售价格、销售量、经营成本和投资等。需注意的是，这几种不确定因素应相互独立。

2. 设想各不确定因素可能发生的情况，及其数值发生变化的几种情况。

3. 分别确定各种可能发生情况产生的可能性（即概率），且每种不确定因素的各种可能发生情况出现的概率之和必须等于 1。

4. 分别求出各年净现金流量的期望值，即将各年净现金流量所包含的各不确定因素的各可能发生情况下的数值与其概率分别相乘后再相加，得到各年净现金流量的期望值，然后求得净现值的期望值，也可直接计算净现值的期望值。

第七章　建设工程项目的组织与管理

第一节　建设工程项目管理的目标和任务

一、建设工程项目管理的类型

每个建设项目都需要投入巨大的人力、物力和财力等社会资源进行建设，并经历着项目的策划、决策立项、场址选择、勘察设计、建设准备和施工安装活动等环节，最后才能提供生产或使用，也就是说它有自身的产生、形成和发展过程。这个构成的各个环节相互联系、相互制约，受到建设条件的影响。

建设工程项目管理的内涵：自项目开始至实施期；"项目策划"指的是目标控制前的一系列筹划和准备工作；"费用目标"对业主而言是投资目标，对施工方而言是成本目标。项目决策期管理工作的主要任务是确定项目的定义，而项目实施期管理的主要任务是通过管理使往日的目标得以实现。

按建设工程生产组织的特点，一个项目往往由许多参与单位承担不同的建设任务，而各参与单位的工作性质、工作任务和利益不同，因此就形成了不同类型的项目管理。由于业主方是建设工程项目生产过程的总集成者——人力资源、物质资源和知识的集成，业主方也是建设工程项目生产过程的总组织者，因此对于一个建设工程项目而言，虽然有代表不同利益方的项目管理，但是，业主方的项目管理是管理的核心。

1. 按管理层次划分

按项目管理层次可分为宏观项目管理和微观项目管理。

宏观项目管理是指政府（中央政府和地方政府）作为主体对项目活动进行的管理。这种管理一般不是以某一具体的项目为对象，而是以某一类开发或某一地区的项目为对象；其目标也不是项目的微观效益，而是国家或地区的整体综合效益。项目宏观管理的手段是行政、法律、经济手段并存，主要包括：项目相关产业法规政策的制定，项目的财、税、金融法规政策，项目资源要素市场的调控，项目程序及规范的制定与实施，项目过程的监督检查等。微观项目管理是指项目业主或其他参与主体对项目活动的管理。项目的参与主体一般主要包括：业主。作为项目的发起人、投资人和风险责任人；项目任务的承接主体，指通过承包或其他责任形式承接项目全部或部分任务的主体；项目物资供应主体，指为项目提供各种资源（如资金、材料设备、劳务等）的主体。

微观项目管理，是项目参与者为了各自的利益而以某一具体项目为对象进行的管理，其手段主要是各种微观的法律机制和项目管理技术。一般意义上的项目管理，即指微观项目管理。

2. 按管理范围和内涵不同划分

按工程项目管理范围和内涵不同分为广义项目管理和狭义项目管理。

广义项目管理包括从项目投资意向到项目建议书、可行性研究、建设准备、设计、施工、竣工验收、项目后评估全过程的管理。

狭义项目管理指从项目正式立项开始，即从项目可行性研究报告批准后到项目竣工验收、项目后评估全过程的管理。

3. 按管理主体不同划分

一项工程的建设，涉及不同管理主体，如项目业主、项目使用者、科研单位、设计单位、施工单位、生产厂商、监理单位等。从管理立体看，各实施单位在各阶段的任务、目的、内容不同，也就构成了项目管理的不同类型，概括起来大致有以下几种项目管理。

（1）业主方项目管理。业主方项目管理是指由项目业主或委托人对项目建设全过程的监督与管理。按项目法人责任制的规定，新上项目的项目建议书被批准后，由投资方派代表，组建项目法人筹备组，具体负责项目法人的筹建工作；待项目可行性研究报告批准后，正式成立项目法人，由项目法人对项目的策划、资金筹措、建设实施生产经营、债务偿还、资产的增值保值，实行全过程负责，依照国家有关规定对建设项目的建设资金、建设工期、工程质量、生产安全等进行严格管理。

项目法人可聘任项目总经理或其他高级管理人员，由项目总经理组织编制项目初步设计文件，组织设计、施工、材料设备采购的招标工作，组织工程建设实施，负责控制工程投资、工期和质量，对项目建设各参与单位的业务进行监督和管理。项目总经理可由项目董事会成员兼任或由董事会聘任。项目总经理及其管理班子具有丰富的项目管理经验，具备承担所任职工作的条件。从性质上讲是代替项目法人，履行项目管理职权的。因此，项目法人和项目经理对项目建设活动组织管理构成了建设单位的项目管理，这是一种习惯称谓。其实项目投资也可能是合资。

项目法人的提出是国家经过几年改革实践的总结。1996年，国家计划委员会从国有企业转换经营机制，建立现代企业制度的需要，根据《公司法》精神，将原来的项目业主责任制改为法人责任制。法人责任制是依据《公司法》制定的，在投资责任约束机制方面比项目业主责任制更进一步加强，项目法人的责、权、利也更加明确。更重要的是项目管理制度全面纳入法制化、规范化的轨道。

项目业主是由投资方派代表组成的，从项目筹建到生产经营并承担投资风险的项目管理班子。

值得一提的是，目前习惯将建设单位的项目管理简称建设项目管理。这里的建设项目既包括传统意义上的建设项目（即在一个主体设计范围内，经济上独立核算、行政上具有独立组织形式的建设单位），也包括原有建设单位新建的单项工程。

（2）监理方的项目管理。较长时间以来，我国工程建设项目组织方式一直采用工程指挥部制或建设单位自营自管制。由于工程项目的一次性特征，这种管理组织方式往往有很大的局限性，首先，在技术和管理方面缺乏配套的力量和项目管理经验，即使配套了项目管理班子，在无连续建设任务时，也是不经济的。因此，结合我国国情并参照国外工程项目管理方式，在全国范围，提出工程项目建设监理制。从1988年7月开始进行建设监理试点，现已全面纳入法制化轨道。社会监理单位是依法成立的、独立的、智力密集型经济实体，接受业主的委托，采取经济、技术、组织、合同等措施，对项目建设过程及参与各方的行为进行监督、协调的控制，以保证项目按规定的工期、投资、质量目标顺利建成。社会监理是对工程项目建设过程实施的监督管理，类似于国外CM项目管理模式，属咨询监理方的项目管理。

（3）承包方项目管理。作为承包方，采用的承包方式不同，项目管理的含义也不同。施工总承包方和分包方的项目管理都属于施工方的项目管理。建设项目总承包有多种形式，如设计和施工任务综合的承包，设计、采购和施工任务综合的承包（简称EPC承包）等，它们的项目管理都属于建设项目总承包方的项目管理。

二、业主方项目管理的目标和任务

业主方项目管理是站在投资主体的立场上对工程建设项目进行综合性管理，以实现投资者的目标。项目管理的主体是业主，管理的客体是项目从提出设想到项目竣工、交付使用全过程所涉及的全部工作；管理的目标是采用一定的组织形式，采取各种措施和方法，对工程建设项目所涉及的所有工作进行计划、组织、协调、控制，以达到工程建设项目的质量要求，以及工期和费用要求，尽量提高投资效益。业主方的项目管理工作涉及项目实施阶段的全过程，即在设计前的准备阶段、设计阶段、施工阶段、动用前准备阶段和保修期，各阶段的工作任务包括安全管理、投资控制、进度控制、质量控制、合同管理、信息管理、组织和协调。

业主方项目管理服务于业主的利益，其项目管理的目标包括项目的投资目标、进度目标和质量目标。其中投资目标指的是项目的总投资目标；进度目标指的是项目动用的时间目标，也即项目交付使用的时间目标，如工厂建成可以投入生产、道路建成可以通车、旅馆可以开业的时间目标等。项目的质量目标不仅涉及施工的质量，还包括设计质量、材料质量、设备质量和影响项目运行或运营的环境质量等。质量目标包括满足相应的技术规范和技术标准的规定，以及满足业主方相应的质量要求。

业主要与不同的参与方分别签订相应的经济合同，要从可行性研究开始负责，直到工程竣工交付使用的全过程管理，是整个工程建设项目管理的中心。因此，必须运用系统工程的观念、理论和方法进行管理。业主在实施阶段的主要任务是组织协调、合同管理、投资控制、质量控制、进度控制、信息管理。为了保证管理目标的实现，业主对工程建设项目的管理应包括以下职能：

1. 决策职能。由于工程建设项目的建设过程是一个系统工程，因此每一建设阶段的启动都要依靠决策。

2. 计划职能。围绕工程建设项目建设的全过程和总目标，将实施过程的全部活动都纳入计划轨道，用动态的计划系统协调和控制整个工程建设项目，保证建设活动协调有序地实现预期目标。只有执行计划职能，才能使各项工作可以预见和能够控制。

3. 组织职能。业主的组织职能既包括在内部建立工程建设项目管理的组织机构，又包括在外部选择可靠的设计单位与承包单位，实施工程建设项目不同阶段、不同内容的建设任务。

4. 协调职能。由于工程建设项目实施的各个阶段在相关的层次、相关的部门之间，存在大量的结合部，构成了复杂的关系和矛盾，应通过协调职能进行沟通，排除不必要的干扰，确保系统的正常运行。

5. 控制职能。工程建设项目主要目标的实现是以控制职能为主要手段，不断通过决策、计划、协调、信息反馈等手段，采用科学的管理方法确保目标的实现。目标有总体目标，也有分项目标，各分项目标组成一个体系。因此，对目标的控制也必须是系统的、连续的。

业主对工程建设项目管理的主要任务就是要对投资、进度和质量进行控制。

项目的投资目标、进度目标和质量目标之间既有矛盾的一面，也有统一的一面，它们之间的关系是对立统一的关系。要加快进度往往需要增加投资，要提高质量往往也需要增加投资，过度缩短进度会影响质量目标的实现，这都表现了目标之间关系矛盾的一面；但通过有效的管理，在不增加投资的前提下，也可缩短工期和提高工程质量，这反映了关系统一的一面。

建设工程项目的全寿命周期包括项目的决策阶段、实施阶段和使用阶段。项目的实施阶段包括设计前的准备阶段、设计阶段、施工阶段、动用前准备阶段和保修阶段。招投标工作分散在设计前的准备阶段、设计阶段和施工阶段中进行，因此可以不单独列为招投标阶段。

业主方项目管理服务于业主的利益，其项目管理的目标包括项目的投资目标和进度。

三、设计方项目管理的目标和任务

设计单位受业主委托承担工程项目的设计任务，以设计合同所界定的工作目标及其责任义务作为该项工程设计管理的对象、内容和条件，通常简称设计项目管理。设计项目管理的工作内容是履行工程设计合同和实现设计单位经营方针目标。

设计方项目管理是由设计单位对自身参与的工程项目设计阶段的工作进行管理。因此，项目管理的主体是设计单位，管理的客体是工程设计项目的范围。大多数情况下是在项目的设计阶段，但业主根据自身的需要可以将工程设计项目的范围往前、后延伸，如延伸到前期的可行性研究阶段或后期的施工阶段，甚至竣工、交付使用阶段。一般来说，工程设计项目管理包括以下工作：设计投标、签订设计合同、开展设计工作、施工阶段的设计协调工作等。工程设计项目的管理职能同样是进行质量控制、进度控制和费用控制，按合同的要求完成设计任务，并获得相应报酬。

设计方作为项目建设的一个参与方，其项目管理主要服务于项目的整体利益和设计方本身的利益。其项目管理的目标包括设计的成本目标、设计的进度目标和设计质量目标，以及项目的投资目标。项目的投资目标能否实现与设计工作密切相关。

设计方的项目管理工作主要在设计阶段进行，但它也涉及设计前的准备阶段、施工阶段、动用前准备阶段和保修期。

设计方项目管理的任务包括：

1. 与设计工作有关的安全管理

2. 设计成本控制以及与设计工作有关的工程造价控制。

3. 设计进度控制。

4. 设计质量控制。

5. 设计合同管理。

6. 设计信息管理。

7. 与设计工作有关的组织和协调。

四、施工项目管理的目标和任务

施工方对工程承包项目的管理在其承包的范围内进行。此时，承包商处于应者的地位（向业主提供），其管理的覆盖面通常是在工程建设项目的招投标、施工、竣工验收和交付使用阶段。施工方项目管理的总目标是实现企业的经营目标和履行施工合同，具体的目标是施工质量、成本、进度、施工安全和现场标准化。这一目标体系既是企业经营目标的体现，也和工程项目的总目标密切联系。施工方作为项目建设的一个参与方，其项目管理主要服务于项目的整体利益和施工方本身的利益，其项目管理的目标包括施工的成本目标、施工的进度目标和施工质量目标。

施工方的项目管理工作主要在施工阶段进行，但它也涉及设计准备阶段、设计阶段、动用前准备阶段和保修期。在工程初期，设计阶段和施工阶段往往是交叉的，因此施工方的项目管理工作也涉及设计阶段。

（一）施工方项目管理的任务

1. 施工安全管理。

2. 施工成本控制。

3. 施工质量控制。

4. 施工合同管理。

5. 施工进度控制。

6. 施工信息管理。

7. 与施工有关的组织与协调。

施工项目管理的主体是以施工项目经理为首的项目经理部，客体是具体的施工对象、施工活动以及相关的生产要素。

（二）工程承包项目管理的主要内容

1. 建立承包项目经理部。

（1）选聘工程承包项目经理部。

（2）以适当的组织形式，组建工程承包项目管理机构，明确责任、权限和义务。

（3）按照工程承包项目管理的要求，制定工程承包项目管理制度。

2. 制订工程承包项目管理计划。工程项目管理计划是对该项目管理组织内容、方法、步骤、重点进行预测和决策等做出的具体安排。工程承包项目管理计划的主要内容有：

（1）进行项目分解，以便确定阶段性控制目标，从局部到整体进行工程项目承包活动和进行工程承包项目管理。

（2）建立工程承包项目管理工作体系，绘制工程承包项目管理工作结构图和相应管理信息流程图。

（3）绘制工程承包项目管理计划，确定管理点，形成文件，以利执行。

3. 进行工程承包项目的目标控制。主要包括进度、质量、成本、安全施工现场等目标控制。

4. 对施工项目的生产要素进行优化配置和动态管理。施工项目的生产要素是工程承包项目目标得以实现的保证，主要包括劳动力、材料、设备、资金和技术。生产要素管理的内容包括：

（1）分析各项生产要素的特点。

（2）按照一定原则、方法对施工活动生产要素进行优化配置，并对配置状况进行评价。

（3）对施工项目的各项生产要素进行动态管理。

5. 工程承包项目的合同管理。由于工程承包项目管理是在市场条件下进行的特殊交易活动的管理，这种交易从招投标开始，持续于管理的全过程，因此必须签订合同，进行履约经营。合同管理的好坏直接涉及工程承包项目管理以及工程承包项目的技术经济效果和目标实现。

6. 工程承包项目的信息管理。工程承包项目管理是一项复杂的现代化管理活动，要依靠大量的信息及对大量信息进行管理。

五、供货方项目管理的目标和任务

从建设项目管理的系统分析角度看，建设物资供应工作也是工程项目实施的一个子系统，它有明确的任务和目标、明确的制约条件，与项目实施子系统有着内在联系。因此，制造厂、供应商同样可以将加工生产制造和供应合同所界定的任务，作为项目进行目标管理和控制，以适应建设项目总目标控制的要求。

供货方作为项目建设的一个参与方，其项目管理主要服务于项目的整体利益和供货方本身的利益，其项目管理的目标包括供货的成本目标、供货的进度目标和供货的质量目标。

供货方的项目管理工作主要在施工阶段进行，但它也涉及设计准备阶段、设计阶段、动用前准备阶段和保修期。

供货方项目管理的任务包括：

1. 供货的安全管理。

2. 供货的成本控制。

3. 供货的进度控制。

4. 供货的质量控制。

5. 供货合同管理。

6. 供货信息管理。

7. 与供货有关的组织与协调。

六、建设工程项目总承包方项目管理的目标和任务

工程总承包方的项目管理是指当工程项目采用设计—施工—体化承包模式时，由工程总承包公司根据承包合同的工作范围和要求对工程的设计、施工阶段进行一体化管理。因此，总承包方的项目管理是贯穿于项目实施全过程的全面管理，既包括设计阶段，也包括施工安装阶段。其性质和目的是合同履行工程总承包合同，以实现企业承建工程的经营方针和目标，取得预期经营效益为动力而进行的工程项目自主管理。

建设工程项目总承包方作为项目建设的一个参与方，其项目管理主要服务于项目的整体利益和建设项目总承包方本身的利益，其项目管理的目标包括项目的总投资目标和总承包方的成本目标、项目的进度目标和项目的质量目标。

建设工程项目总承包方项目管理工作涉及项目实施阶段的全过程，即设计前的准备阶段、设计阶段、施工阶段、动用前准备阶段和保修期。

工程总承包的项目管理在性质上和设计方、施工方的项目管理相同，但是总承包可以凭借自身的技术和管理优势，通过对设计和施工方案的一体化优化以及实施中的整体化管

理来实施项目管理。显然，总承包方项目管理的任务是在合同条件的约束下，依靠自身的技术和管理优势或实力，通过优化设计及施工方案，在规定的时间内，保质保量地全面完成工程项目的承建任务。从交易的角度看，项目业主是买方，总承包单位是卖方。因此，两者的地位和利益追求是不同的。

建设工程项目总承包方项目管理的任务包括：

1. 安全管理。

2. 投资控制和总承包方的成本控制。

3. 进度控制。

4. 质量控制。

5. 合同管理。

6. 信息管理。

7. 与建设工程项目总承包方有关的组织和协调。

第二节　建设工程项目的组织

一、传统的项目组织机构的基本形式（20世纪50年代以前）

1. 直线式项目组织机构

特点：没有职能部门，企业最高领导层的决策和指令通过中层、基层领导纵向一根直线式地传达给第一线的职工，每个人只接受其上级的指令，并对其上级负责。

缺点：所有业务集于各级主管人员，领导者负担过重，同时其权力也过大，易产生官僚主义。

2. 职能式项目组织机构

职能式项目组织机构是专业分工发展的结果，最早由泰勒提出。

特点：强调职能专业化的作用，经理与现场没有直接关系，而是由各职能部门的负责人或专家去指挥现场与职工。

缺点：过于分散权力，有碍于命令的统一性，容易形成多头领导，也易产生职能的重复或遗漏。

3. 直线职能式项目组织机构

直线职能式项目组织机构力图取以上二者的优点，避开以上二者的缺点。既能保持直线式命令系统的统一性和一贯性，又能采纳职能式专业分工的优点。

特点：各职能部门与施工现场均受到公司领导的直接领导。各职能部门对各施工现场起指导、监督、参谋作用。

二、建设项目组织管理体制

（一）传统的组织管理体制

1. 建设单位自管方式

即基建部门负责制（基建科）——中、小项目。

建设单位自管方式是我国多年来常用的建设方式，它是由建设单位自己设置基建机构，负责支配建设资金，办理规划手续及准备场地、委托设计、采购器材，招标施工、验收工程等全部工作，有的还自己组织设计、施工队伍，直接进行设计施工。

2. 工程指挥部管理方式即企业指挥部负责制一各方人员组成，适合大、中型项目。

在计划经济体制下，我国过去一些大型工程项目和重点工程项目多采用这种方式。指挥部通常由政府主管部门指令各有关方面派代表组成。近几年在进入社会主义市场经济的条件下，这种方式已不多见。

（二）改革的必然性及趋势

1. 改革的必然性

（1）是工程项目建设社会化、大生产化和专业化的客观要求。

（2）是市场经济发展的必然产物。

（3）是适应经济管理体制改革的需要。

2. 改革的趋势

（1）在工程项目管理机构上，要求其必须形成一个相对独立的经济实体，并且有法人资格。

（2）在管理机制上，要以经济手段为主，行政手段为辅，以竞争机制和法律机制为工程项目各方提供充分的动力和法律保证。

（3）使工程项目有责、权、利相统一的主管责任制。

（4）甲、乙双方项目经理实施沟通。

（5）人员素质的知识结构合理，专业知识和管理知识并存。

3. 科学地建立项目组织管理体系

（1）总承包管理方式

总承包管理方式，是业主将建设项目的全部设计和施工任务发包给一家具有总承包资质的承包商。这类承包商可能是具备很强的设计、采购、施工、科研等综合服务能力的综合建筑企业，也可能是由设计单位、施工企业组成的工程承包联合体。我国把这种管理组织形式叫作"全过程承包"或"工程项目总承包"。

（2）工程项目管理承包方式

建设单位将整个工程项目的全部工作，包括可行性研究、场地准备、规划、勘察设计、材料供应、设备采购、施工监理及工程验收等全部任务，都委托给工程项目管理专业公司去做。工程项目管理专业公司派出项目经理，再进行招标或组织有关专业公司共同完成整个建设项目。

（3）三角管理方式

这是常用的一种建设管理方式，是把业主、承包商和工程师三者相互制约、互相依赖的关系形象地用三角形关系来表述。其中，由建设单位分别与承包单位和咨询公司签订合同，由咨询公司代表建设单位对承包单位进行管理。

（4）BOT 方式

BOT 方式是 Build-Operate-Transfer 的缩写，可直称"建设—经营—转让方式"，或称为投资方式，有时也被称为"公共工程特许权"。BOT 方式是 20 世纪 80 年代中期由已故土耳其总理奥扎尔提出的，其初衷是通过公共工程项目私有化解决政府资金不足问题，取得了成功之后，随之形成以投资方式特殊为特征的 BOT 方式。通常所说的 BOT 至少包括以下三种方式：

①标准 BOT，即建设—经营—转让方式。私人财团或国外财团愿意自己融资，建设某项基础设施，并在东道国政府授予的特许经营期内经营该公共设施，以经营收入抵偿建设投资，并取得一定收益，经营期满后将该设施转让给东道国政府。

② BOOT，即建设—拥有—经营—转让方式。BOT 与 BOOT 的区别在于：BOOT 在特许期内既拥有经营权也拥有所有权，此外，BOOT 的特许期比 BOT 长一些。

③ BOO，即建设—拥有—经营方式。该方式特许承建商根据政府的特许权，建设并拥有某项公共基础设施，但不将该设施移交给东道国政府。以上三种方式可统称为

BOT 方式，也可称为广义的 BOT 方式。BOT 方式对政府、承包商、财团均有好处，近年来在发展中国家得到广泛应用，我国已在 1993 年决定采用，以引进外资用于能源、交通运输基础设施建设。BOT 方式说明，投资方式的改变，带动了项目管理方式的改变。BOT 方式是一种从开发管理到物业管理的全过程的项目管理。

三、施工项目管理组织形式

（一）组织形式

组织结构的类型，是指一个组织以什么样的结构方式去处理管理层次、管理跨度、部门设置和上下级关系。项目组织机构形式是管理层次、管理跨度、管理部门和管理职责的不同结合。项目组织的形式应根据工程项目的特点、工程项目承包模式、业主委托的任务以及单位自身情况而定。常用的组织形式一般有以下四种：工作队制、部门控制式、矩阵制、事业部制。

1. 我国推行的施工项目管理与国际惯例通称的项目管理一致：

（1）项目的责任人履行合同。

（2）实行两层优化的结合方式。

（3）项目进行独立的经济核算。但必须进行企业管理体制和配套改革。

2. 对施工项目组织形式的选择要求做到以下几个方面：

（1）适应施工项目的一次性特点，使项目的资源配置需求可以进行动态的优化组合，能够连续、均衡地施工。

（2）有利于施工项目管理依据企业的正确战略决策及决策的实施能力，适应环境，提高综合效益。

（3）有利于强化对内、对外的合同管理。

（4）组织形式要为项目经理的指挥和项目经理部的管理创造条件。

（5）根据项目规模、项目与企业本部距离及项目经理的管理能力确定组织形式，使层次简化、分权明确、指挥灵便。

（二）工作队制

1. 工作队制的特征

（1）项目组织成员与原部门脱离。

（2）职能人员由项目经理指挥，独立性大。

（3）原部门不能随意干预其工作或调回人员。

（4）项目管理组织与项目同寿命。

适用范围：大型项目、工期要求紧迫的项目，要求多工种、多部门密切配合的项目。

要求：项目经理素质高，指挥能力强。

2. 工作队制的优点

（1）有利于培养一专多能的人才并充分发挥其作用。

（2）各专业人员集中在现场办公，办事效率高，解决问题快。

（3）项目经理权力集中，决策及时，指挥灵便。

（4）项目与企业的结合部关系弱化，易于协调关系。

3. 工作队制的缺点

（1）配合不熟悉，难免配合不力。

（2）忙闲不均，可能影响积极性的发挥，同时人才浪费现象严重。

（三）部门控制式

部门控制式项目管理组织形式是按照职能原则建立的项目组织。

特征：不打乱企业现行的建制，由被委托的部门（施工队）领导。

适用范围：适用于小型的、专业性较强的不需涉及众多部门的施工项目。

1. 部门控制式项目管理组织形式的优点

（1）人才作用发挥较充分，人事关系容易协调。

（2）从接受任务到组织运转启动时间短。

（3）职责明确，职能专一，关系简单。

（4）项目经理无须专门培训便容易进入状态。

2.部门控制式项目管理组织形式的缺点

（1）不能适应大型项目管理需要。

（2）不利于精简机构。

（四）矩阵制

矩阵制组织是在传统的直线职能制的基础上加上横向领导系统，两者构成矩阵结构，项目经理对施工全过程负责，矩阵中每个职能人员都受双重领导。即"矩阵组织，动态管理，目标控制，节点考核"，但部门的控制力大于项目的控制力。部门负责人有权根据不同项目的需要和忙闲程度，在项目之间调配部门人员。一个专业人员可能同时为几个项目服务，特殊人才可充分发挥作用，大大提高人才效率。矩阵制是我国推行项目管理最理想、最典型的组织形式，它适用于大型复杂的项目或多个同时进行的项目。

1.矩阵制项目管理组织形式的特征

（1）专业职能部门是永久性的，项目组织是临时性的。

（2）双重领导，一个专业人员可能同时为几个项目服务，提高人才效率，精简人员，组织弹性大。

（3）项目经理有权控制、使用职能人员。

（4）没有人员包袱。

2.矩阵制项目管理组织形式的优缺点

（1）优点：一个专业人员可能同时为几个项目服务，特殊人才可充分发挥作用，大大提高人才效率。

（2）缺点：配合生疏，结合松散；难以优化工作顺序。

3.矩阵制项目管理组织形式的适用范围

一个企业同时承担多个需要进行项目管理工程的企业。适用于大型、复杂的施工项目。

（五）事业部制

事业部制是直线职能制高度发展的产物，最早为一战后的一家美国汽车工厂和二战后的日本松下电器公司所采用。目前，在欧、美、日等国广泛采用，事业部制可分为按产品划分的事业部制和按地区划分的事业部制。

1.事业部制项目管理组织形式的特征

（1）各事业部具有自己特有的产品或市场。根据企业的经营方针和基本决策进行管理，对企业承担经济责任，而对其他部门是独立的。

（2）各事业部有一切必要的权限，是独立的分权组织，实行独立核算。主要思想是集中决策，分散经营，所以事业部制又称为"分权的联邦制"。

2.事业部制项目管理组织形式的优缺点

（1）优点：当企业向大型化、智能化发展并实行作业层和经营管理层分离时，事业部制组织可以提高项目应变能力，积极调动各方积极性。

（2）缺点：事业部组织相对来说比较分散，协调难度较大，应通过制度加以约束。

3. 事业部制项目管理组织形式的适用范围

企业承揽工程类型多或工程任务所在地区分散或经营范围多样化时，有利于提高管理效率。需要注意的是，一个地区只有一个项目，没有后续工程时，不宜设立事业部。事业部与地区市场同寿命，地区没有项目时，该事业部应当撤销。

第三节　建设工程项目综合管理

一、文件管理的主要工作内容

1. 项目经理部文件管理工作的责任部门为办公室。

2. 文件包括：本项目管理文件和资料；相关各级、各部门发放的文件；项目经理部内部制定的各项规章制度；发至各作业队的管理文件、工程会议纪要等。

3. 填制文件收发登记、借阅登记等台账，对文件的签收、发放、交办等程序进行控制，及时做好文件与资料的归档管理。

4. 对收到的外来文件按规定进行签收登记后，及时送领导批示并负责送交有关人员、部门办理。

5. 文件如需转发、复印和上报各类资料、文件，必须经领导同意；同时做好文件复印、发放记录并存档，由责任部门确定发放范围。

6. 文件需外借时，应经项目经理书面批准后填写文件借阅登记，方可借阅，并在规定期限内归还。

7. 对涉及经济、技术等方面的机密文件、资料要严格按照建设公司有关保密规定执行。

二、印鉴管理的主要工作内容

1. 项目经理部行政章管理工作责任部门为办公室，财务章管理责任部门为计财部。

2. 项目经理部印章的刻制、使用及收管必须严格按照建设公司的规定执行，由项目经理负责领取和交回。

3. 必须指定原则性强、认真负责的同志专人管理。

4. 严格用印审批程序，用印时必须先填制《项目经理部用印审批单》，报项目经理批准后方可用印。

5. 作业队对外进行联系如使用项目经理部的介绍信、证明等，须持有作业队介绍信并留底，注明事宜，经项目经理批准后，方可使用项目经理部印章。

6.须对用印进行登记，建立用印登记台账，台账应包括用印事由、时间、批准人、经办人等内容。

7.项目经理部解体时，项目经理应同时将项目经理部印章交建设公司办公室封存。

三、档案资料管理的主要工作内容

1.项目经理部档案资料管理工作的责任部门为办公室。

2.工程档案资料收集管理的内容

（1）工程竣工图。

（2）随机技术资料：设备的出厂合格证、装箱单、开箱记录、说明书、设备图纸等。

（3）监理及业主（总包方）资料：监理实施细则；监理所发文件、指令、信函、通知、会议纪要；工程计量单和工程款支付证书；监理月报；索赔文件资料；竣工结算审核意见书；项目施工阶段各类专题报告；业主（总包方）发出的相关文件资料。

（4）工程建设过程中形成的全部技术文字资料

①一类文字资料：图纸会审纪要；业务联系单及除代替图、新增图以外的附图；变更通知单及除代替图、新增图以外的附图；材料代用单；设备处理委托单；其他形式的变更资料。

②二类文字材料：交工验收资料清单；交工验收证书、实物交接清单、随机技术资料清单；施工委托书及其补充材料；工程合同（协议书）；技术交底，经审定的施工组织设计或施工方案；开工报告、竣工报告、工程质量评定证书；工程地质资料；水文及气象资料；土、岩试验及基础处理、回填压实、验收、打桩、场地平整等记录；施工、安装记录及施工大事记、质量检查评定资料和质量事故处理方案、报告；各种建筑材料及构件等合格证、配合比、质量鉴定及试验报告；各种功能测试、校核试验的试验记录；工程的预、决算资料。

③三类文字材料：地形及施工控制测量记录；构筑物测量记录；各种工程的测量记录。

3.项目经理部移交到建设公司档案科的竣工资料内容：中标通知、工程承包合同、开工报告、施工组织设计、施工技术总结、交工竣工验收资料、质量评定等级证书、项目安全评价资料、项目预决算资料、审计报告、工程回访、用户意见。

4.项目经理部向建设公司档案科移交竣工资料的时间为工程项目结束后，项目绩效考核前。

5.项目经理部按照建设公司档案科的要求内容装订成册后交一套完整的资料。

6.项目经理部的会计凭证、账簿、报表专项交建设公司档案科保存。

7.项目经理部应随时做好资料的收集和归档工作，专人负责，建立登记台账，如需转发、借阅、复印时，应经项目经理同意后方可办理，并做好记录。

四、人事管理的主要工作内容

1. 项目经理部人事管理工作责任部门为办公室。

2. 项目经理部原则上职能部门设立"三部一室"，即计财部、工程部、物资部、办公室。组织机构设立与各部门人员的情况应上报项目管理处备案。

3. 项目经理部成立后，项目经理根据项目施工管理需要严格按照以下要求定编人员，提出项目经理部管理人员配备意见，填写《项目经理部机构设置和项目管理人员配备申请表》，根据配备表中的人员名单填写《项目经理部调入工作人员资格审定表》，并上报建设公司人力资源部，经审批后按照建设公司有关规定办理相关手续。按工程项目类别确定项目经理部人员编制，根据工程实际需要实行人员动态管理：

A 类项目经理部定员 25 人以下（含 25 人，下同）；

B 类项目经理部定员 15 人以下；

C 类项目经理部定员 12 人以下；

D 类项目经理部定员 10 人以下；

E 类项目经理部定员 10 人以下；

F 类项目经理部定员 10 人以下。

4. 项目经理部的各类管理人员均实行岗位聘用制，除项目副经理、总工程师、财务负责人由公司聘任之外，其他人员均由项目经理聘用。聘期原则上以工程项目的工期为限，项目结束后解聘。

5. 由项目经理聘用的管理人员，根据工作需要，项目经理有权解聘或退回不能胜任本岗位工作的管理人员。如出现部门负责人或重要岗位上人员变动，应及时将情况向项目管理处上报。

6. 工程中期与工程结束时（或 1 年），由项目经理牵头、项目经理部办公室组织各作业队以及相关人员对项目经理部工作人员的德、能、勤、绩进行考评，根据考评结果填写《项目经理部工作人员能力鉴定表》，并上报建设公司人力资源部和项目管理处备案。

7. 项目经理部管理岗位外聘人员管理

（1）项目经理部根据需要和被聘人条件，填写《项目经理部管理岗位外聘人员聘用审批表》，上报建设公司人力资源部审核批准后，由项目经理部为其办理聘用手续，并签订《目经理部管理岗位外聘人员聘用协议》。

（2）外聘人员聘用协议书应包括下列内容：聘用的岗位、责任及工作内容；聘用的期限；聘用期间的待遇；双方认为需要规定的其他事项。

五、办公用品管理

1. 项目经理部办公用品管理工作的责任部门为办公室。

2.项目经理部购进纳入固定资产管理的办公用品（如计算机、复印机、摄像机、照相机、手机等）时，必须先向建设公司书面请示，经领导签字同意后方可购买。

3.建立物品使用台账，对办公用品进行专人使用，专人管理，确保办公用品的使用年限，编制《项目经理部办公用品清单表》，对办公用品进行使用登记，对损坏、丢失办公用品的须按比例或全价赔偿。

4.项目经理部购置办公桌椅等设施时，应严格控制采购价格和标准，禁止购买超标准或非办公用品、器械。

5.项目经理部解体时应将所购办公用品进行清理、鉴定，填写《项目经理部资产实物交接清单表》，向建设公司有关部门办理交接。

六、施工现场水电管理的主要工作内容

1.项目经理部应有专人负责施工用水、用电的线路布置、管理、维护。

2.各作业队用水、用电需搭接分管和二次线时，必须向项目经理部提出申请，经批准后方可接线，装表计量、损耗分摊、按月结算。

3.作业队的用电线路、配电设施要符合规范和质量要求。管线的架设和走向要服从现场施工总体规划的要求，防止随意性。

4.作业队和个人不得私接电炉，注意用电安全。

5.加强现场施工用水的管理，严禁长流水、长明灯，减少浪费。

七、职工社会保险管理的主要工作内容

1.项目经理部必须根据建设公司社会保障部的要求，按时足额上交由企业缴纳部分的职工社会保险费用，不得滞后或拖欠。

2.社会保险费用系指建设公司现行缴纳的养老保险金、失业保险金、医疗保险金、工伤保险金。

3.社会保险费用缴纳的具体办法按建设公司相关文件执行。

第四节　建设工程项目物资管理

一、建设工程项目物资管理的基本要求

物资供应管理即计划、采购、储存、供应、消耗定额管理、现场材料管理、余料处理和材料核销工作，项目经理部要建立健全材料供应管理体系。项目经理部物资部应做到采购有计划，努力降低采购成本，领用消耗有定额，保证物流、信息流畅通。项目经理部应

组织有关人员依据合同、施工图纸、详图等编制材料用量预算计划。工程中需用的主材（如钢材、水泥、电缆等）及其他需求量大的材料采购均应实行招标或邀请招标（即议标）采购，由项目经理任组长，材料、造价、财务、技术负责人组成材料采购竞价招标领导小组，物资部负责实施。主材、辅材的采购业务由物资部负责实施。采购过程中必须坚持比质、比价、比服务，公开、公平、公正原则。参与招标或邀标的供应商必须三家以上。业主（总包方）采购的工程设备进场组织协调由物资部负责。物资部应对业务工作各环节的基础资料进行统计分析，改进管理。严格按照《中华人民共和国招投标法》《经济合同法》《国有工业企业物资采购管理暂行规定》执行。

物资验收及保管的内容如下：

1.材料的验收。材料进场必须履行交接验收手续，材料员已到货资料为依据进行材料的验收。验收的内容与订购合同（协议）相一致，包括验品种、验规格、验质量、验数量的"四验"制度及提供合格证明文件等。

资料验证应与到货产品同步进行，验证资料应包括生产厂家的材质证明（包括厂名、品种、出厂日期、出厂编号、试验数据）和出厂合格证，无验证资料不得进行验收。要求复检的材料要有取样送检证明报告。新材料未经试验鉴定，不得用于工程中。直达现场的材料由项目经理部材料员牵头作业队材料员或保管员进行验收，并填好《物资验收入库单》。在材料验收中发现短缺、残次、损坏、变质及无合格证的材料，不得接收，同时要及时通知厂家或供应商妥善处理。散装地材的计量应以过磅为准，如没有过磅条件，由材料员组织保管员共同确定车型，测量容积，确定实物量。

2.材料的保管。材料验收入库后，应及时填写入库单（填写内容有名称、来源、规格、材质、计量单位、数量、单价、金额、运输车号等），由材料员、保管员共同签字确认。

3.建立和登记《材料收发存台账》，并做好标识，注明来源、规格型号、材质、数量，必须做到账与物相一致。

4.材料采购后交由作业队负责管理。作业队材料的管理应有利于材料的进出和存放，符合防火、防雨、防盗、防风、防变质的要求。易燃易爆的材料应专门存放、专人负责保管，并有严格的防火、防爆措施。

5.材料要做到日清、月结、定期盘点，盘点要有记录，盈亏有报告，做到账物相符并按月编制《（　）月材料供应情况统计表》。项目经理部材料账目调整必须按权限规定经过审批，不得擅自涂改。

6.物资盘库方法

（1）定期盘点：每年年末或工程竣工后，对库房和现场材料进行全面彻底盘点，做到有账有物，把数量、规格、质量、主要用途搞清楚。

（2）统一安排检查的项目和范围，防止重查和漏查。

（3）统一确定表格、用具、确定盘点截止日期、报表日期。

（4）安排盘点人员，检查出入库材料手续和日期。

二、材料使用及现场的管理

材料使用管理

为加强作业队材料使用的管理，达到降低消耗的目的，项目部供应的材料都要实行限额领料。

1. 限额领料依据的主要方法

（1）通用的材料定额。

（2）预算部门提供的材料预算。

（3）施工单位提供的施工任务书和工程量。

（4）技术部门提供技术措施及各种配料表。

2. 限额领料单的签发

（1）材料员根据施工部门编制的施工任务书和施工图纸，按单位工程或分部工程签发《限额领料单》。作业队分次领用时，做好分次领用记录并签字，但总量不得超过限额量。

（2）在材料领发过程中，双方办理领发料（出库）手续，填写《领料单》，注明用料单位、材料名称、规格、数量及领用日期，双方需签字认证。

（3）建立材料使用台账，记录使用和节约（超耗）状况。单项工程完工后如有材料节超，须由作业队、造价员、材料员共同分析原因，写出文字性说明并由项目经理部存档。

（4）如遇工程变更或调整作业队工作量，须调整限额领料单时，应由作业队以书面形式上报项目经理部，由项目经理部预算员填写补充限额领料单，材料员再根据补充限额领料单发料。限额领料单一式三份，要注明工程部位、领用作业队、材料名称、规格、材质、数量、单位、金额等，作业队与材料员各一份，一份留底。单项工程结束后，作业队应办理剩余材料退料手续。

3. 材料现场管理

项目经理部要在施工现场设立现场仓库和材料堆场，可指定作业队负责材料保管和值班保卫工作。要严格材料发料手续，现场材料的供应，要按工程用料计划、持有审批的领料单进行，无领料单或白条子不得发料。直发现场的材料物资也必须办理入库手续和领料手续，现场材料码放要整齐、安全并做好标识。材料员对质量记录的填写必须内容真实、完整、准确，便于识别、查询。

4. 材料核销与余料处理

材料消耗核算，必须以实际消耗为准，计财部在计算采购入库量和限额领用量之后，根据实物盘点库存量，进行实际消耗核销。工程结束后，项目经理部必须进行预算材料消耗量与实际材料耗用量对比分析，找出节约（超耗）原因，并对施工作业队材料使用情况进行书面说明。材料消耗量严格按照定额规定进行核销。项目经理部要加强现场管理，杜绝材料的损失、浪费。工程结束后，各作业队对现场的余料、废旧材边角料进行处理时应填报《物资处理审批表》，经项目经理认可签字后方可处理。不得将材料成品直接作价处理，材料员要经常组织有关人员把可二次利用的边角余料清理出来，不准作为废钢铁出售，力求达到物尽其用。材料供应完毕后，项目经理部必须填报《合格供方名单确认表》上报设备物资分公司、项目管理处。

三、业主（总包方）提供设备的管理

物资部设备员负责业主（总包方）提供设备的协调管理。参与合同评审、施工图会审，掌握设备供货情况，负责与业主（总包方）协商设备供应方面的工作，根据施工进度网络计划，编排或确认分包单位编制的设备进场计划。参加接受现场发出的设计修改通知单，及时向有关部门转交，并对其中的设备问题解决情况进行跟踪检查，督促落实。参加工程例会及有关专题会议，沟通信息，掌握工程进展情况、设备安装要求、设备进场时间、设备质量问题等，协同运输部门安排重大设备出、入库计划，协助对大型设备出库沿线道路及现场卸车、存放条件的查看落实。组织、监督、指导、协调分包单位对业主设备的验证工作，负责与业主（总包方）联系，商定在设备验证过程中发现的缺陷、缺件、不合格等问题的处理方案。监督并定期检查作业队设备到货验证后是否按有关规定进行标识、储存和防护，对设备的验证资料、移交清单等技术资料是否按要求整理、归档。划分作业队之间的设备分交、设备费用、出库费、缺陷处理费的收取、结算，工程设备的统计、汇总、归档。

第五节　建设工程项目管理规划的内容和编制方法

一、建设工程项目管理规划的概念

1. 建设工程项目管理规划是指导项目管理工作的纲领性文件，它从总体上和宏观上对如下几个方面进行分析和描述：

（1）为什么要进行项目管理（Why）；

（2）项目管理需要做什么工作（What）；

（3）怎样进行项目管理（How）；

（4）谁做项目管理的哪方面的工作（who）；

（5）什么时候做哪些项目管理工作（When）；

（6）项目的总投资（Cost）；

（7）项目的总进度（Time）。

2. 建设工程项目管理规划涉及项目整个实施阶段，它属于业主方项目管理的范畴。如果采用建设项目总承包的模式，业主方也可以委托建设项目总承包方编制建设工程项目管理规划，因为建设项目总承包的工作涉及项目整个实施阶段。

3.建设项目的其他参与单位，如设计单位、施工单位和供货单位等，为进行其项目管理也需要编制项目管理规划。但它只涉及项目实施的一个方面，并体现一个方面的利益，可称为设计方项目管理规划、施工方项目管理规划和供货方项目管理规划。

二、建设工程项目管理规划的内容

1.建设工程项目管理规划一般包括如下内容：项目概述；项目的目标分析和论证；项目管理的组织；项目采购和合同结构分析；投资控制的方法和手段；进度控制的方法和手段；质量控制的方法和手段；安全、健康与环境管理的策略；信息管理的方法和手段；技术路线和关键技术的分析；设计过程的管理；施工过程的管理；风险管理的策略等。

2.建设工程项目管理规划内容涉及的范围和深度，在理论上和工程实践中并没有统一的规定，应视项目的特点而定。

三、建设工程项目管理规划的编制方法

1.建设工程项目管理规划的编制应由项目经理负责，并邀请项目管理班子的主要人员参加。

2.由于项目实施过程中主客观条件的变化是绝对的，不变则是相对的；在项目进展过程中平衡是暂时的，不平衡则是永恒的。因此，建设工程项目管理规划必须随着情况的变化而进行动态调整。

第六节　建设工程项目目标的动态控制

一、项目目标控制的动态控制原理

1.由于项目实施过程中主客观条件的变化是绝对的，不变则是相对的；在项目进展过程中平衡是暂时的，不平衡则是永恒的。因此，在项目实施过程中必须随着情况的变化进行项目目标的动态控制。项目目标的动态控制是项目管理最基本的方法论。

2.项目目标动态控制的工作程序如下：

第一步，项目目标动态控制的准备工作：将项目的目标进行分解，以确定用于目标控制的计划值。

第二步，在项目实施过程中项目目标的动态控制：收集项目目标的实际值，如实际投资、实际进度等；定期（如每两周或每月）进行项目目标的计划值和实际值的比较；通过

项目目标的计划值和实际值的比较，如有偏差，则采取纠偏措施进行纠偏。

第三步，如有必要，则进行项目目标的调整，目标调整后再回到第一步。

3.在项目目标动态控制时要进行大量的数据处理。当项目的规模比较大，数据处理的量就相当可观，采用计算机辅助的手段有助于项目目标动态控制的数据处理。

4.项目目标动态控制的纠偏措施主要包括组织措施、管理措施、经济措施、技术措施等。

二、应用动态控制原理控制进度的方法

1.项目进度目标的分解

从项目开始到项目实施过程中，逐步地由宏观到微观、由粗到细编制深度不同的总进度纲要、总进度规划、总进度计划、各子系统和各子项目进度计划等。

通过总进度和总进度规划的编制，分析和论证项目进度目标实现的可能性，并对项目金福目标进行分解，确定里程碑事件的进度目标。里程碑事件的进度目标可作为进度控制的重要依据。

2.进度的计划值和实际值的比较

以里程碑事件的进度目标值或再细化的进度目标值作为进度的计划值。进度的实际值指的是相对于里程碑事件或再细化的分项工作的实际进度。进度的计划值和实际值的比较是定量的数据比较。

3.进度纠偏的措施

（1）组织措施，如：调整项目组织结构、任务分工、管理职能分工、工作流程组织和项目管理班子人员等。

（2）管理措施，如：分析由于管理的原因而影响进度的问题，并采取相应的措施；调整进度管理的方法和手段，改变施工管理和强化合同管理等。

（3）经济措施，如：及时解决工程款支付和落实加快工程进度所需的资金等。

（4）技术措施，如：改进施工方法和改变施工机具等。

三、应用动态控制原理控制投资的方法

1.项目投资目标的分解

通过编制投资规划、工程概算和预算，分析和论证项目投资目标实现的可能性，并对项目投资目标进行分解。

2.投资的计划值和实际值的比较

投资控制包括设计过程的投资控制和施工过程的投资控制，其中前者更为重视在设计过程中投资的计划值和实际值的比较，即工程概算与投资规划的比较，以及工程预算与概算的比较。

在施工过程中投资的计划值和实际值的比较包括：

（1）工程合同价与工程概算的比较。

（2）工程合同价与工程预算的比较。

（3）工程款支付与工程概算的比较。

（4）工程款支付与工程预算的比较。

（5）工程款支付与工程合同价的比较。

（6）工程决算与工程概算工程预算和工程合同价的比较。

由上可知，投资的计划值和实际值是相对的，如：相对于工程预算而言，工程概算是投资的计划值；相对于工程合同价，则工程概算和工程预算都可作为投资的计划值等。

3. 投资控制的纠偏措施

（1）组织措施，如：调整项目组织结构、任务分工、管理职能分工、工作流程组织和项目管理班子人员等。

（2）管理措施，如：采取限额设计的方法，调整投资控制的方法和手段，采用价值工程的方法等。

（3）经济措施，如：制定节约投资的奖励措施等

（4）技术措施，如：调整或修改设计，优化施工方法等。

第七节　施工组织设计的内容和编制方法

一、施工组织设计的性质与任务

1. 施工组织设计的性质

施工组织设计是规划和指导拟建工程从施工准备到竣工验收全过程的一个综合性的技术经济文件，它应根据建筑工程的设计和功能要求，既要符合建筑施工的客观规律，又要统筹规划，科学地组织施工，采用先进成熟的施工技术和工艺，以最短的工期，最少的劳力、物力，取得最佳的经济效果。

2. 施工组织设计的任务

（1）根据建设单位对建筑工程的工期要求、工程特点，选择经济合理的施工方案，确定合理的施工顺序。

（2）确定科学合理的施工进度，保证施工能连续、均衡地进行。

（3）制订合理的劳动力、材料、机械设备等的需要量计划。

（4）制订技术上先进、经济上合理的技术组织保证措施。

（5）制订文明施工安全生产的保证措施。

（6）制订环境保护、防止污染及噪音的保证措施。

二、施工组织设计的作用

1. 施工组织设计作为投标文件的内容和合同文件的一部分可用于指导工程投标与签订工程承包合同。

2. 施工组织设计是工程设计与施工之间的纽带，既要体现建筑工程的设计和使用要求，又要符合建筑施工的客观规律，衡量设计方案施工的可能性和经济合理性。

3. 科学地组织建筑施工活动，保证各分部分项工程的施工准备工作及时进行，建立合理的施工程序，有计划、有目的地开展各项施工过程。

4. 抓住影响工期进度的关键性施工过程，及时调整施工中的薄弱环节，实现工期、质量、成本、文明、安全等各项生产要素管理的目标及技术组织保证措施，提高建筑企业综合效益。

5. 协调各施工单位、各工种、各种资源、资金、时间等在施工流程、施工现场布置和施工工艺等方面的合理关系。

三、施工组织设计的分类

1. 根据编制对象划分

施工组织设计根据编制对象的不同可分为三类，即施工组织总设计、单位工程施工组织设计和分部分项工程施工组织设计。

（1）施工组织总设计

施工组织总设计是以一个建设项目或建筑群为编制对象，用以指导其建设全过程各项施工活动的技术、经济、组织、协调和控制的综合性文件。它是指导整个建设项目施工的战略性文件，内容全面概括，涉及范围广泛。一般是在初步设计或技术设计批准后，由总承包单位会同建设、设计和各分包单位共同编制的，是施工单位编制年度施工计划和单位工程施工组织设计、进行施工准备的依据。

（2）单位工程施工设计组织

单位工程施工组织设计是以一个单位工程为编制对象，用来指导其施工全过程各项活动的技术经济、组织、协调和控制的局部性、指导性文件。它是施工单位施工组织总设计和年度施工计划的具体化，是单位工程编制季度、月计划和分部分项工程施工设计的依据。

单位工程施工组织设计依据建筑工程规模、施工条件、技术复杂程度不同，在编制内容的广度和深度上一般可划分为两种类型：单位工程施工组织设计和简单的单位工程施工组织设计（或施工方案）

单位工程工组织设计：编制内容全面，一般用于重点的、规模大、技术复杂或采用新技术的建设项目。

简单的单位程施工组织设计（或施工方案）：编制内容较简单，通常只包括"一案一图一表"，即编制施工方案、施工现场平面布置图、施工进度表。

（3）分布分项工程施工组织设计

以技术复杂、施工难度大且规模较大的分部分项工程为编制对象，用来指导其施工过程各项活动的技术经济、组织、协调的具体化文件。一般由项目专业技术负责人编制，内容上包括施工方案、各施工工序的进度计划及质量保证措施，是直接指导专业工程现场施工和编制月、旬作业计划的依据。

对于一些大型工业厂房或公共建筑物，在编制单位工程施工组织设计之后，常需编制某主要分部分项工程施工组织设计。如土建中复杂的地基基础工程、钢结构或预制构件的吊装工程、高级装修工程等。

2. 根据阶段的不同划分

施工组织设计根据阶段的不同，可分为两类：一类是投标前编制的施工组织设计（简称标前设计）；另一类是签订工程承包合同后编制的施工组织设计（简称标后设计）。

（1）标前设计：在建筑工程投标前由经营管理层编制的用于指导工程投标与签订施工合同的规划性的控制性技术经济文件，以确保建筑工程中标、追求企业经济效益为目标。

（2）标后设计：在建筑工程签订施工合同后由项目技术负责人编制的用于指导施工全过程各项活动的技术经济、组织、协调和控制的指导性文件，以实现质量、工期、成本三大目标，追求企业经济效益最大化为目标。

四、施工组织设计的内容

1. 工程概况

主要包括建筑工程的工程性质、规模、地点、工程特点、工期、施工条件、自然环境、地质水文等情况。

2. 施工方案

主要包括各分部分项工程的施工顺序、主要的施工方法、新工艺新方法的运用、质量保证措施等内容。

3. 施工进度计划

主要包括各分部分项工程根据工期目标制订的横道图计划或网络图计划。在有限的资源和施工条件下，如何通过计划调整来实现工期最小化、利润最大化的目标，是制订各项资源需要量计划的依据。

4. 施工平面图

主要包括机械、材料、加工场、道路、临时设施、水源电源在施工现场的布置情况，是施工组织设计在空间上的安排。

5. 施工准备工作及各项资源需要量计划主要包括施工准备计划、劳动力、机械设备、主要材料、主要构件和半成品构件的需要量计划。

6. 主要技术经济指标

主要包括工期指标、质量指标、安全文明指标、降低成本指标、实物量消耗指标等。用以评价施工的组织管理及技术经济水平。

五、施工组织设计的编制方法与要求

1. 施工组织设计的编制方法

（1）熟悉施工图纸，进行现场踏勘，搜集有关资料。

（2）根据施工图纸计算工程量，进行工料分析。

（3）选择施工方案和施工方法、确定质量保证措施。

（4）编制施工进度计划。

（5）编制资源需要量计划。

（6）确定临时设施和临时管线，绘制施工现场平面图。

（7）技术经济指标的对比分析。

2. 施工组织设计的编制要求

（1）根据工期目标要求，统筹安排，抓住重点。重点工程项目和一般工程项目统筹兼顾，优先安排重点工程的人力、物力和财力，保证工程按时或提前交工。

（2）合理安排施工流程。施工流程的安排既要考虑空间顺序，又要考虑工种顺序。空间顺序解决施工流向问题，工种顺序解决时间上的搭接问题。在遵循施工客观规律的要求下，必须合理地安排施工和顺序，避免不必要的重复工作，加快施工速度，缩短工期。

（3）科学合理地安排施工方案，尽量采用国内外先进施工技术。编制施工方案时，结合工程特点和施工水平，使施工技术的先进性、实用性和经济性相结合。提高劳动生产率，保证施工质量；提高施工速度，降低工程成本。

（4）科学安排施工进度，尽量采用流水施工和网络计划或横道图计划。编制施工进度计划时，结合工程特点和施工技术水平，采用流水施工组织施工，采用网络计划或横道图计划安排进度计划，保证施工连续均衡地进行。

（5）合理布置施工现场平面图，节约施工用地。尽量利用原有建筑物作为临时设施，减少占用施工用地；合理安排运输道路和场地，减少二次搬运，提高施工现场的利用率。

（6）坚持质量和安全同时抓的原则。贯彻质量第一的方针，严格执行施工验收规范和质量检验评定标准；同时建立健全安全文明生产的管理制度，保证安全施工。

六、施工组织设计的贯彻、检查与调整

施工组织设计贯彻的实质，就是以动态的眼光实施施工组织设计，即在各种因素不断变化的施工过程中，不断检查、调整、完善施工组织设计，保证质量、进度、成本三大目

标的实现。施工组织设计检查与调整的内容：

1. 各施工过程的施工顺序和流水施工的组织方法是否正确。

2. 进度计划的计划工期是否满足合同工期的要求。

3. 劳动力的组织是否连续、均衡。

4. 主要材料、设备、机械的供应是否连续、均衡，是否满足施工的需要。

施工组织设计的调整可以通过压缩某些施工过程的持续时间或改变施工方法来实现。

第八节　建设工程风险管理

一、风险管理概述

（一）风险的定义与相关概念

1. 风险的定义

所谓风险，是指某一事件的发生所产生损失后果的不确定性。

（1）内涵

定义一：风险就是与出现损失有关的不确定性。定义二：风险就是在给定情况下和特定的时间内，可能出现结果之间的差异。由上述风险定义可知，风险具备两个条件：一是不确定性；二是产生损失后果，否则就不能称为风险。因此，肯定发生损失后果的事件不是风险，没有损失后果的不确定性事件也不是风险，必须与人们的行为相联系，否则就不是风险，而是危险。

（2）特征

①风险存在的客观性和普遍性。

②单一具体风险发生的偶然性和大量风险发生的必然性。

③风险的多样性和多层次性。

④风险的可变性。

2. 相关概念

（1）风险因素：产生或增加损失概率和损失程度的条件或因素。

（2）风险事件：造成损失的偶发事件，是损失的载体。

（3）损失：非故意、非计划、非预期的经济价值的减少。

（4）损失机会：指损失出现的概率。

①客观概率：是某事物在长时间发生的频率。

②主观概率：是人们对某事件发生的可能性的一种判断或估计（主观概率随意性大，受个人的经验、学识、专业乃至兴趣、好恶的影响）。

3.风险与损失概率之间的关系

损失概率是风险事件出现的频率或可能性，而风险则是风险事件出现后的损失大小。

4.风险因素、风险事件、损失与风险之间的关系

风险因素引起风险事件，风险事件导致风险损失，风险损失大于预期的损失部分就是风险。

（二）风险分类

风险可以根据不同角度进行分类，常见的风险分类方式有：

1.按风险的后果分类

（1）纯风险。只会造成损失而绝无收益的可能的风险。例如，自然灾害一旦发生将会导致重大损失，甚至人员伤亡；如果不发生，只是不造成损失而已，但不会带来额外的收益。此外，政治、社会方面的风险一般都表现为纯风险（出现的概率大，长期存在并有一定的规律性）。

（2）投机风险。可能带来损失，也可能带来收益的风险。例如，一项重大投资活动可能

因为决策错误或因遇到不测事件而使投资者蒙受灾难性的损失；但如果决策正确，经营有方或赶上大好机遇，则会给投资人带来巨大收益。投机风险具有巨大的诱惑力，如博彩（出现的概率小，规律性差）。

2.按风险产生的原因分类

按风险产生的原因分政治风险、社会风险、经济风险、自然风险、技术风险等。其中经济风险界定可能有一定差异，例如，有人把金融风险作为独立的异类风险来考虑。

3.按风险的影响范围分类

按风险影响范围的大小可将风险分为基本风险和特殊风险。

（1）基本风险。即作用于整个社会、大多数人群的风险，具有普遍性。例如：战争、自然灾害、通货膨胀等。其特点是影响的范围大，且后果严重。

（2）特殊风险。是指作用于某特定单体或人群（如企业、个人）的风险，不具有普遍性。例如：偷盗、房屋失火、交通事故等。其特点是影响范围小，对整个社会的影响小。

4.建设工程风险与风险管理

（1）建设工程风险的概念：所谓建设工程风险就是在建设工程中存在的不确定因素以及可能导致结果出现差异的可能性。

（2）建设工程风险的特点

对建设工程风险的认识主要是以下三点：

1.建设工程风险大。一般将建设工程风险因素分为政治、社会、经济、自然和技术等。明确这一点，就要从思想上重视建设工程风险的概率大、范围广，采取有力措施进行主动的预防和控制。

2.参与工程建设的各方均有风险，但是各方的风险不尽相同。例如，发生通货膨胀风险事件，在可以调价合同条件下，对业主来说是相当大的风险，而对承包方来说则风险较小；但如果是固定总价合同条件下，对业主就不是风险，对承包商来说就是相当大的风险。因此，要对各种风险进行有效的预测，分析各种风险发生的可能性。

3.建设工程风险在决策阶段主要表现为投机风险，而实施阶段则主要表现为纯风险。在一项建设工程任务中，投资的资金是极大的（包含土地的使用资金），建设工程参与的部门有设计、施工、监理、设备与材料供应部门，还有政府的管理部门。从四川的彩虹桥事件到韩国的三丰百货大楼倒塌等都反映了建筑工程风险的长久存在。

（三）风险管理过程

风险管理就是一个识别、确定和度量风险，并指定、选择和实施风险处理方案的过程。风险管理是一个系统的完整的过程，一般也是一个循环过程。风险管理过程包括风险识别、风险评价、风险决策、决策的实施、实施情况的检查五个方面的内容。

①风险识别。即通过一定的方式，系统而全面地分辨出影响目标实现的风险事件，并进行归类处理的过程，必要时还需对风险事件的后果作定性分析和估计。

②风险评价。风险评价是将建设工程风险事件发生的可能性和损失后果进行定量化的过程。风险评价的结果主要在于确定各种风险事件发生的概率及其对建设工程目标的严重影响程度，如投资增加的数额、工期延误的时间等。

③风险决策。是选择确定建设工程风险事件最佳对策组合的过程。通常有风险回避、损失控制、风险自留和风险转移四种措施。

④决策的实施。即制订计划并付诸实施的过程。例如，制订预防计划、灾难计划、应急计划等；又如，在决定购买工程保险时，要选择保险公司，确定恰当的保险范围、赔额、保险费等等。这些都是实施风险对策决策的重要内容。

⑤检查。即跟踪了解风险决策的执行情况，根据变化的情况及时调整对策并评价各项风险对策的执行效果。除此之外，还需要检查是否有被遗漏的工程风险或者发现了新的工程风险，也就是进行新一轮的风险识别，开始新的风险管理过程。

（四）风险管理的目标

风险管理是一项有目的的管理活动。只有目标明确，才能有计划地进行过程管理。否则，风险管理就会流于形式，没有实际意义，同时也不能评定其效果。

1.确定风险管理目标的基本要求

（1）一致性：即要符合管理主体的总目标。

（2）现实性：即确定的目标要考虑目标实现的可能性。

（3）明确性：即目标要明确，可执行、可检查、可评价。

（4）层次性：即从总体目标出发，要分清目标的主次，分清轻重缓急，提高风险管理的综合效果。

2.工程建设的风险管理目标

（1）实际投资不超过计划投资（投资风险）。

（2）实际工期不超过计划工期（进度风险）。

（3）实际质量满足设计预期的质量要求（质量风险）。

（4）工程安全可靠，工地平安，无安全事故（安全风险）。

（5）对社会、对生态具有积极的影响（可持续性风险）。

二、建设工程风险识别

（一）风险识别的特点和原则

1.风险识别的特点

风险识别有以下几个特点：

（1）个别性。任何风险都有与其他风险不同之处，没有两个风险是完全一致的。不同类型建设工程的风险多不相同，而同一建设工程如果建造地点不同，其风险也不同；即使是建造地点确定的建设工程，如果由不同的承包商建造，其风险也不同。因此，虽然不同建设工程风险有不少共同之处，但一定存在不同之处，在风险识别时尤其要注意这些不同之处，突出其风险识别的个别性。

（2）主观性。风险识别都是由人来完成的，由于个人的专业知识水平（包括风险管理方面的知识）、实践经验等方面的差异，同一风险由不同的人识别的结果就会有较大的差异。风险本身是客观存在的，但风险识别是主观行为。在风险识别时，要尽可能减少主观性对风险识别结果的影响。要做到这一点，关键在于提高风险识别的水平。

（3）复杂性。建设工程所涉及的风险因素和风险事件均很多，而且关系复杂、相互影响，使风险识别具有很强的复杂性。因此，建设工程风险识别对风险管理人员要求很高，并且需要准确、详细的依据，尤其是定量分析的资料和数据。

（4）不确定性。这一特点可以说是主观性和复杂性的结果。在实践中，可能因为风险识别的结果与实际不符而造成损失，这往往是由于风险识别结论错误导致风险对策决策错误而造成的。由风险的定义可知，风险识别本身也是风险。因而避免和减少风险识别的风险也是风险管理的内容。

（二）风险识别的原则

1.在风险识别过程中应遵循以下原则：

（1）由粗及细，由细及粗。由粗及细是指对风险因素进行全面分析，并通过多种途径对工程风险进行分解，逐渐细化，以获得对工程风险的广泛认识，从而得到工程初始风险清单；由细及粗是指从工程初始风险清单的众多风险中，根据同类建设工程的经验以及工程风险，作为主要风险，即作为风险评价以及风险对策决策的主要对象。

（2）严格界定风险内涵并考虑风险因素之间的相关性。对各种风险的内涵要严格加以界定，不要出现重复和交叉现象。另外，还要尽可能考虑各种风险因素之间的相关性，如主次关系、因果关系、互斥关系、负相关关系等。应当说，在风险识别阶段考虑风险因素之间的相关性有一定的难度，但至少要做到严格界定风险内涵。

（3）先怀疑，后排除。对于所遇到的问题都要考虑其是否存在不确定性，不要轻易否定、排除某些风险，要通过认真的分析进行确认或排除。

（4）排除与确认并重。对于肯定可以排除和肯定可以确认的风险应尽早予以排除和确认。对于一时既不能排除又不能确认的风险再做进一步的分析，予以排除或确认。最后，对于肯定不能排除但又不能肯定予以确认的风险按确认考虑。

（5）必要时，可做实验论证。对于某些按常规方式难以判定其是否存在，也难以确定其对建设工程目标影响程度的风险。尤其是技术方面的风险，必要时可做实验论证，如抗震实验、风洞实验等。这样做的结论可靠，但要以付出费用为代价。对于证据不足风险的分析，可以采用试验辅助的方法。

2. 风险识别过程

建设工程自身及其外部环境的复杂性，给人们全面、系统地识别工程风险带来了许多具体的困难，同时也要求明确建设工程风险识别的过程。

由于建设工程风险识别的方法与风险管理理论中提出的一般的风险识别方法有所不同，因而其风险识别的过程也有所不同。建设工程的风险识别往往是通过对经验数据的分析、风险调查、专家咨询以及实验论证等方式，在对建设工程风险进行多维分解的过程中，认识工程风险，建立工程风险清单。

风险识别的结果是建立建设工程风险清单。在建设工程风险识别过程中，核心工作是"建设工程风险分解"和"识别建设工程风险因素、风险事件及后果"。

（三）风险识别的方法

除了采用风险管理理论中风险识别的基本方法外，对建设工程风险的识别，还可以根据其自身特点，采用相应的方法。综合起来，建设工程风险识别的方法有：专家调查法、财务报表法、流程图法、初始清单法、经验数据法和风险调查法。以下简要介绍风险识别的一般方法。

1. 专家调查法

这种方法又有两种方式：一种是召集有关专家开会，让专家各抒己见，起到集思广益的作用；另一种是采用问卷式调查。采用专家调查法时，所提出的问题应具有指导性和代表性，并具有一定的深度，还应尽可能具体。专家所涉及的面应尽可能广泛些，有一定的代表性。对专家发表的意见要由风险管理人员加以归纳分类、整理分析，有时可能要排除个别专家的个别意见。

2. 财务报表法

财务报表有助于确定一个特定企业或特定的建设工程可能遭受哪些损失以及在何种情

况下遭受这些损失。通过分析资产负债表、现金流量表、营业报表及有关补充资料，可以识别企业当前的所有资产、责任及人身损失风险。将这些报表与财务预测、预算结合起来，可以发现企业或建设工程未来的风险。

采用财务报表法进行风险识别，要对财务报表中所列的各项会计科目做深入的分析研究，并提出分析研究报告，以确定可能产生的损失，还应通过一些实地调查以及其他信息资料来补充财务记录。由于工程财务报表与企业财务报表不尽相同，因而需要结合工程财务报表的特点来识别建设工程风险。

3. 流程图法

将一项特定的生产或经营活动按步骤或阶段顺序以若干个模块形式组成一个流程图系列，在每个模块中都标出各种潜在的风险因素事件，从而给决策者一个清晰的总体印象。一般来说，对流程图中各步骤或阶段的划分比较容易，关键在于找出各步骤或各阶段不同的风险因素或风险事件。建设工程实施的各个阶段是确定的，关键在于对各阶段风险因素或风险事件的识别。由于流程图的篇幅限制，采用这种方法所得到的风险识别结果较粗。

4. 初始清单法

如果对每一个建设工程风险的识别都从头做起，至少有三方面缺陷：一是耗费时间和精力，风险识别工作的效率低；二是由于风险识别的主观性，可能导致风险识别的随意性，其结果缺乏规范性；三是风险识别成果资料不便积累，对今后的风险识别工作缺乏指导作用。

因此，为了避免以上缺陷，有必要建立初始风险清单。

建立建设工程的初始风险清单常规途径是采用保险公司或风险管理学会（或协会）公布的潜在损失一览表，即任何企业或工程都可能发生的所有损失一览表。以此为基础，风险管理人员再结合本企业或某项工程所面临的潜在损失对一览表中的损失予以具体化，从而建立特定工程的风险一览表。

通过适当的风险分解方式来识别风险是建立建设工程初始风险清单的有效途径。对于大型、复杂的建设工程，首先，将其按单项工程、单位工程分解，再对各单项工程、单位工程分别从时间维、目标维和因素维进行分解，可以较容易地识别出建设工程主要的、常见的建设工程风险。

建设工程初始风险清单只是为了便于人们比较全面地认识风险的存在，分清各种风险的来源，便于风险管理，而不至于遗漏重要的工程风险。但这并不是风险识别的最终结论。

在初始风险清单建立后，还需要结合特定建设工程具体情况进一步识别风险，从而对初始风险清单做一些必要的补充和修正。为此，需要参照同类建设工程风险的经验数据或针对具体建设工程的特点进行风险调查，使风险识别的依据更加全面。

5. 经验数据法

经验数据法也称为统计资料法，即根据已建各类建设工程与风险有关的统计资料来识别拟建建设工程的风险。不同的风险管理主体都应有自己关于建设工程风险的经验数据或统计资料。在工程建设领域，可能有工程风险经验数据或统计资料的风险管理主体包括咨询公司（含设计单位）、承包商以及长期有工程项目的业主（如房地产开发商）。由于这些不同的风险管理主体角度不同、数据或资料来源不同，其各自的初始风险清单一般多少有些差异。但是，建设工程风险本身是客观事实，有客观的规律性，当经验数据或统计资料足够多时，这种差异性就会大大减小。风险识别只是对建设工程风险的初步认识，是一种定性分析，因此，这种基于经验数据或统计资料的初始风险清单可以满足对建设工程风险识别的需要。

6. 风险调查法

由风险识别的个别性可知，两个不同建设工程不可能有完全一致的工程风险。因此，在建设工程风险识别的过程中，花费人力、物力、财力进行风险调查是必不可少的，这既是一项非常重要的工作，也是建设工程风险识别的重要方法。

风险调查应当从分析具体建设工程的特点入手，一方面，对通过其他方法已识别出的风险（如初始风险清单所列出的风险）进行鉴别和确认；另一方面，通过风险调查有可能发现此前尚未识别出的重要的工程风险。

通常，风险调查可以从组织、技术、自然及环境、经济、合同等方面，分析拟建建设工程的特点以及相应的潜在风险。

风险调查并不是一次性的。由于风险管理是一个系统的、完整的循环过程，因而风险调查也应该在建设工程实施全过程中不断地进行，这样才能了解不断变化的条件对工程风险状态的影响。当然，随着工程实施的进展，不确定性因素越来越少，风险调查的内容亦将相应减少，风险调查的重点有可能不同。

建设工程风险的识别一般综合采用两种或多种风险识别方法。不论采用何种风险识别方法组合，都必须包含风险调查法。从某种意义上讲，前五种风险识别方法的主要作用在于建立初始风险清单，而风险调查法的作用则在于建立最终的风险清单。

三、建设工程风险评价

系统而全面地识别建设工程风险只是风险管理的第一步，对认识到的工程风险还要做进一步的分析，也就是风险评价。风险评价可以采用定性和定量两大类方法。定性风险评价方法有专家打分法、层次分析法等，其作用在于区分出不同风险的相对严重程度以及根据预先确定的可接受的风险水平（风险度）做出相应的决策。从广义上讲，定量风险评价方法也有许多种，如敏感性分析、盈亏平衡分析、决策树、随机网络等。但是，这些方法大多有较为确定的适用范围，如敏感性分析用于项目财务评价，随机网络用于进度计划。

1. 风险评价的作用

（1）更准确地认识风险

风险识别的作用仅仅在于找出建设工程可能面临的风险因素和风险事件，其对风险的认识还是相当肤浅的。通过定量方法进行风险评价，可以定量地确定建设工程各种风险因素和风险事件发生的概率大小或概率分布，及其发生后对建设工程目标影响的严重度或损失严重程度。其中，损失严重程度又可以从两个不同的方面来反映：一方面，是不同风险的相对严重程度，据此可以区分主要风险和次要风险；另一方面，是各种风险的绝对严重程度，据此可以了解各种风险所造成的损失后果。

（2）保证目标规划的合理性和计划的可行性

建设工程数据库中的数据都是历史数据，是包含了各种风险作用于建设工程实施全过程的实际结果。但是，建设工程数据库中通常没有具体反映工程风险的信息，充其量只有关于重大工程风险的简单说明。也就是说，建设工程数据库只能反映各种风险综合作用的后果，而不能反映各种风险各自作用的后果。由于建设工程风险的个别性，只有对特定建设工程的风险进行定量评价，才能正确反映各种风险对建设工程目标的不同影响，才能使目标规划的结果更合理、更可靠，使在此基础上制定的计划具有现实可行性。

（3）合理选择风险对策，形成最佳风险对策组合

如前所述，不同风险对策的适用对象各不相同。风险对策的适用性需从效果和代价两个方面考虑。风险对策的效果表现在降低风险发生概率和降低损失严重程度的幅度，有些风险对策（如损失控制）在这一点上较难准确量度。风险对策一般都要付出一定的代价，如采取损失控制时的措施费，投保工程险时的保险费等，这些代价一般都可准确量度。而定量风险评价的结果是各种风险的发生概率及其损失严重程度。因此，在选择风险对策时，应将不同风险对策的适用性与不同风险的后果结合起来考虑，对不同的风险选择最适宜的风险对策，从而形成最佳的风险对策组合。

2. 风险损失的衡量

风险损失的衡量就是定量确定风险损失值的大小。建设工程风险损失包括以下方面：

（1）投资风险

投资风险导致的损失可以直接用货币形式来表现，即法规、价格、汇率和利率等的变化或资金使用安排不当等风险事件引起的实际投资超出计划投资的数额。

（2）进度风险

进度风险导致的损失由以下部分组成：

①货币的时间价值。进度风险的发生可能会对现金流动造成影响，引起经济损失。

②为赶进度所需的额外费用。包括加班的人工费、机械使用费和管理费等一切因追赶进度所发生的非计划费用。

③延期投入使用的收入损失。这方面损失的计算相当复杂，不仅仅是延误期间内的收入损失，还可能由于产品投入市场过迟而失去商机，从而大大降低市场份额，因而这方面的损失有时是相当巨大的。

（3）质量风险

质量风险导致的损失包括事故引起的直接经济损失，修复和补救等措施发生的费用以及第三者责任损失等，可分为以下几个方面：

①建筑物、构筑物或其他结构倒塌所造成的直接经济损失。

②复位纠偏、加固补强等补救措施和返工的费用。

③造成的工期延误的损失。

④永久性缺陷对于建设工程使用造成的损失。

⑤第三者责任的损失。

（4）安全风险

安全风险导致的损失包括：

①受伤人员的医疗费用和补偿费。

②财产损失。包括材料、设备等财产的损毁或被盗。

③因引起工期延误带来的损失。

④为恢复建设工程正常实施所发生的费用。

⑤第三者责任损失。

在此，第三者责任损失为建设工程实施期间，因意外事故可能导致的第三者的人身伤亡和财产损失所作的经济赔偿以及必须承担的法律责任。由以上四方面风险的内容可知，投资增加可以直接用货币来衡量；进度的拖延则属于时间范畴，同时也会导致经济损失；而质量事故和安全事故既会产生经济影响又可能导致工期延误和第三者责任，显得更加复杂。而第三者责任除了法律责任之外，一般都是以经济赔偿的形式来实现的。因此，这四方面的风险最终都可以归纳为经济损失。

3. 风险概率的衡量

衡量建设工程风险概率有两种方法：相对比较法和概率分布法。一般而言，相对比较法主要是依据主观概率，而概率分布法的结果则接近于客观概率。

（1）相对比较法

采用四级评判，即：

①"几乎是0"：这种风险事件可认为不会发生。

②"很小的"：这种风险事件虽有可能发生，但现在没有发生并且将来发生的可能性也不大。

③"中等的"：即这种风险事件偶尔会发生，并且能预期将来有时会发生。

④"一定的"：即这种风险事件一直在有规律地发生，并且能够预期未来也是有规律地发生。在这种情况下，可以认为风险事件发生的概率较大。

在采用相对比较法时，建设工程风险导致的损失相应划分成重大损失、中等损失和轻度损失，从而在风险坐标上对建设工程风险定位，反映出风险量的大小。也可将风险损失分为三级：重大损失；中等损失；轻度损失。

相对比较法是一种以主观概率为主的衡量方法。

（2）概率分布法

这是一种基于历史数据和客观资料统计分析出的概率。利用统计数据，通过（损失值和风险概率）直方图描述和曲线啮合，得到该项目的风险概率曲线。有了概率曲线，就可以方便地知道某种潜在损失出现的概率。

概率分布法是一种以客观概率为主的衡量方法。常见的表现形式是建立概率分布表。

为此，需参考外界资料和本企业历史资料。外界资料主要是保险公司、行业协会、统计部门等的资料。但是，这些资料通常反映的是平均数字，且综合了众多企业或众多建设工程的损失经历，因而在许多方面不一定与本企业或本建设工程的情况相吻合，运用时需作客观分析。本企业的历史资料虽然更有针对性，更能反映建设工程风险的个别性，但往往数量不够多，有时还缺乏连续性，不能满足概率分析的基本要求。另外，即使本企业历史资料的数量、连续性均满足要求，但其反映的也只是本企业的平均水平，在运用时还应当充分考虑资料的背景和拟建建设工程的特点。由此可见，概率分布表中的数字是因工程而异的。

4. 风险评价

在风险衡量过程中，建设工程风险被量化为关于风险发生概率和损失严重性的函数。但在选择对策之前，还需要对建设工程风险量做出相对比较，以确定建设工程风险的相对严重性。

四、建设工程风险对策

1. 风险回避

就是在考虑到某项目的风险及其所致损失都很大时，主动放弃或终止该项目，以避免与该项目相联系的风险及其所致损失的一种处置风险的方式。风险回避是一种最彻底的风险处置技术，在某些情况下，风险回避是最佳对策。

在采用风险回避对策时需要注意以下问题：

（1）回避一种风险可能产生另一种新的风险。在建设工程实施过程中，绝对没有风险的情况几乎不存在。就技术风险而言，即使是相当成熟的技术也存在一定的风险。

（2）回避风险的同时也失去了从风险中获益的可能性。由投机风险的特征可知，它具有损失和获益的两重性。

（3）回避风险可能不实际或不可能。建设工程的每一个活动几乎都存在大小不一的风险，过多地回避风险就等于不采取行动，而这可能是最大的风险所在。风险回避是一种消极的风险处置方法，因为在回避风险的同时也放弃了实施项目可能带来的收益，如果处处回避，事事回避，其结果只能是停止发展，直至停止生存。

2. 风险控制

风险控制是一种主动、积极的风险对策。就是为了最大限度地降低风险事故发生的概率和减小损失幅度而采取的风险处置技术。制定风险控制措施必须以风险定量评价的结果为依据，才能确保风险控制措施具有针对性，取得预期的控制效果。要特别注意间接损失和隐蔽损失。同时，还必须考虑其付出的代价，包括费用和时间两方面的代价，而时间方面的代价往往还会引起费用方面的代价。风险控制措施的最终确定，需要综合考虑风险控制措施的效果及其相应的代价。

风险控制一般应由预防计划、灾难计划和应急计划三部分组成。

（1）预防计划

预防计划的目的在于有针对性地预防损失的发生，其主要作用是降低损失发生的概率，在许多情况下也能在一定程度上降低损失的严重性。

（2）灾难计划

灾难计划是一组事先编制好的、目的明确的工作程序和具体措施：为现场人员提供明确的行动指南，使其在各种严重的、恶性的紧急事件发生后不至于惊慌失措，也不需要临时讨论研究应对措施，可以做到从容不迫、及时、妥善地处理，从而减少人员伤亡以及财产和经济损失。

（3）应急计划（灾后恢复建设计划）

应急计划是在风险损失基本确定后的处理计划，其宗旨是使因严重风险事件而中断的工程实施过程尽快全面恢复，并减少进一步的损失，使其影响程度减至最小。应急计划不仅要制定所要采取的相应措施，而且要规定不同工作部门相应的职责。风险控制不仅能有效地减少项目由于风险事故所造成的损失，而且能使全社会的物质财富少受损失。因此，风险控制的方法是最积极、最有效的一种处置方式。

3. 风险自留

风险自留就是将风险留给自己承担，从企业内部财务的角度应对风险。风险自留与其他风险对策的根本区别在于它不改变建设工程风险的客观性质，即不改变工程风险的发生概率，也不改变工程风险潜在损失的严重性。

（1）风险自留的条件

计划性风险自留至少要符合以下条件之一才予以考虑：

①别无选择。有些风险既不能回避，又不能预防，且没有转移的可能性，这是一种无奈的选择。

②期望损失不严重。风险管理人员对期望损失的估计低于保险公司的估计，风险管理人员确信自己的估计正确。

③损失可准确预测。

④企业有短期内承受最大潜在损失的能力。

⑤投资机会很好（或机会成本很大）。如果市场投资前景很好，则保险费的机会成本就显得很大，不如采取风险自留，将保险费作为投资，以取得较多的投资回报。即使今后自留风险事件发生，也足以弥补其造成的损失。

（2）风险自留的类型

风险自留可分为计划性风险自留（主动）和非计划性风险（被动）自留两种类型。

①计划性风险自留。计划性风险自留是主动的、有意识的、有计划的选择，是风险管理人员在经过正确的风险识别和风险评价后做出的风险对策决策，是整个建设工程风险对策计划的一个组成部分。主要体现在风险自留水平和损失支付方式两个方面。所谓风险自留水平，是指选择哪些风险事件作为风险自留的对象。确定风险自留水平可以从风险量数值大小的角度考虑，一般应选择风险量小或较小的风险事件作为风险自留的对象。计划性风险自留还应从费用、期望损失、机会成本、服务质量和税收等方面与工程保险比较后才能得出结论。

②非计划性风险自留。由于风险管理人员没有意识到建设工程某些风险的存在，或者不曾有意识地采取有效措施，以致风险发生后只好由自己承担。这样的风险自留就是非计划性的和被动的。导致非计划性风险自留的主要原因是缺乏风险意识、风险识别失误、风险评价失误、风险决策延误、风险决策实施延误。

风险管理人员应当尽量减少风险识别和风险评价的失误，要及时做出风险对策决策，并及时实施决策，从而避免被迫承担重大和较大的工程风险。总之，非计划性风险自留不可能不用，风险管理者应该力求避免或少用。

（3）损失支付方式

①从现金净收入中支出。采用这种方式时，在财务上并不对风险作特别的安排，在损失发生后从现金净收入中支出，或将损失费用计入当期成本。

②建立非基金储备。

③自我保险。这种方式是设立一项专项基金（亦称为自我基金），专门用于自留风险所造成的损失。该基金的设立不是一次性的，而是每期支出，相当于定期支付保险费，因而称为自我保险。

④母公司保险。这种方式只适用于存在总公司与子公司关系的集团公司，往往是在难以投保或自保较为有利的情况下运用。

4.风险转移

风险转移是建设工程风险管理中非常重要的、广泛应用的一项对策，分为非保险转移和保险转移两种形式。对损失大、概率小的风险，可通过保险或合同条款将责任转移，将损失的一部分或全部转移到有相互经济利益关系的另一方。风险转移有两种方式：

（1）非保险转移

非保险转移又称为合同转移。非保险风险转移方式主要有担保合同、租赁合同、委托合同、分包合同、无责任约定、合资经营、实行股份制。建设工程风险最常见的非保险转移有以下三种情况：

①业主将合同责任和风险转移给对方当事人。在这种情况下，被转移者多数是承包商。例如，在合同条款中规定，业主对场地条件不承担责任；又如，采用固定总价合同将涨价风险转移给承包商。

②承包商进行合同转让或工程分包。承包商中标承接某工程后，可能由于资源安排出

现困难而将合同转让给其他承包商，以避免由于自己无力按合同规定时间建成工程而遭受违约罚款；或将该工程中专业技术要求很强而自己缺乏相应技术的工程内容分包给专业分包商，从而更好地保证施工进度和工程质量。

③第三方担保。合同当事人的一方要求另一方为其履约行为提供第三方担保，担保方所承担的风险仅限于合同责任，即由于委托方不履行或不适当履行合同以及违约所产生的责任。第三方担保的主要表现是业主要求承包商提供履约保证和预付款保证。从国际承包市场的发展来看，20世纪末出现了要求业主向承包商提供付款保证的新趋向，但尚未得到广泛应用。我国施工合同（示范文本）也有发包人和承包商互相提供履约担保的规定。

非保险转移的优点主要体现在：一是可以转移某些不能投保的潜在损失，如物价上涨、法规变化、设计变更等引起的投资增加；二是被转移者往往能较好地进行损失控制，如承包商相对于业主能更好地把握施工技术风险，专业分包商相对于总包商能更好地完成专业性强的工程内容。

（2）保险转移

保险转移通常称为工程保险，是一种建设工程风险的转嫁方式，即指通过购买保险的办法将风险转移给保险公司或保险机构。建设工程业主或承包商作为投保人将本应由自己承担的工程风险（包括第三方责任）转移给保险公司，从而使自己免受风险损失。免赔额的数额或比例要由投保人自己确定。工程保险并不能转移建设工程的所有风险，一方面，因为存在不可保风险（如不可抗力）；另一方面，则是因为有些风险不宜保险。通过转嫁方式处置风险，风险本身并没有减少，只是风险承担者发生了变化。因此，转移风险原则是让最有能力的承受者分担，否则就有可能给项目带来意外的损失。保险和担保是风险转移的最有效、也是最常用的方法，在建设工程风险管理中将积极推广。

第九节　建设工程监理的工作性质、任务和工作方法

一、建设工程监理的性质

1.建设工程监理的服务性

建设工程监理具有服务性，是由它所从事的业务活动的性质决定的。建设工程监理主要采用规划、控制、协调方法控制建设工程的投资、进度和质量，协助建设单位达到在计划的目标内将建设工程建成投入使用的目的。

工程监理企业既不直接进行设计和施工等建设活动，也不向建设单位承包造价，更不参与承包商的利益分成。在工程建设中，监理单位是利用自己的知识、技能和经验、信息以及必要的试验、检测手段，为建设单位提供高智能的技术及管理服务，以实现建设目标。

工程监理活动不能完全取代建设单位的管理活动，它不具有工程建设重大问题的决策权，只能在授权范围内代表建设单位进行管理。

建设工程监理的服务对象是建设单位。监理服务是按照委托监理合同的规定，代表建设单位进行的，受有关法律的约束和保护。

2. 建设工程监理的科学性

科学性是由建设工程监理要完成的任务和实现的目标决定的。建设工程监理的任务是协助建设单位实现其投资目的，力求按照计划实现建成工程、投入使用的目标。面对日趋庞大的建设工程规模和日益复杂的建设环境，在工程项目的功能、标准要求越来越高，新技术、新工艺、新材料、新设备不断涌现，参加建设工程监理的单位越来越多，市场竞争日益激烈，风险日渐增加的情况下，只有树立科学的理念，应用科学的理论、方法、手段和措施，才能驾驭工程建设，对工程实施有效的监理。

科学性主要表现在：工程监理单位要具有组织管理能力强、工程建设经验丰富的领导者；有足够数量的、有丰富管理经验和应变能力的监理工程师组成的骨干队伍；要有健全的、科学的管理制度；要掌握先进的管理理论和方法；要有现代化的管理手段；要积累足够的技术、经济资料和数据；要有科学的工作态度和严谨的工作作风，实事求是、创造性地开展工程监理工作。科学性也是监理企业赖以生存的基础。

3. 建设工程监理的独立性

《建筑法》明确指出，工程监理企业应当根据建设单位的委托，客观、公正地执行监理任务。《建设工程监理规范》要求监理单位应公正、独立、自主地开展监理工作，维护建设单位和承包单位的合法权益。

工程监理的独立性要求工程监理单位应当严格按照相关法律、法规、规章、工程建设文件、工程建设技术标准、建设工程委托监理合同、有关的建设工程合同等的规定实施监理；在委托监理的工程中，与工程监理单位、被监理工程的承包单位以及建筑材料、建筑构配件和设备供应单位不得有隶属关系或者其他利害关系；在开展工程监理的过程中，必须建立自己的监理组织机构，按照自己的工作计划、程序、流程、方法、手段，根据自己的判断，独立的开展工作。

4. 建设工程监理的公正性

公正性是全社会公认的道德行为准则，也是监理行业能够长期生存和发展的基本职业道德准则。在建设工程监理过程中，工程监理单位应当排除各种干扰，客观、公正地对待监理的委托单位和承建单位。特别是当双方发生利益冲突或者争议时，工程监理单位要以事实为依据，以法律和有关合同为准绳。在维护建设单位的合法权益时，不损害承建单位的合法权益。例如，在调解建设单位和承建单位之间的争议，处理工程索赔和工程延期，进行工程款支付控制以及竣工结算时，应当客观、公正地对待建设单位和承建单位，行使工程监理的职能。

二、建设工程监理的任务

我国工程监理的任务概括地说，就是接受建设单位的委托和授权，对其项目实施"三控制""三管理""一沟通一协调"。

"三控制"：投资控制、工程质量控制和建设工期控制。

"三管理"：合同管理、安全管理和风险管理。

"一沟通一协调"：信息沟通与组织协调。

《建筑法》规定：建设工程监理应当依照法律、行政法规及有关的技术标准、设计文件和建筑工程承包合同，对承包单位在施工质量、建设工期和建设资金使用等方面，代表建设单位实施监督。《建设工程质量管理条例》规定：工程监理单位应当依照法律、法规以及有关技术标准、设计文件和建设工程承包合同，代表建设单位对施工质量实施监理，并对施工质量承担监理责任。《建设工程安全生产管理条例》规定：工程监理单位应当审查施工组织设计中的安全技术措施或者专项施工方案是否符合工程建设强制性标准。工程监理单位和监理工程师应当按照法律、法规和工程建设强制性标准实施监理，并对建设工程安全生产承担监理责任。

建设工程是一个极其复杂的事物，涉及的因素很多，要达成建设目标和实现监理工作目标，就必须处理好各方面的关系，做好信息交流、沟通工作和组织协调工作。因此，信息沟通和组织协调是工程监理的一项重要任务。

具体来讲，建设工程目标控制的主要任务是：通过收集类似的建设工程资料，协助建设单位制定建设工程投资目标规划、建设工程总进度计划、建设工程质量目标规划；招投标控制工作；控制投资的使用和工程进度计划的实施，控制施工工艺、施工方法和施工要素，保证工程质量，最终完成建设工程项目。

三、建设工程监理的工作方法和措施

为了实现有效控制，必须从多方面采取适当方法和措施实施控制。实现有效控制的方法主要是由目标规划、动态控制、组织协调、信息管理、合同管理构成的有机的方法体系。

1. 目标规划法

目标规划是指围绕工程项目投资、进度和质量目标进行研究确定、分解综合、计划安排、制定措施等项工作的集合。目标规划是目标控制的基础和前提，只有做好目标规划工作才能有效地实施目标控制。工程项目目标规划过程是一个由粗而细的过程，它随着工程的进展，分阶段的，根据可能获得的工程信息对前一阶段的规划进行细化、补充和修正，它和目标控制之间是一种交替出现的循环链式关系。具体可采用目标分解法、滚动计划法等。

2. 动态控制

动态控制是在完成工程项目过程中，通过对过程、目标和活动的动态跟踪，全面、及时、准确地掌握工程信息，定期地将实际目标值与计划目标值进行对比，如果发现或预测实际目标偏离计划目标，就采取措施加以纠正，以保证计划总目标的实现。动态控制贯穿于整个监理过程，与工程项目的动态性相一致。工程在不同的阶段进行，控制就要在不同的阶段开展；工程在不同的空间展开，控制就要针对不同的空间来实施；计划伴随着工程的变化而调整，控制就要不断地适应计划的调整；随着工程的内部因素和外部环境的变化，要不断地改变控制措施。监理工程只有把握工程项目的动态性，才能做好目标的动态控制工作。

3. 组织协调

协调就是连接、联合、调和所有的活动及力量。组织协调就是把监理组织作为一个整体来研究和处理，对所有的活动及力量进行连接、联合、调和的工作。在工程建设监理过程中，要不断进行组织协调，它是实现项目目标不可缺少的方法和手段。主要包括人际关系的协调、组织关系的协调、供求关系的协调、配合关系的协调和约束关系的协调等内容。

4. 信息管理

信息管理是指监理人员对所需要的信息进行收集、整理、处理、存储、传递、应用等一系列工作的总和。信息是控制的基础。没有信息监理就不能实施目标控制。在开展监理工作时要不断地预测或发现问题，要不断地进行规划、决策、执行和检查，而做好每一项工作都离不开相应的信息。为了获得全面、准确、及时的工程信息，需要组成专门机构，确定专门的人员从事这项工作。

5. 合同管理

监理单位在监理过程中的合同管理主要是根据监理合同的要求对工程建设合同的签订、履行、变更和解除进行监督、检查，对合同双方的争议进行调解和处理，以保证合同的全面履行。合同管理对于监理单位完成监理任务是必不可少的。工程合同对参与建设项目的各方建设行为起到控制作用，同时又具体指导工程如何操作完成。合同管理起着控制整个项目实施的作用。

6. 风险管理

风险管理就是贯穿在设计、采购、施工及竣工验收等各个阶段、各个环节中的风险识别、风险评估、风险管理策略、风险处理和风险监控等一系列管理活动。风险贯穿于工程的全过程，监理单位在监理过程中必须利用风险管理手段，主动"攻击"风险，不断识别、评估、处理和监控工程项目中的各种风险，进行有效的风险管理，避免和减少风险，使风险损失降到最低点，从而完成工程建设项目。

采取的措施通常包括组织措施、技术措施、经济措施和合同措施四个方面。

（1）组织措施

所谓组织措施是指从目标控制的组织管理方面采取的措施。如落实目标控制的组织机构和人员，明确目标控制的任务和职能分工，制定目标控制责任制、目标控制的工作流程等。

组织措施是其他各项措施的前提和保障。

（2）技术措施

所谓技术措施是指通过技术手段解决实现目标控制过程中出现的目标偏差问题，如投资、工期、质量难以实现目标要求，从改进施工方案、施工方法、施工工艺、施工材料等方面采取措施，以保证三大目标的实现。技术措施不仅是解决建设工程实施过程中遇到的技术问题所不可缺少的，而且对于纠正目标偏差有决定性作用。采取的任何措施都需要技术手段的支持，采取不同的技术方案，产生的控制结果是不同的，甚至是相反的。

因此，运用技术措施纠偏的关键，一是要能提出多个不同的技术方案；二是要对不同的技术方案进行技术经济分析；三是要避免仅仅从技术角度选定技术方案，而忽视对其经济效果的分析论证。

（3）经济措施

所谓经济措施是指采用经济方法保证目标控制的实现，如奖励与惩罚手段等。经济措施是最容易为人们接受和采用的措施。经济措施的采用需要从全局性、总体性上加以考虑，可以取得事半功倍的效果。另外，经济措施还具有挖掘潜能的功能。它可以调动人的主观能动性，在工程建设中进行创新，节约工程投资，缩短工期，提高工程质量。

（4）合同措施

所谓合同措施是指在目标控制中，利用合同实施控制。在工程项目建设过程中，一切工作都是以合同为依据进行的。投资控制、进度控制和质量控制均要以合同为依据。合同措施包括拟订合同条款，参加合同谈判，处理合同执行过程中产生的问题，防止和处理索赔，协助业主确定对目标控制有利的建设工程组织管理模式和合同结构，分析不同合同之间的相互联系和影响，对每一个合同作总体和具体分析等。这些合同措施对目标控制具有全局性的影响，其作用很大。在采取合同措施时要特别注意合同中所规定的业主和监理单位的权利和义务。

第八章 建筑工程项目合同与采购管理

第一节 建筑工程项目合同概述

一、建设工程合同的概念

我国的《合同法》中规定了15种典型的合同，建设工程合同就是其中的一种。建设工程合同，又称工程项目合同，是指承包商进行工程建设，业主支付相应价款的合同。它实际上是一类特殊的加工承揽合同，只是因为建设工程一般具有投资大、回收期长、风险大等特点，在合同的履行和管理中有较大的特殊性，涉及的法律问题比一般的承揽合同要复杂得多，所以《合同法》将建设工程合同从加工承揽合同中分离出来，单独进行规定。

工程建设一般要经过勘察、设计、施工等过程，因此，建设工程合同通常包括工程勘察合同、设计合同、施工合同等。定义中的"承包商"是指在建设工程合同中负责工程项目的勘察、设计、施工任务的一方当事人；"业主"是指在建设工程合同中委托承包商进行工程项目的勘察、设计、施工任务的建设单位（业主或项目法人）。

二、建设工程合同的特点

建设工程合同作为一种特殊的合同形式，具有合同的一般特征，同时又有它独有的特征。

1. 建设工程合同的主体只能是法人

建设工程合同的主体一般只能是法人。"法人"是相对于"自然人"而言的，它是指具有独立民事权利能力和民事行为能力，能依法独立承担民事义务的组织。"业主"应是经过批准能够进行工程建设的法人，必须有国家批准的项目建设文件，并具有相应的组织协调能力。

承包商必须具备法人资格，同时具有从事相应工程勘察、设计、施工的资质条件。建设工程合同的标的是建设工程。它具有投资大、建设周期长、质量要求高、技术力量要求全面等特点，作为公民个人（自然人）是不能够独立完成的。同时，作为法人，也并不是每个法人都可以成为建设工程合同的主体，而是需经过批准加以限制的。因此，建设工程合同的主体不仅是法人，而且必须是具有某种资格的法人。

2. 建设工程合同的标的仅限于建设工程

建设工程合同的标的只能是建设工程而不能是其他物。这里所说的建设工程主要是指土木工程、建筑工程、线路管道和设备安装工程及装修工程等。建设工程对于国家、社会有特殊的意义，其工程建设对合同双方当事人都有特殊要求，这使得建设工程合同区别于一般的加工承揽合同。

3. 建设工程合同主体之间经济法律关系错综复杂

在一个建设工程中，涉及业主、勘察设计单位、施工单位、监理单位、材料设备供应商等多个单位。各单位之间的经济法律关系非常复杂，一旦出现工程法律责任，往往出现连带责任。所以，建设工程合同应当采用书面形式，并且为法定式合同，这是由建设合同履行的特点所决定的。

4. 合同履行周期长且具有连续性

由于建设项目实施的长期性，合同履行必须连续而循序渐进地进行，履约方式也表现出连续性和渐进性。这就要求项目合同管理人员，要随时按照合同的要求结合实际情况对工程质量、进度等予以检查，以确保合同的顺利实施。履约期长是由于工程项目规模大、内容复杂所致。在长时间内，如何按照合同约定，认真履行合同规定的义务，对项目合同实施全过程的管理，是应该注意的问题。

5. 合同的多变性与风险性

由于工程项目投资大，周期长，因而在建设中相应地受地区、环境、气候、地质、政治、经济及市场等各种因素变化的影响比较大；在项目实施过程中经常出现设计变更及进度计划的修改，以及对合同某些条款的变更。因此，在项目管理中，要有专人及时做好设计或施工变更洽谈记录，明确因变更而产生的经济责任，并妥善保存好相关资料，作为索赔、变更或终止合同的依据。由于上述原因，建设工程合同的风险相对一般合同来说要大得多，在合同的签订、变更以及履行的过程中，要慎重分析研究各种风险因素，做好风险管理工作。

三、建设工程合同的类型

1. 按建设工程合同的任务进行分类

按建设工程合同的任务的类型，可以将建设工程合同分为勘察设计合同、施工合同、监理合同、物资采购合同等类型。

（1）勘察设计合同

建设项目勘察设计合同，是指业主与勘察、设计单位为完成一定的勘察设计任务，明确双方权利义务关系的协议。

根据双方签订的勘察设计合同，合同承包商（勘察、设计单位）负责完成业主委托的勘察、设计任务，如工程的地理位置和地质状况的调查研究工作、工程初步设计和施工图设计等工作，并就勘察、设计的成果向业主负责。业主有义务接受符合合同。约定的勘察、设计成果，并付给承包商相应的报酬。如果勘查、设计的成果不符合合同约定，业主有权拒绝接受该成果，并拒绝支付报酬。

（2）施工合同

施工合同，是指建筑安装工程承包合同，它是建设项目的主要合同。施工合同具体是指具有一定资格的业主（业主或总承包单位）与承包商（施工单位或分包单位）为完成建筑安装工程的施工任务，明确双方权利义务关系的协议。

承包商完成建筑安装工程任务，并就其工作成果向业主负责。如果存在分包关系，对施工工作成果承包商与施工人对业主负连带责任。业主应接受其符合合同规定的工作成果并支付相应的报酬。

（3）监理合同

监理合同，是指业主（委托方）与监理咨询单位为完成某一工程项目的监理服务，规定并明确双方的权利、义务和责任关系的协议。建设工程委托监理合同是指委托人与监理人对工程建设参与者的行为进行监督、控制、督促、评价和管理而达成的协议。监理合同的主要内容包括：监理的范围和内容，双方的权利与义务，监理费的计取与支付，违约责任，双方约定的其他事项等。

（4）物资采购合同

建设项目物资采购合同，是指具有平等民事主体的法人及其他经济组织之间，为实现建设物资的买卖，通过平等协商，明确相互权利义务关系的协议。它实质上是一种买卖合同。

物资采购合同按照采购物资的类别，可分为材料采购合同、设备采购合同和成套设备采购合同。材料采购合同和设备采购合同主要是以工程所需的材料、设备的买卖为目的，可以按照一般买卖合同来对待。

成套设备的采购合同与前两类合同一样都是买卖合同，但是它具有特殊性。买方需要向设备成套公司提供设备的详尽技术资料、施工要求和设备清单；设备成套公司按照买方提供的成套设备清单进行供应，并收取一定的额外费用。在项目的建设过程中，设备成套公司要向项目派驻现场服务人员，负责现场成套设备的技术服务。必要时，要组织有关的设备生产企业到场进行技术服务，处理有关设备方面的问题。

另外，设备成套采购合同的买方必须是已经列入国家基本建设计划的建设单位，而设备成套采购合同的卖方一般是国家为工程建设服务而专门组织的设备成套公司。

2.按照承包的形式进行分类

（1）总承包合同

总承包合同是指业主与承包商就建设工程的勘察、设计、施工、设备采购等任务的一项或多项签订总承包合同。总承包商可以将其中的某些任务分包给其他单位，但是作为总承包商，应当对其承包的勘察、设计、施工任务或者采购设备的质量负总责。

（2）专业承包合同

专业承包合同是指专业承包商同建设单位或总承包商就某项专业任务签订的承包合同。

专业承包企业可以自行完成所承接的全部任务，也可以将其中的某些劳务作业分包给具有相应劳务分包资质的分包单位。

（3）分包合同

分包是指已经与业主签订建设工程合同的总承包商与第三人签订合同，将其承包的工程建设任务的一部分（主体工程除外）交给第三人完成。在这样一种法律结构中，总承包商与业主之间签订的建设工程合同称为总包合同；总承包商与第三人之间签订的建设工程合同称为分包合同。

3. 按照承包工程计价方式分类

按照承包工程计价方式，建设工程合同可以分为以下几种。

（1）总价合同

这种合同是业主以一个总价的形式将工程委托给承包商，承包商以总价投标报价，双方签订合同，并以总价结算。总价合同又可分为固定总价合同、可调总价合同和固定工程量总价合同等。固定总价合同即合同总价一次报死，不因环境因素变化而调整，承包商承担全部风险的合同；可调总价合同是承包商以总价投标，并以总价结算，但总价可以在执行过程中因物价、法律等环境因素的变化而调整的合同；固定工程量总价合同是投标人投标时按单价合同的办法分别填报分项工程单价，并计算出合同总价，据之签订合同，如果改变设计或增加新项目，则用合同中已经确定的单价来计算新的工程量和调整总价。

（2）单价合同

单价合同是实际工程价款按单价和实际工程量结算的合同形式。单价合同也有三种：估价工程量单价合同、纯单价合同以及单价与包干混合式合同。估价工程量单价合同是以工程量表和工程单价表来计算合同价格的，实际结算时以实际完成的工程量计算，按估计工程量计算出的总价只作投标报价之用；纯单价合同是业主不需给出工程量，承包商投标时只需对分部分项工程报价，工程量以实际完成的数量计算；单价与包干混合式合同是以单价合同为基础，对能计算工程量的项目采用单价形式，但对其中某些不易计算工程量的分项工程采用包干办法。

（3）成本加酬金合同

这种合同主要适用于工程内容及技术经济指标尚未全面确定，投标报价的依据尚不充分的情况下，业主因工期要求紧迫，必须发包的工程，或者业主与承包商具有高度的信任，承包商在某些方面具有独特的技术、特长和经验的工程。酬金部分通常采用固定百分比、固定金额、最高限额等形式确定。

四、建筑工程项目合同体系

前面从各个角度对建设工程合同进行了详细的分类。事实上，还可以从合同主体的角度来系统地了解一下建设工程合同体系。

从上面的分类论述可以看出，在一个工程项目中，存在着多种多样的复杂的合同关系，合同的数量少的几十份，多的上百份。这些合同都与这个特定的工程项目有关，形成了项目的合同体系。在这个体系中，业主的合同关系和承包商的合同关系是两大类主要的合同关系。业主方的主要合同通常包括监理（咨询）合同、勘察设计合同、施工合同、物资采购合同以及各种借款合同等。业主签订的这些合同通常称为主合同。

从承包商的角度看，承包商要完成与业主签订的主合同中规定的责任（包括工程量表中所确定的工程范围的施工、竣工及保修等），并为完成这些责任提供劳动力、施工设备、建筑材料、管理人员、临时设施等。承包商自己不可能具备，既能进行专业的工程施工，又能生产千百种材料以及机械设备的能力，只能通过买卖，从供应商那里购买所需的设备、材料。另外，由于专业施工力量或工期等方面的限制，承包商可能将部分工程委托给其他单位。所以，承包商除了与业主签订工程施工承包合同外，往往还会签订一些工程分包合同、设备和材料采购合同、运输合同、加工合同、租赁合同、劳务合同、借款合同等分包合同。

五、建筑工程项目合同管理的内容

建筑工程项目合同管理是指施工单位根据法律、法规和自身的职责，对其所参与的建设工程合同的谈判、签订和履行进行的全过程的组织、指导、协调和监督。其中最主要的是对与业主签订的施工合同的管理。本章第二节开始，将主要对施工合同的订立、实施、终止管理等进行讨论。承包商对施工合同的管理主要包括以下内容：

1. 施工合同的策划与签订管理

一般承包商对于施工合同的策划，主要是参照业主的合同策划，因为承包商必须按照招标文件的要求编制标书，不允许修改合同条件，甚至不允许使用保留条件。但承包商也有自己的合同策划问题。承包商的合同策划主要有投标决策、投标策略与技巧的选择、合同谈判策略的确定、招标文件及合同文本分析等。

在施工合同签订前，应对业主和建设项目进行了解和分析，包括建设项目是否列入国家投资计划、施工所需资金是否落实、施工条件是否已经具备等，以免遭到重大损失。承包商通过投标中标后，在施工合同正式签订前还需与业主进行谈判。当使用《建设工程施工合同文本》时，同样需要逐条与业主谈判，双方达成一致意见后，即可正式签订合同。

在合同签订之前，还应对合同进行评审，主要是对招标文件和合同条件进行审查、认定和评价。合同评审应包括下列内容：

（1）招标文件和合同的合法性审查。

（2）招标文件和合同条款的合法性和完备性审查。

（3）合同双方责任、权益和项目范围认定。

（4）与产品或过程有关要求的评审。

（5）合同风险评估。

承包商应仔细研究合同文件和业主提供的信息，确保合同要求得以实现。

2.施工合同的实施管理

（1）合同的实施计划

在合同实施过程中，为确保合同各项内容的顺利实现，承包商需建立一套完整的合同管理制度，并设专门的机构。对于工程量较小的项目组织也应设立专职人员，才能保证合同管理的正常开展。为确保合同的顺利实施，承包商应编制合同实施计划，合同实施计划中应包括合同实施总体安排，分包策划以及合同实施保证体系的建立的内容。合同实施保证体系应与其他管理体系协调一致，须建立合同文件沟通方式，编码系统和文档系统。承包商应对其同时承接的合同做总体协调安排。承包商所签订的各分包合同及自行完成工作责任的分配，应能涵盖主合同的总体责任，在价格、进度、组织等方面符合主合同的要求。

（2）合同的实施控制

承包商要定期对合同的执行情况进行检查，做好合同实施控制，发现合同实施中的问题，找出责任人，及时解决问题，督促有关部门和人员改进工作。合同的实施控制主要包括合同交底、合同的跟踪与诊断、合同变更管理和索赔管理等工作。

①合同交底。在合同实施前，合同谈判人员应进行合同交底。合同交底应包括合同的主要内容、合同实施的主要风险、合同签订过程中的特殊问题、合同实施计划和合同实施责任分配等内容。

②合同的跟踪与诊断。合同管理人员应全面收集并分析合同实施的信息，将合同实施情况与合同实施计划进行对比分析，找出其中的偏差。定期诊断合同履行的情况，诊断内容应包括合同执行差异的原因分析、责任分析以及实施趋向预测，应及时通报实施情况及存在的问题，提出有关意见和建议，并采取相应措施。

③合同的变更管理。合同的变更管理应包括变更协商、变更处理程序、制定并落实变更措施、修改与变更相关的资料以及结果检查等工作。

④合同的索赔管理。承包商为做好对业主、分包商、供应单位之间的索赔工作，应主动预测、寻找和发现索赔机会，积极收集索赔的证据和理由，调查分析干扰事件的影响，正确计算索赔值，及时提出索赔意向和索赔报告。承包商同样会面临业主、分包商、供应单位对己方提出的反索赔。对于反索赔，承包商应对收到的索赔报告进行详细的审查分析，收集反驳理由和证据，复核索赔值，起草并提出反索赔报告。同时，应通过提高合同管理水平，防止和减少反索赔事件的发生。

总之，在合同的履行过程中，要加强管理，妥善处理好各种合同变更、纠纷以及索赔等问题。

3. 施工合同的档案管理

在合同订立、实施过程中，承包商要做好各种合同文件的分类管理，包括有关的签证、记录、协议、补充合同、备忘录、函件、电报、电传等。工程结束后，应将全部合同文件加以系统整理，建档保管；并及时组织合同终止后的评价，总结合同签订和执行过程中的经验教训，提出总结报告。

第二节　建筑工程项目施工合同的订立

一、施工合同订立的原则

施工合同的订立应当遵循合同订立的一般原则。

1. 平等原则

合同当事人法律地位一律平等。一方不得将自己的意志强加给另一方，各方应在权利义务对等的基础上订立合同。

2. 自愿原则

自愿原则是贯彻施工合同活动整个过程的基本原则。在不违反强制性法律规范和社会公共利益的基础上，当事人依法享有自愿订立合同的权利，任何单位和个人不得非法干预。双方法人订立合同必须是自愿协商、一致同意的，不存在任何一方受到有形或无形压力和威胁、不存在欺诈行为，合同没有出现实质性错误才具备法律约束力。

3. 公平、风险均担原则

我国的《合同法》规定当事人应当遵循公平原则确定各方的权利和义务。任何当事人不得滥用权力，不得在合同中规定有失公平的内容，要根据公平原则确定风险的承担，确定违约责任的承担。合同的任何内容都不能以损害任何一方的正当利益作为成立的条件。订立合同时，不应规定使合同一方只享有权利不承担义务或权利义务严重失衡的不合理条款。在实践中，可以直接采用《建设工程施工合同（示范文本）》及分包合同文本等标准合同文本。

4. 诚实信用原则

我国《合同法》规定，当事人行使权力、履行义务应当遵循诚实信用原则。当事人应当诚实守信，善意地行使权力、履行义务，不得有欺诈等恶意行为。在法律、合同未作规定或规定不清的情况下，要依据诚实信用原则来解释法律和合同，来平衡当事人间的利益关系。

5. 守法原则

当事人订立、履行合同，应当遵守法律、行政法规，尊重社会公德，不得扰乱社会经济秩序，损害社会公共利益。施工合同所有条款的内容和规定的双方权利义务及合同签订的程序，都必须符合所有涉及的国家的法律、法令和社会公共利益。

二、施工合同订立的程序

与一般合同的订立过程一样，施工合同双方当事人也采取要约、承诺的方式达成一致意见，订立合同。当事人双方意思表示真实一致时，合同即可成立。

1. 要约

要约是指希望和他人订立合同的意思表示。要约必须是向特定的主体发出的，且合同的标的、价格、数量等实质性内容俱全，才能算是要约，否则不属于要约，只能算是一种要约邀请。在施工合同的订立中，业主发布的招标公告或招标邀请应该说是一种要约邀请而不是要约，承包商进行投标报价的行为则可看作是要约，是订立合同的行为。

2. 承诺

承诺是受要约人同意要约的意思表示。承诺应当由受要约的特定人或非特定人向要约人以通知的方式做出，通知的方式依要约要求可以是口头或书面形式。对于施工合同，由于涉及的标的物比较特殊且金额巨大，所以，承诺要以书面的形式做出。但是，有一种情况除外，根据交易习惯或者要约表明可以通过行为做出承诺的应认为承诺有效。这种承诺也叫作行为承诺，比如受要约人根据交易习惯做出实际履行行为等。

承诺的内容应当与要约人发出的要约内容一致。但在实践中，承诺有时并非简单地表现为对要约一字不差地接受，受要约人可能对要约的文字甚至内容做出某些修改，在施工合同中，尤其是这样。如果要求承诺必须与要约的内容绝对一致，可能会影响合同及时成立，不利于交易的进行，对受要约人也不够公平。为此，我国的《合同法》针对受要约人对要约内容的修改的性质做出了相应的规定，规定受要约人对要约的内容做出实质性变更的，不视为承诺，应视为新要约。对要约内容的实质性变更是指对有关合同标的、数量、质量、价款或报酬、履行期限、履行地点和方式，违约责任和解决争议方法等内容的变更。

3. 合同的成立

我国法律规定，"承诺生效时合同成立"，也就是说承诺生效的时间即为合同成立的时间。但是对采用合同书形式签订合同的，应以双方当事人签字或盖章时成立。如果双方当事人未同时在合同书上签字或盖章，则以当事人中最后一方签字或盖章的时间为合同的成立时间。施工合同属于要式合同，应采用书面形式，以在当事人签字盖章完毕后成立。

三、建筑工程项目投标管理

施工合同绝大多数都采用招标投标的方式订立。投标是建筑工程项目的承包商获取合同的重要途径。投标又称报价，指作为承包方的投标人根据招标人的招标条件，向招标人提交其依照招投标文件要求所编制的投标文件，即向招标人提出自己的报价，以期承包到该招标项目的行为。

（一）投标主体的资格

一般的招投标活动，对投标人的资格要求得并不是十分严格，投标人可以是法人，也可以是其他非法人组织；对于科研项目，投标人甚至可以是个人。但是对于建设项目的招投标活动来说，投标人必须是具有法人资格的组织，并且应具备相应的资质等级和投标条件。

（二）投标的程序：

投标是指从填写资格预审调查开始，到将正式投标文件送交业主，再到最后中标签订承包合同为止所进行的全部工作。投标通常按下面的程序进行。

1. 资格预审的准备

资格预审是承包商投标过程中的第一关，能否通过预审直接关系到投标的成败。通常承包商应注意做好以下几个方面的工作，以避免输在起点上。

（1）首先，要按业主的要求填写所有表格。

（2）突出自己的特长，如施工经验、施工技术、施工水平和施工组织管理能力等。

（3）对强制性指标的填写应特别慎重，必须满足其要求。

（4）注意平时的资料积累，做好资料储存工作，以便随时调用。

2. 投标前的准备工作

在正式投标前，承包商要做大量的准备工作，准备工作的充分与否，往往对能否中标以及中标后能否获得较大的利润起着很大的影响。承包商通常应从以下几个方面进行准备：

（1）投标环境的调查。投标环境是指招标工程项目所在国的政治、经济、法律、社会、自然条件等对投标和中标后履行合同有影响的各种宏观因素。

（2）政治文化方面，如国内政局、国际关系、法律规定、风俗习惯、宗教信仰等。

（3）经济方面，如市场景气、生产水平、劳动力成本、汇率、利率、价格水平等。

（4）法律方面，如与承包活动有关的经济法、建筑法、劳动法、经济合同法等相关法律政策。

（5）自然环境，如水文、地质、气候、自然灾害等。

（6）社会状况，如工程所在地的风俗习惯、宗教信仰、工会活动情况以及当地的治安状况等。

（7）市场情况，包括建筑材料、施工机械设备、燃料、动力、水和生活用品的供应情况，价格水平以及劳动力市场的状况。

有关投标环境的资料，可以通过多种途径取得。一般的工程项目投标可能不需要将上述各个方面面面俱到地调查一遍，大型的工程项目，尤其是异地投标或国际投标的项目就需要做好各方面的详细调查。

3.工程项目情况调查。招投标工程项目本身的具体情况如何，是决定投标报价的微观因素。在投标之前必须尽可能详细地了解，调查的内容主要包括：

（1）工程的性质，规模，发包范围。

（2）工程的技术规模和对材料性能及工人技术水平的要求。

（3）对总工期和分批竣工交付使用的要求。

（4）工程所在地的气象和水文资料。

（5）施工现场的地形、土质、地下水、交通运输、给排水、供电、通信条件等情况。

（6）工程项目的资金来源和业主的资信状况。

（7）工程价款的支付方式。

（8）业主、监理工程师的资历和工作作风等。

（9）其他，如竞争对手的状况、数量、竞争等。

这些情况主要通过研究招标文件、查看现场、参加招标交底会或向业主询问等方式来了解。

承包商通过上述调查获取信息后，应结合自身的状况，例如，施工力量、技术水平、管理水平、工程经验、在手工程数量、资金状况等决定是否参加投标。对于技术水平、管理水平、财务能力和竞争能力勉为其难或根本达不到的工程，应予以否决。

4.投标文件的编制和投送。工程投标的标书是衡量一个施工企业的资历、质量和技术水平、管理水平的综合文件，也是评标的主要依据。承包商做出投标决策之后，就应着手按照招标文件的要求编制标书，对招标文件提出的实质性要求和条件做出响应。标书一般应包括下列内容：

（1）投标书。

（2）投标书附录。

（3）投标保证金。

（4）法定代表人资格证明书。

（5）法定代表人授权委托书。

（6）具有标价的工程量清单与报价表。

（7）辅助资料表。

（8）资格审查表（资格预审的不采用）。

（9）对招标文件中的合同协议条款内容的确认和响应。

（10）项目管理规划。

（11）按招标文件要求提交的其他资料。

在编制投标文件时，应注意做好校核工程量、编制项目管理规划以及报价计算等工作。

除此之外，承包商还应向招标单位提供以下材料：

（1）企业营业执照和资质证书。

（2）企业简介。

（3）自有资金情况。

（4）全员职工人数，包括技术人员、技术工人数量及平均技术等级等；企业自有的主要施工机械设备一览表。

（5）近三年承建的主要工程及其质量情况。

（6）现有主要施工任务，包括在建和尚未开工工程一览表等。

投标单位应在招标文件要求提交投标文件的截止时间前，将投标文件送达投标地点。招标单位收到投标文件后，应当签收保存，不得开启。在招标文件要求提交投标文件的截止时间后送达的投标文件，招标人应当拒收。投标人在招标文件要求提交投标文件的截止时间前，可以补充、修改或者撤回已提交的投标文件，并书面通知招标人。补充、修改的内容作为投标文件的组成部分。

在编制及投送标书时应注意下列事项：

（1）要防止可能造成无效标书的工作漏洞，如标书未密封、未加盖单位和单位法定代表人的印章、送达日期已超过规定的开标时间、字迹涂改或辨认不清等。

（2）不得改变标书的格式，如原有格式不能表达投标意图时，可另附补充说明作为参考资料，但是补充说明材料不能代替投标意见书主要内容作为评标的依据。

（3）对工程量清单中所列工程量进行校核，发现确有错误时，不得任意修改，也不能按自己核实的工程量计算标价，应将核实情况另附说明或补充和更正在投标文件中另附的专用纸上。

（4）计算数字要正确无误，无论单价、合计、分部合计、总标价及其大写数字均应仔细核对。尤其是在单价合同承包方式中的单价更应正确无误，否则中标签订合同后，在整个施工期间均按错误合同单价结算，以致蒙受不应有的损失。

（5）投送标书应严格执行各项规定，不得行贿、营私舞弊，不得泄露自己的标价或串通其他投标者哄抬标价，不得隐瞒事实真相，不得有损害国家和他人利益的行为。否则将被取消投标或承包资格，以及受到经济和法律的制裁。

5.中标及承包合同的签订：

（1）中标后承包合同的签订。招标单位通过开标、评标、定标等一系列程序，最终确定中标单位，向中标人发出中标通知书。中标通知书发出之后，中标单位与招标单位应在规定期限内签订承包合同。我国《招标投标法》规定：中标通知书发出之日起30天内，双方应按照招标文件和中标人的投标文件签订正式书面合同，招标人和中标人不得再行订立背离合同实质性内容的其他协议。合同的主要内容必须与中标的标书内容一致，把工程造价、工期、质量、条件、违约责任等用合同条款确定下来。中标单位拒绝在规定时间内提交履约担保和签订合同，按规定取消其中标资格，并没收其投标保证金，业主可以考虑与另一参加投标的投标单位签订合同；建设单位如拒绝签订承包合同，除双倍返还投标保证金外还需赔偿有关损失。签订了承包合同，招标、投标工作即告圆满结束。

使用国有资金投资或者国家融资的项目，招标人应当确定排名第一的中标候选人为中标人。排名第一的中标候选人放弃中标，因不可抗力因素提出不能履行合同，或者招标文件规定应当提交履约保证金而在规定的期限内未能提交的，招标人可以确定排名第二的中标候选人为中标人，排名第二的中标候选人因前款规定的同样原因不能签订合同的，招标人可以确定排名第三的中标候选人为中标人。

（2）中标单位的法定义务。中标单位应当按照承包合同约定履行义务，完成中标项目。中标人不得向他人转让中标项目，也不得将中标项目肢解后分别向他人转让。中标人按照合同约定或者经招标人同意，可以将中标项目的部分非主体、非关键性工作分包给他人完成。

接受分包的人应当具备相应的资格条件，并不得再次分包。中标人应当就分包项目向招标人负责，接受分包的人就分包项目承担连带责任。

四、施工合同的谈判

合同谈判是指合同双方在合同签订前进行认真仔细的会谈、商讨、讨价还价，最终订立合同的过程。采用招标投标方式订立合同的，合同谈判主要将双方在招投标过程中达成的协议具体化或做某些非实质性的增补与删改。

（一）合同谈判的准备

合同谈判对承包商和业主来说都是十分重要的一环，谈判结果直接关系到合同条款的订立是否于己方有利。因此，在合同正式谈判开始前，承包商一定要深入细致地做好充分的思想准备、组织准备、资料准备等，为合同谈判最后的成功奠定基础。

1. 合同谈判前的思想准备

合同谈判是一项艰苦复杂的工作，在谈判前，承包商必须对以下几个问题做充分准备：

（1）确定谈判的目标。谈判时首先要确定己方的目标，同时也要摸清对方的谈判目标，从而有针对性地进行准备，并相应地采取一定的谈判方式和谈判策略。

（2）确立谈判的基本原则。在谈判前，首先应确定在谈判中哪些问题是必须坚持的，哪些可以做出一定让步，以及让步的程度。应以"公平合理、平等互利、符合国际惯例"去争取于己有利的合同条款。

（3）摸清对方的谈判意图。主要是摸清对方的诚意和动机，这对谈判成功与否同样很重要。

2. 合同谈判的组织准备

中标后，承包商必须尽快组织一个精明强干、经验丰富的谈判班子，进行具体的谈判准备和谈判工作。谈判班子的专业结构、基本素质和业务能力对谈判结果有着重要影响。一个合格的谈判小组应由技术人员、财务人员、法律人员等组成。挑选好主谈人、主谈人一定要思路清晰、熟悉谈判内容、有丰富的外事经验和谈判技巧，遇到意外情况时，能冷静分析，妥善处理。

3. 合同谈判中的资料准备

（1）准备并熟悉招标文件中的合同条件、技术要求等文件，报价书中报价、投标、致函、施工方案以及向业主提出的建议等资料。

（2）准备好业主索取的资料以及可能回答业主提问的资料论据。

（3）准备好足够宣传本公司实力（成绩、经验、工作能力和资信程度等）的各种资料，使业主确信承包商有完成工作的能力。

4. 谈判方案的准备

具体会谈开始前，仔细研究分析有关合同谈判的各种文件资料，拟定好谈判提纲，做出几个不同的谈判方案，以便在一个方案谈判不成的情况下，能及时提出有希望谈判成功的备用方案。谈判时可通过协商选择一个双方都能接受的最佳方案。

5. 会议具体事务的安排

主要包括两方面的内容：

（1）谈判时机和地点的选择。

（2）会谈议程的安排。选择一个恰当的谈判时间和地点，合理安排好谈判日程，适当地与对方进行交流，增进感情，对合同谈判的成功是十分有利的。

（二）合同谈判中应解决的主要问题

在合同谈判中，承包商需要与业主讨论的问题主要有以下几个方面（采用招标投标方式订立合同的，合同谈判不能对招标文件和中标人的投标文件已形成的内容作实质性的修改）。

1. 施工活动的主要内容

施工活动的主要内容即承包商应承担的工作范围。主要包括施工、材料和设备的供应、工程量确定、施工人员和质量要求等。

2. 合同价款

合同价款及支付方式等内容是合同谈判中的核心问题，也是双方争取的关键。价格是受工作内容、工期及其他各种义务制约的，对于支付条件及支付的附带条件等内容都需要进行认真谈判。

3. 工期

工期是承包商控制工程进度，安排施工方案，合理组织施工，控制施工成本的重要依据，也是业主对承包商进行拖期罚款的依据。因此，承包商在谈判过程中，要依据施工规划和确定的最优工期，考虑各种可能的风险影响因素，争取与业主商定一个较为合理、双方都满意的工期，以保证有足够的时间来完成合同，同时不致影响其他项目的进行。

4. 验收

验收是工程项目建设的一个重要环节。因而需要在合同中就验收的范围，时间、质量标准等做出明确的规定，以免在执行过程中，出现不必要的纠纷。在合同谈判的过程中，双方需要针对这些方面的细节性问题仔细商讨。

5. 保证

主要有各种付款保证、履约保证等内容。

6. 违约责任

由于在合同执行过程中各种不利事件的不可预见性，为防止当事人一方由于过错等原因不能履行或不完全履行合同时，过错一方有义务承担损失并承担向对方赔偿的责任，这就需要双方在商签合同时规定惩罚性条款。这一内容关系到合同能否顺利执行、损失能否得到有效补偿，因而也是合同谈判中双方关注的焦点之一。

五、分包合同的订立

承包商经业主同意或按照合同约定，可以将承包项目的部分非主体工程、非关键工作分包给具有相应资质条件的分包商完成，并与分包商签订分包合同。工程项目的分包是个比较复杂的问题，虽然分包合同的主体只涉及总承包商与分包商两方，但在合同的订立及履行过程中还会涉及业主、监理方等其他各方，各方之间存在着复杂的关系。尤其是当发生业主、总承包商和分包商中的任何一方无力偿付债务甚至破产时，受损方如何根据有关合同从尚有偿付能力的另一方那里得到合理补偿，在很大程度上就要取决于分包前相关工作的成功与否。分包是相对于承包商的总承包而言的，分包合同则是相对于施工总承包合同而言的。所以，当存在分包关系时，通常称承包商为总承包商。从合同订立的法律过程来讲，分包合同的订立与其他合同的订立基本一样，也要经过仔细的谈判、协商，经过要约、承诺等阶段，最后签订双方都满意的合同。总承包商与分包商之间是平等的民事主体关系。但是分包合同又有它的特殊性，在订立分包合同时，应当搞清楚双方的关系和权利义务，以及与其他各方的关系，尽量避免产生漏洞。

（一）分包的目的

分包在工程中使用较多，总承包商进行工程分包的目的主要有以下几种：

1. 技术上的需要

承包商不可能也不需要具备工程所需各种专业的施工能力，它可以通过分包这种形式得到弥补。

2. 经济上的目的

对于某些分项工程，将其分包给有能力且报价低的分包商，可以降低成本，获得一定的经济效益。

3.转嫁或减小风险

通过分包可将风险部分地转移给分包商。

4.业主的要求

即出于自身的需要，业主可以指定一些承包商将某些分项工程分包出去。

总承包商在具体进行分包时，可以根据不同的情况或目的，抓住重点，进行合同条款的设计和谈判。

（二）订立分包合同应注意的事项

在签订分包合同时，应注意以下几点：

1.必须经过业主的同意。

2.总承包商只能将自己承包的部分工作交由第三人完成，禁止将承包的全部工程转包给第三人。

3.禁止总承包商将全部建设工程肢解以后以分包的名义转包给第三人。

4.主体工程不得分包，必须总承包商自行完成。

5.禁止分包商将分包工程进行转让或再次分包。

6.第三人必须是具备相应的资质条件，禁止总承包商将工程分包给不具备相应资质条件的单位。

7.分包商仅从总承包商处接受指示，并应执行其指示，但分包与总承包商对分包的工程承担连带责任。

8.在分包合同中应详细规定双方的进度配合、现场配合、竣工时间延长、工程变更及与监理工程师的关系。

9.分包合同的条款通常要与总包合同中的相关条款一致，并要保证能够通过总承包商行使其总承包合同中的管理功能，总承包商应提供总包合同供分包商查阅。

第三节　建筑工程项目施工合同的实施

一、施工合同内容的实施

施工合同各项内容的实施主要体现在双方各自权利的实现及对各自义务的完全履行。

（一）合同双方的主要工作

1.业主的主要工作

业主通常应完成下列工作：

（1）办理土地征用、拆迁补偿、平整施工场地等工作，使施工场地具备施工条件，在开工后继续负责解决以上事项遗留问题。

（2）将施工所需水、电、电信线路从施工场地外部接至专用条款约定地点，保证施工期间的需要。

（3）开通施工场地与城乡公共道路的通道，以及专用条款约定的施工场地内的主要道路，满足施工运输的需要，保证施工期间道路的畅通。

（4）向承包商提供施工场地的工程地质和地下管线资料，对资料的真实准确性负责。

（5）办理施工许可证及其他施工所需证件、批件和临时用地、停水、停电、中断道路交通、爆破作业等的申请批准手续（证明承包商自身资质的证件除外）。

（6）确定水准点与坐标控制点，以书面形式交给承包商，进行现场交验。

（7）组织承包商和设计单位进行图纸会审和设计交底。

（8）协调处理施工场地周围地下管线和邻近建筑物、构筑物（包括文物保护建筑）、古树名木的保护工作、承担有关费用。

（9）业主应做的其他工作，双方在专用条款内约定。

业主可以将上述部分工作委托承包商办理。

2. 承包商的主要工作

承包商通常应完成下列工作：

（1）根据业主委托，在其设计资质等级和业务允许的范围内，完成施工图设计或与工程配套的设计，经工程师确认后使用，业主承担由此发生的费用。

（2）向工程师提供年、季、月度工程进度计划及相应进度统计报表。

（3）根据工程需要，提供和维修非夜间施工使用的照明、围栏设施，并负责安全保卫。

（4）按专用条款约定的数量和要求，向业主提供施工场地办公和生活的房屋及设施，业主承担由此发生的费用。

（5）遵守政府有关主管部门对施工场地交通、施工噪声以及环境保护和安全生产等的管理规定，按规定办理有关手续；并以书面形式通知业主，业主承担由此发生的费用，因承包商责任造成的罚款除外。

（6）已竣工工程未交付业主之前，承包商按专用条款约定负责已完工程的保护工作，保护期间发生损坏，承包商自费予以修复；业主要求承包商采取特殊措施保护的工程部位和相应追加的合同价款，双方在专用条款内约定。

（7）按专用条款约定做好施工场地地下管线和邻近建筑物、构筑物（包括文物保护建筑）、古树名木的保护工作。

（8）保证施工场地清洁符合环境卫生管理的有关规定，交工前清理现场达到专用条款约定的要求，承担因自身原因违反有关规定造成的损失和罚款。

（9）承包商应做的其他工作，双方在专用条款内约定。

（二）施工合同履行的规则

根据《合同法》的规定，履行施工合同应遵循以下十项共性规则：

1. 履行施工合同应遵循的原则

（1）全面履行原则，即实际履行和适当履行。"实际履行"是指当事人应严格按照合同规定的标的完成合同义务；"适当履行"是指当事人必须按合同条款内容履行。

（2）诚实信用原则，即合同当事人应以诚实、善意的态度履行合同义务，行使合同权利，维护双方利益的对等、自身利益和社会利益的平衡，不得损害第三人利益和社会利益。

（3）协作履行原则，即双方当事人团结协作，相互帮助，共同完成合同的标的，履行各自应尽的义务。

（4）遵守纪律、行政法规和社会公德，不得扰乱社会经济秩序和社会公共利益。

2. 对约定不明条款履行的规则

（1）协议补充。

（2）规则补充（解释补充），指以合同的客观内容为基础，依据诚实信用的原则，并斟酌交易习惯，对合同的漏洞做出符合合同目的的填补。规则补充方法可按合同条款确定，也可根据交易习惯确定。

（3）法定补充，即根据法律的直接规定（《合同法》第六十二条）以合同的漏洞加以补充。

3. 施工合同履行过程中价格发生变动时的履行规则

按照《合同法》第六十三条的规定：执行政府定价或者政府指导价的，在合同约定的交付期限内政府价格调整时，按照交付时的价格计价。逾期交付标的物的，遇价格上涨时，按照原价格执行；价格下降时，按照新价格执行。逾期提取标的物或者逾期付款的，遇价格上涨时，按照新价格执行；价格下降时，按照原价格执行。

4. 债务人向第三人履行债务时的履行规则

《合同法》第六十四条规定："当事人约定由债务人向第三人履行债务的，债务人未向第三人履行债务或者履行债务不符合约定，应当向债权人承担违约责任。"

5. 第三人向债权人履行债务时的履行规则

《合同法》第六十五条规定："当事人约定由第三人向债权人履行债务的，第三人不履行债务或者履行债务不符合约定，债务人应当向债权人承担违约责任。"

6. 双务合同中的同时履行和同时履行抗辩权规则

"同时履行规则"是指在双务合同中，当事人对履行顺序没有约定，当事人应当同时履行自己的义务。"同时履行抗辩权"是指双务合同的当事人一方在对方未履行之前，有权拒绝其履行请求；一方在对方履行债务不符合约定时，有权拒绝其相应的履行请求。

7. 双务合同中顺序履行及其抗辩权的规则

当事人互负债务，有先后履行顺序的，先履行一方未履行的，后履行一方有权拒绝其履行要求；先履行一方履行债务不符合约定的，后履行一方有权拒绝其相应履行要求。

8. 债权人发生变化时的履行规则

债权人分立、合并或者变更住所没有通知债务人，致使履行债务发生困难的，债务人可以终止履行或将标的物提存。

9. 债务人提前履行债务的履行规则

《合同法》第七十一条规定："债权人可以拒绝债务人提前履行债务，但提前履行不损害债权人利益的除外。债务人提前履行债务给债权人增加的费用，由债务人负担。"

10. 债务人部分履行债务的履行规则

《合同法》第七十二条规定："债权人可以拒绝债务人部分履行债务，但部分履行不损害债权人利益的除外。债务人部分履行债务给债权人增加的费用，由债务人负担。"

二、施工合同实施控制

（一）施工合同实施控制程序

施工合同实施控制程序，如图 8-1 所示。

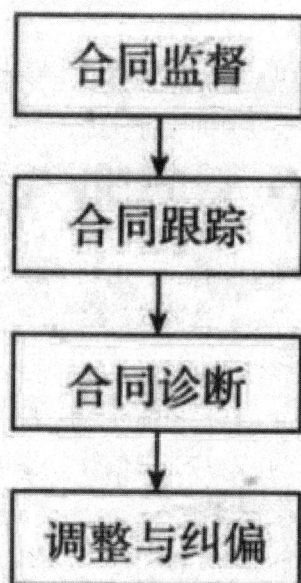

```
合同监督
  ↓
合同跟踪
  ↓
合同诊断
  ↓
调整与纠偏
```

图 8-1　合同实施控制的程序

（二）合同实施控制的主要内容

合同实施控制的主要任务是收集合同实施的信息，将合同实施情况与合同实施计划进行对比分析，找出其中的偏差。主要包括以下几个方面的内容：

1. 成本控制

依据各分项工程、分部工程、总工程的成本计划资料以及人力、材料、资金计划资料和实际成本支出情况进行对比判断，对支出偏差进行控制调整，保证按计划成本完成工程，防止成本超支和费用增加。

2. 质量控制

依据合同规定的质量标准及工程说明、规范、图纸、工作量表等资料对工程质量完成情况进行检查检验、控制，保证按合同规定的质量完成工程，使工程顺利通过验收，交付使用，达到预定的功能要求。

3. 进度控制

依据合同规定的工期及总工期计划、详细的施工进度计划、网络图、横道图等资料对实际工程进度进行检查，控制调整，保证按预定的进度计划进行施工，按期交付工程，防止承担工期拖延责任。

4. 其他合同内容的控制

依据合同规定的各项责任对合同履行进行控制，保证全面完成合同责任，防止违约。

（三）合同监督

1. 落实合同实施计划

落实合同实施计划，为各工程队、分包商的工作提供必要的保证。如施工现场的平面布置，人、材、机等计划的落实，各工序间搭接关系的安排和其他一些必要的准备工作。

2. 协调各方工作关系

在合同范围内协调项目组织内、外各方的工作关系，切实解决合同实施中出现的问题。如对各工程队和分包商进行工作指导，作经常性的合同解释，使各工程小组都有全局观念；经常性地会同项目管理的有关职能人员检查、监督各工程队、分包商的合同实施情况，对照合同要求的数量、质量、技术标准和工程进度，发现问题并及时采取措施。

3. 严格合同管理程序

主要包括以下几方面：

（1）合同的任何变更，都应由合同管理人员负责提出。

（2）对向分包商的任何指令，向业主的任何文字答复、请示，都须经合同管理人员审查，并记录在案。

（3）由合同管理人员会同估算师对向业主提出的工程款账单和分包商提交来的收款账单进行审查和确认。

（4）承包商与业主、与总（分）包商的任何争议的协商和解决都必须有合同管理人员的参与，并对解决结果进行合同和法律方面的审查、分析和评价。

（5）工程实施中的各种文件，如业主和工程师的指令、会议纪要、备忘录、修正案、附加协议等由合同管理人员进行审查。确保工程施工一直处于严格的合同控制中，使承包商的各项工作更有预见性。

4. 文件资料及原始记录的审查和控制

文件资料和原始记录不仅包括各种产品合格证、检验、检测、验收、化验报告，施工实施情况的各种记录，而且包括与业主（监理工程师）的各种书面文件进行合同方面的审查和控制。

（四）合同的跟踪

在工程实施过程中，合同实施常常与预定目标（计划和设计）发生偏离。如果不采取措施，这种偏差会由小到大，逐渐积累，对合同的履行会造成严重的影响。合同跟踪可以不断地找出偏差，不断地调整合同实施过程，使之与总目标一致。合同跟踪是合同控制的主要手段，是决策的前导工作。在整个工程过程中，合同跟踪能使项目管理人员一直清楚地了解合同实施情况，对合同实施现状、趋向和结果有一个清醒的认识。

1. 合同跟踪的依据

合同跟踪的依据主要是合同和合同监督的结果。如各种计划、方案、合同变更文件等，是合同实施的目标和依据；各种原始记录、工程报表、报告、验收结果、计量结果等，是合同实施的现状；工程技术、管理人员的施工现场的巡视，与各种人谈话，召集小组会议，检查工程质量、计量的情况是最直观的感性知识。

2. 合同跟踪的对象

（1）对具体的合同事件进行跟踪。即对照合同事件表的具体内容（如工作的数量、质量、工期、费用等），分析该事件的实际完成情况，可以得到偏差的原因和责任，发现索赔机会。

（2）项目组织内的合同实施情况的日常工作检查分析。

（3）主动与业主（监理工程师）进行沟通、汇报。在工程中承包商应积极主动地做好工作。有问题及时与监理工程师沟通，多向其汇报情况，及时听取指示，及时收集各种工程资料，并对各种活动、双方的交流做出记录。对有恶意的业主提前防范，以便及时采取措施。

（4）对工程项目进行跟踪。即对工程的实施状况进行跟踪，对工程整体施工环境进行跟踪。如果出现以下干扰事件，合同实施必然有问题：出现事先未考虑到的情况和局面，如恶劣的气候条件，场地狭窄、混乱、拥挤不堪；协调困难，如承包商与业主（监理工程师）、施工现场附近的居民、其他承包商、供应商之间协调困难，合同事件之间和工程小组之间协调困难；发生较严重的质量、安全事故等。

对已完工程没通过验收或验收不合格、出现大的工程质量问题、工程试生产不成功或达不到预定的生产能力等进行跟踪。

对计划和实际的进度、成本进行描绘。施工进度未达到预定计划，主要的工程活动出现拖期，在工程周报和月报上计划和实际进度出现大的偏差。在工程项目管理中，工程累计成本曲线对合同实施的跟踪分析起很大作用。计划成本累计曲线通常在网络分析、各工程活动成本计划确定后得到。

（五）合同的诊断

在合同跟踪的基础上对合同进行诊断。合同诊断是对合同执行情况的评价、判断和趋向分析、预测。

1. 对合同执行差异原因进行对比分析

通过对监督和跟踪不同对象的计划和实际的对比分析，不仅可以得到差异，而且可以探索引这个差异的原因。原因分析可以采用鱼刺图、因果关系图，成本量差、价差分析等方法定性地或定量地进行。例如，通过计划成本和实际成本累计曲线的对比分析，不仅可以得到总成本的偏差值，而且可以分析差异产生的原因。再进一步还可以分析出各个原因的影响量大小。

2. 对合同执行的差异责任进行分辨

对合同执行的差异责任进行分辨，即分析合同执行差异产生的原因，造成合同执行差异的责任人或有关人员，这常常是索赔的理由。只要以合同为依据，详细分析，有根有据，对合同实施的趋向进行预测，主要是分别考虑不采取调控措施和采取调控措施，以及采取不同的调控措施情况下，合同的最终执行结果。

（1）最终的工程状况，包括总工期的延误，总成本的超支，质量标准，所能达到的功能。

（2）承包商承担的后果和责任，如被罚款，甚至被起诉，对承包商的资信、企业形象、经营战略造成的影响等。

（3）最终工程经济效益等。

综合上面各方面，即可以对合同执行情况做出综合评价和判断。

通过诊断发现差异，即表示工程实施偏离了工程目标，必须详细分析差异的影响，对症下药，及时采取调整措施进行纠正。以免差异逐渐积累，越来越大，最终导致工程实施远离计划和目标甚至导致整个工程的失败。

纠偏通常采取以下措施：

1. 变更技术方案，采用新的效率更高的施工方案。

2. 增加人员投入、重新进行计划或调整计划、派遣得力的管理人员。在施工中经常修订进度计划对承包商来说是有利的。

3. 增加投入、对工作人员进行经济激励等。

4. 进行合同变更、签订新的附加协议、备忘录、通过索赔解决费用超支问题等。

在合同执行后必须进行合同后评价。将合同签订和执行过程中的利弊得失，经验教训总结出来，作为以后工程合同管理的借鉴。

三、分包合同的实施

1. 分包商的一般责任

（1）分包商应按照分包合同的各项规定来实施和完成分包工程，并修补其中的缺陷。

（2）分包商应对分包工程的实施、完成以及修补缺陷所需的劳务、材料、工程设备等进行必要的监督。

（3）分包商在审阅分包合同和主合同时，或在分包工程的施工中，如果发现分包工程的设计或规范存在任何错误、遗漏、失误或其他缺陷，应立即通知承包商。

2. 分包合同有关各方关系的处理

主要来了解一下存在分包合同的情况下，分包商与承包商、业主以及监理工程师之间的关系。

（1）总承包商与分包商之间关系的处理

总承包商要就整个工程对业主负全部法律和经济责任，同时又要根据分包合同对分包商进行管理并履行有关义务。总承包商将一项具体的工程施工分包给分包商时，对该部分工程的责任和义务并不随之分包出去，仍需对其分包商在施工质量和进度等方面的工作负全面责任；分包商在现场则要接受总承包商的统筹安排和调度，只对总承包商承担分包合同内规定的责任并履行相关义务。分包商与总承包商就分包工程对业主负连带责任。

总承包合同只构成业主与总承包商之间的法律制约关系，分包商并不受总承包合同的制约，也没有履行总承包合同的义务，只是受到与总承包商签订的分包合同的制约。但是分包商在施工过程中不履行或不正确履行分包合同的行为会对总承包商履行总包合同造成影响。例如，分包商的延误通常会造成总承包商的工程延误，并致使总承包商在总承包合同条款制约下蒙受罚款。因此，不管分包合同中是否明确提及罚款事宜，只要总承包合同中列明有罚款条件，分包商就应该赔偿总承包商的等额经济损失。同时，总承包商还有权要求分包商赔偿其相应的停工损失和延期费用等。总承包商通常在分包合同中写明："总承包商拥有总承包合同中业主对待总承包商同样的权利对待分包商"，以达到总承包合同制约关系的实际转移。如同业主通常会要求总承包商通过自己认可的银行提供投标担保、履约担保一样，总承包商也会要求其分包商通过总承包商可以接受的银行，开出以总承包商为受益人的各类保函，从而避免可能发生的经济损失。总承包商在处理与分包商之间的关系时，除合同条款必须做出具体规定外，分包合同的责、权、利条款应尽量与总承包合同挂钩，尤应注意使用经济制约手段，并注意采用现代化手段加强管理。如果总承包商违反分包合同，则应该赔偿分包商的经济损失；如果分包商违反分包合同并造成业主对总承包商的罚款或制裁，则分包商应该赔偿总承包商的损失。

（2）分包商与业主之间的关系处理

由于分包合同只是分包商与总承包商之间的协议，从法律角度讲，分包商与业主之间没有合同关系，业主对于分包商可以说既没有合同权利又没有合同义务。也就是说，业主和分包商的关系与业主和总承包商的关系有着本质上的区别。除非合同中另有明确规定，分包商不能就付款、索赔和工期等问题直接与业主交涉，甚至无权就此状告业主，一切与业主的往来均须通过总承包商进行。业主只是负责按照总承包合同支付总承包商的验工计价款并赔偿其可能的经济损失，而分包商是从总承包商处再按分包合同索回其应得部分。如果总承包商无力偿还债务，则分包商同样将蒙受损失。因此，分包商的效益通常与总承包商的效益密切相关。

（3）监理工程师与分包商的关系

监理工程师无权直接干涉分包合同的具体细节及总承包商与分包商之间的关系，但是有权批准分包合同。在批准分包合同之前，咨询工程师有权对分包商的施工能力、财务状况和实施类似工程的相关经验等进行审查，并确信分包的结果不会干扰整个合同的协调和正常执行。尤其是对于大型分包，分包必须获得监理工程师的书面认可。

有时在征得总承包商的书面同意后，监理工程师可能就一些技术问题直接与分包商进行交往，但监理工程师应该将有关函件抄送总承包商，及时通报有关情况，尤其当涉及付款和进度计划时，以便总承包商在适当时候提出意见或采取相应的行动。总承包商通常也希望并同意分包商与监理工程师直接就技术规范和施工设计的有关细节问题进行联系，并在分包合同中做出明确的责任划分，以缓解分包商可能声称无法就分包工程的设计与监理工程师交换意见的矛盾。

第四节　建筑工程项目施工合同的变更、终止和争议解决

一、施工合同的变更

合同的变更有广义和狭义之分。广义的合同变更包括合同内容的变更与合同当事人即主体的变更，狭义的合同变更仅指合同内容的变更。合同主体的变更在《合同法》中称为合同的转让，所以在《合同法》中的合同变更仅指合同内容的变更。这里所说的施工合同的变更指的是狭义的合同变更，即合同内容的变更。

1.施工合同变更产生的原因

合同内容频繁变更是施工合同的特点之一。一个较为复杂的工程合同，实施中的变更可能有几百项。合同变更一般主要有如下几方面的原因：

（1）业主的原因。如业主新的要求、业主指令错误、业主资金短缺、倒闭、合同转让等。

（2）勘察设计的原因。如工程条件不准确、设计的错误等。

（3）承包商的原因。如合同执行错误、质量缺陷、工期延误等。

（4）监理工程师的原因。如错误的指令等。

（5）合同的原因。如合同文件问题，必须调整合同目标，或修改合同条款等。

（6）其他方面的原因。如工程环境的变化、环境保护要求、城市规划变动、不可抗力影响等。

2.施工合同变更的内容和方式

施工合同变更的内容主要是工程变更，通常包括以下几个方面：

（1）工程量的增减。

（2）质量及特性的变化。

（3）工程标高、基线、尺寸等变更。

（4）施工顺序的改变。

（5）永久工程的删减。

（6）附加工作。

（7）设备、材料和服务的变更等。

在项目实施的过程中，业主（或监理工程师）可通过发布指令或要求承包商提交建议书的方式，提出变更。业主提出变更后，承包商应遵守并执行每项变更，并做出书面回应，提交下列资料：

（1）对建议的设计和要完成的工作的说明，以及实施的进度计划。

（2）根据原进度计划和竣工时间的要求，承包商对进度计划做出必要修改的建议书。

（3）承包商对调整合同价格的建议书。

如果承包商认为业主提出的变更不合理或难以遵照执行，也应做出书面回应，及时向业主（或监理工程师）发出通知，说明不能执行的理由。不能执行变更的理由一般有：

（1）承包商难以取得变更所需要的货物。

（2）变更将降低工程的安全性或适用性。

（3）将对履约保证的完成产生不利的影响。

业主（或监理工程师）接到承包商不能执行变更的通知，应取消、确认或改变原指示。另外，承包商也可以随时向业主提交书面建议，提出他认为采纳后将产生类似如下良好作用的建议：

（1）能加快竣工。

（2）能降低业主的工程施工、维护或运行费用。

（3）能提高业主的竣工工程的效率或价值，或给业主带来其他利益的建议。

业主（或监理工程师）收到此类建议书后，应尽快给予批准、不批准或提出意见的回复。在等待答复期间，承包商应继续按原计划施工，不应延误任何工作。

由于业主通常是委托监理工程师代替自己行使各种权利，所以通常施工合同变更的决策权在现场监理工程师手中，应由其审查各方提出的变更要求，并向承包商提出合同变更指令。承包商可根据授权和施工合同的约定，及时向监理工程师提出合同变更申请，监理工程师进行审查，并将审查结果通知承包商。

3. 施工合同变更责任分析

施工合同变更更多的是工程变更，它在工程索赔中所占的份额最大。工程变更的责任分析是确定相应价款变更或赔偿的重要依据。

（1）设计变更

主要指项目计划、设计的深度不够，项目投资设计失误，新技术、新材料和新规范的出台、设计错误、施工方案错误或疏忽。设计变更实质是对设计图纸进行补充、修改。设计变更往往会引起工程量的增减、工程分项的新增或删除、工程质量和进度的变化、实施方案的变化。

对由于业主要求、政府城建、环保部门的要求、环境的变化、不可抗力、原设计错误等原因导致的设计变更，应由业主承担责任；涉及费用增加或工期拖延的，业主应予以补偿并批准延期。而由于承包商施工过程、施工方案出现错误、疏忽而导致设计变更，必须由承包商自行负责。

（2）施工方案变更

承包商承担由于自身原因修改施工方案的责任。

重大的设计变更常常会导致施工方案的变更。如果设计变更由业主承担责任，则相应的施工方案的变更也由业主负责；反之，则由承包商负责。

对不利的异常地质条件引起的施工方案的变更，一般应由业主承担。在工程中承包商采用或修改实施方案都要经业主（或监理工程师）的批准。

4.施工合同价款的变更

合同变更后，当事人应当按照变更后的合同履行。根据《合同法》规定，合同的变更仅对变更后未履行的部分有效，而对已履行的部分无溯及力。因合同的变更使当事人一方受到经济损失的，受损一方可向另一方当事人要求损失赔偿。在施工合同的变更中，主要表现为合同价款的调整，通常合同价款的调整按下列方法处理：

（1）合同中已有适用于变更工程的价格，按该价格变更合同价款。

（2）合同中只有类似于变更工程的价格，可以按照类似价格变更合同价款。

（3）上述两种情况以外的，由承包商提出适当的变更价格，经监理工程师确认后执行，与工程款同期支付。

由承包商自身责任导致的工程变更，承包商无权要求追加合同价款。

二、施工合同的终止。

合同的终止是指因发生法律规定或当事人约定的情况，使当事人之间的权利义务关系消灭，而使合同终止法律效力。

1.合同终止的原因

合同终止的原因有很多，比较常见的有以下两种：一种情况是合同双方已经按照约定履行完合同，合同自然终止；还有一种情况是发生法律规定或当事人约定的情况，或经当事人协商一致，而使合同关系终止，称为合同解除。承包商、业主履行完合同全部义务、竣工结算、价款支付完毕，承包商向业主交付竣工工程后，施工合同即告终止，这属于前一种情况，即合同自然终止的情况。后一种情况（合同解除）可以有两种方式：合意解除和法定解除。合意解除是指根据当事人事先约定的情况或经当事人协商一致而解除合同；法定解除是指根据法律规定解除合同。

在施工合同履行的过程中，如有下列情形之一的，承包商或业主可以解除合同：

（1）因不可抗力因素致使合同无法履行。在发出中标通知书后，如果发生了双方都无法控制的意外情况，使双方中的一方受阻而不能履行其合同责任，或者合同的履行成为不合法时，双方都不需进一步履行合同。如自然灾害、战争等；国家的法律在合同签订后发生变动，规定禁止使用合同规定的某些设备等。

（2）因一方违约致使合同无法履行。又可分以下几种情况：

①业主违约的情况。如业主未能根据监理工程师的付款证书在合同规定期限内支付工程款项；干涉、阻挠或拒绝任何付款证书的发放；干扰或阻碍承包商工作。

②承包商违约的情况。如承包商延误工期、出现严重质量缺陷和其他违约行为；承包商未经业主同意，转让合同等。

③双方协商一致同意解除合同的。如双方都认为没必要再继续履行，或出现合同再继续履行下去，只会导致更大的损失的情况等，双方可合意解除合同。

④承包商或业主自身破产或无力偿还债务的。一方在发生上述情况要求解除合同时应以书面形式向对方发出解除合同的通知，并在发出通知前告知对方，通知到达对方时合同即告解除。

2. 合同终止后的义务

合同终止后，不影响双方在合同中约定的结算和清理条款的效力。承包商应妥善做好已完工程和已购材料、设备的保护和移交工作，按业主要求将自有机械设备和人员撤出施工场地；业主应为承包商撤出提供必要条件，支付以上发生的费用，并按合同约定支付已完工程价款。已预定的材料、设备由订货方负责退货或解除订货合同，不能退还的货款和因退货、解除订货合同发生的费用，由业主承担；因未及时退货造成的损失由责任方承担。

另外，合同终止后，合同双方都应当遵循诚实信用原则，履行通知、协助、保密等后合同义务。

三、违约与争议

（一）违约责任

违约责任是指当事人违反合同义务所应承担的民事责任。《合同法》第一百零七条规定："当事人一方不履行合同义务或者履行合同义务不符合规定的，应当承担继续履行、采取补救措施或者赔偿损失等违约责任。当事人双方都违反合同的，应当各自承担相应的责任。"

1. 违约责任的认定我国《建设工程施工合同（示范文本）》通用条款中对施工合同的违约责任作了以下规定：

（1）当发生下列情况时，作为业主（业主）违约：

①业主不按时支付预付工程款。

②业主不按合同约定支付工程款，导致施工无法进行。

③业主无正当理由不支付工程竣工结算价款。

④业主不履行合同义务或不按合同约定履行义务的其他情况。

（2）当发生下列情况时，作为承包商违约：

①承包商不按照协议书约定的竣工日期或工程师同意顺延的工期竣工。

②因承包商的原因致使工程质量达不到协议书约定的质量标准。

③承包商不履行合同义务或不按合同约定履行义务的其他情况。

2. 承担违约责任的方式

（1）继续履行。继续履行，又称实际履行或强制实际履行，是指合同当事人一方请求人民法院或仲裁机构强制违约方实际履行合同义务。例如，业主无正当理由不支付工程竣工结算价款，承包商可以诉诸法律，请求法院或仲裁机构强制业主继续履行付款义务，给付工程款。

（2）补救措施。补救措施，是指当事人一方履行合同义务不符合规定的，对方可以请求人民法院或仲裁机构强制其在继续履行合同义务的同时采取补救履行措施。例如，在合同履行过程中，业主或监理工程师发现，承包商的部分工程施工质量不符合合同约定的质量标准，可以要求承包商对该工程进行返修或者返工。承包商的返修或返工行为就是一种补救措施。

（3）赔偿损失。当事人一方不履行义务或履行义务不符合约定的，在继续履行义务或采取补救措施后，对方还有其他损失的，应当赔偿损失。例如，工程质量不合格，承包商采取补救措施后，虽然质量达到了要求，但是导致总工期拖延了较长时间，这可能给业主造成很大的损失。业主的这部分损失是由承包商的违约引起的，应当由承包商来赔偿。如果由于业主违约造成工期拖延的，业主除了给予承包商经济上的赔偿外，还应当给予工期上的赔偿，顺延延误的工期。

当事人一方违约后，对方应当采取适当措施防止损失的扩大，如果因其没有采取措施而致使损失大的，则不得就扩大的损失要求违约方赔偿。当事人因防治损失大而支出的合理费用，由违约方承担。

损失的赔偿额相当于违约而造成的损失，包括合同正常履行后应当可以获得的利益。具体的赔偿金额计算方法可以由承包商和业主在合同的专用条款中约定。支付违约金、违约金是当事人约定或法律规定，一方当事人违约时应当根据违约情况向对方支付的一定数额的货币。

违约金的数额可以由承包商和业主在合同的专用条款中规定。双方约定的违约金低于实际造成损失的，当事人可以请求人民法院或仲裁机构予以增加；约定的违约金过分高于实际造成的损失的，当事人可以请求人民法院或者仲裁机构予以适当减少。

（4）负责事由。当事人一方因不可抗力不能履行合同的，应就不可抗力影响的全部或部分免除责任。但法律另有规定的除外。应当注意，当事人迟延履行合同后发生不可抗力的，不能免除责任。例如，在施工过程中，发生了双方都无法预料到的连续的风雨天气，导致了工期拖延并对已完工成品造成了损坏，由此造成的损失，承包商可以免除责任。但是如果按照正常的施工计划，本来能在雨期来临之前竣工的工程，因承包商的违约，迟延履行而延迟到了雨期，由此造成的损失，承包商就应当承担违约责任。

（二）争议的解决

承包商和业主在履行合同时如果发生争议，可以和解或者要求有关主管部门调解。当事人不愿和解、调解不成的，双方可以在专用条款内约定通过仲裁或采取法律途径解决。通常的程序如下：

1. 出现争端和纠纷，双方应先进行协商。

2. 协商不成，可以提请有关主管部门进行调解。

3. 当事人不愿意和解的，如果合同中约定有仲裁方式的，可以提请仲裁机构进行裁决。

4. 合同中没有约定仲裁方式或当事人不服仲裁结果的，可以向有管辖权的人民法院提起诉讼。

需要说明的是，争议如果能通过协商或调解方式解决的，应尽量采用协商或调解方式。仲裁和诉讼都是法律行为，除非不得已，一般不宜采用，以免造成今后双方合作的困难。另外，发生争议后继续履行合同，保证施工连续，保护好已完工程。但是发生下列情况时，应当停止履行合同：

（1）单方违约导致合同确已无法履行，双方协议停止施工。

（2）调解要求停止施工，且为双方接受。

（3）仲裁机构要求停止施工。

（4）法院要求停止施工。

第五节　建筑工程项目施工索赔管理

一、施工索赔的概念

从法律的角度讲，索赔是指在工程合同履行过程中，合同当事人一方认为另一方没能履行或妨碍了自己履行合同义务，或是发生合同中规定的风险事件而导致经济损失，受损方根据自己的权力提出的有关某一资格、财产、金钱等方面的要求。

施工索赔是建筑工程项目索赔的一个重要内容。施工索赔是承包商由于自身难以控制的客观原因而导致工程成本增加或工期拖延时所提出的公平调整要求—要求进行的费用和时间的补偿。施工索赔对于承包商是一种正当的权利要求，是应该争取得到的合理偿付。由于工程项目投资大、周期长、风险大，在工程施工的过程中，非自身责任的工程损失和索赔是经常发生的事情，比如，因不可抗力导致的工期拖延或业主资金没有及时到位导致的工期拖延等现象在施工中经常发生。因此，承包商应该加强索赔管理，注意积累索赔证据和资料，以便在发生损失时，能及时有力地提出索赔申请，获得赔偿。

相应于承包商的施工索赔，业主方也可以进行施工方索赔。反索赔是业主或工程师为维护自身利益，根据合同的有关条款向承包商提出的损害补偿要求。反索赔主要有两方面的主要内容：一是业主或工程师对承包商的索赔要求进行评议，提出其不符合合同条款的地方，或指出计算错误，使其索赔要求被否定，或去掉索赔计算中不合理的地方，降低索赔金额，这是对承包商索赔的一种防卫行为；二是可找出合同条款赋予的权利，对承包商违约的地方提出反索赔要求，维护自身的合法权益，这是一种主动的反索赔行为。

二、施工索赔发生的原因

引起施工索赔的原因非常繁杂，比较常见的原因大致有以下方面：

1. 合同文件引起的索赔

在施工合同中，由于合同文件本身用词不严谨、前后矛盾或存在漏洞、缺陷而引起的索赔经常会出现。这些矛盾常反映为设计与施工规定相矛盾，技术规范和设计图纸不符合或相矛盾，以及一些商务和法律条款规定有缺陷，甚至引起支付工程款时的纠纷。在这种情况下，承包商应及时将这些矛盾和缺陷反映给监理工程师，由监理工程师做出解释。若承包商执行监理工程师的解释指令后，造成施工工期延长或工程成本增加，则承包商可提出索赔要求，监理工程师应予以证明，业主应给予相应的补偿。因为业主方是工程承包合同的起草者，应该对合同中的缺陷负责，除非其中有非常明显的遗漏或缺陷，依据法律或合同可以推定承包商有义务在投标时发现并及时向业主报告。除此之外，在工程项目的实施过程中，合同的变更也是经常发生的。合同变更包括工程设计变更、施工质量标准变更、施工顺序变更、工程量的增加与减少等。这种变更必须是指在原合同工程范围内的变更，若属超出工程范围的变更，承包商有权予以拒绝。特别是当工程量的增加超出招标时工程量清单的 15%~20% 以上时，可能会导致承包商的施工现场人员不足，需另雇工人，往往要求承包商增加新型号的施工机械设备，或增加机械设备数量等。人工和机械设备的需要增加，则会引起承包商额外的经济支出，扩大了工程成本；反之，若工程项目被取消或工程量大减，又势必会引起承包商原有人工和机械设备的窝工和闲置，造成资源浪费，导致承包商的亏损。因此，在合同变更时，承包商有权提出索赔，以弥补自己不应承担的经济损失。

2. 风险分担不均引起的索赔

不论是业主还是承包商在工程建设的过程中都承担着合同风险。然而，由于建筑市场的激烈竞争，业主通常处于主导地位，而承包商则被动一些，双方承担的合同风险也并不总是均等的，承包商往往承担了更多的风险。承包商在遇到不可预防和避免的风险时，可以通过索赔的方法来减少风险所造成的损失；业主应该适量地弥补由于各种风险所造成的承包商的经济损失，以求公平合理地分担风险。业主和承包商之间"风险均衡"的原则一直以来在国际上都受到普遍的认可。事实证明，诸如 FIDIC（国际咨询工程师联合会）合同条件等采用的风险分配方式可以使业主和承包商都获益。如业主以较低的价格签订合同，仅在最终实际发生特殊的非正常风险情况下，才增加进一步的费用，如果风险不发生，则不需要支付这部分费用；而承包商可以避免对此类难以估计的风险的评估，如果风险确实发生了，再由承包商给予补偿，实际承担的风险也小了。

3. 不可抗力和不可预见因素引起的索赔

不可抗力包括自然、政治、经济、社会因等各方面的因素，如地震、暴风雨、战争、内乱等，是业主和承包商都无法控制的。不可预见因素是指事先没有办法预料到的意外情况，如遇到地下水、地质断层、熔岩孔洞、沉陷、地下文物遗址、地下实际隐藏的障碍物等。这些情况可能是承包商在招标前的现场考察中无法发现，业主在资料中又未提供的，而一旦出现这些情况，承包商就需要花费更多的时间和费用去排除这些障碍和干扰。对于这些不可抗力和不可预见因素引起的费用增加或工期延长，承包商可以提出索赔要求。

4. 业主方面的原因引起的索赔

施工合同的双方是通过验收与付款而维持彼此之间的合同关系的，如果发生类似业主不在规定时间内付款，干扰阻挠工程师发出支付证书，不按合同规定为承包商提供施工必须的条件，或发生业主提前占有部分永久工程，提供的原始资料和数据有差错，指定的分包商违约等情况而致使承包商遭受损失时，承包商有权得到经济补偿或工期延长。另外，对于业主要求加速施工或进行工程变更而导致的费用增加，承包商也有权提出索赔要求。

5. 监理方原因引起的索赔

工程施工过程中，监理工程师受业主委托来进行工程建设，对承包商进行监督管理，严格按合同规定和技术规范控制工程的投资、进度和质量，以保证合同顺利实施。为此，监理工程师可以发布各种必要的书面或口头的现场指令，这些指令常包括令承包商进行一些额外的工作，如额外的工程变更以适应施工现场的实际情况；指令承包商加速施工；指令更换某些材料；指令暂停工程或改变施工方法等。在监理工程师发布了这些指令之后，承包商按指令付诸实施后，有权向业主提出索赔以获得费用补偿。另外，因监理工程师的不当行为引起的损失，如拖延审批图纸，重新检验和检查，工程质量要求过高，提供的测量基准有误，或对承包商的施工进行不合理干预等，承包商也可以进行索赔。

6. 价格调整引起的索赔

建筑市场变化多端，各种建筑材料、机器设备以及劳动力的价格也会时常变化，这些价格的变化势必会引起承包商施工成本的变化。因价格的变化引起的承包商费用的增加，业主应当给予补偿。

7. 其他方面的因素引起的索赔

如建筑过程的难度和复杂性增大，建筑业经济效益的影响，其他第三方干扰等。

三、施工索赔的类型

索赔产生的原因是多种多样的，索赔的类型也是多种多样的。从不同的角度可以将索赔分类如下：

1. 按索赔的目的分类

（1）工期索赔

工期索赔，也称为时间索赔，是指承包商要求业主合理地延长竣工日期。除承包商自身的原因而发生工期拖延，承包商可以向监理工程师提出在合同规定的工期基础上顺延一段时间，但是要有合理的根据，要求顺延的时间要符合实际。

（2）费用索赔

费用索赔是指承包商向业主要求补偿不应该由承包商自己承担的经济损失或额外费用，取得合理的经济补偿，因此，也称经济索赔。

2. 按照索赔的处理方式分类

（1）单项索赔

单项索赔是指在每一索赔事项发生后，及时就该事项单独提交索赔通知单，编报索赔报告书，要求单项解决支付，不与其他的索赔事件混在一起。它避免了多项索赔的相互影响制约，所以较容易解决。

（2）综合索赔

综合索赔又称为一揽子索赔或总索赔，是将施工中发生的若干索赔事件汇总在一起，在竣工前进行一次性索赔。有时候由于索赔事项相互干扰，相互影响或者承包商无法为索赔保持准确而详细的成本记录资料，在这种情况下，承包商可以采用综合索赔。另外，在施工中可能会发生较多的索赔事件，为简化工作，承包商可能会采取综合索赔的方式。通常，由于索赔原因、索赔额计算比较复杂，难以区分，综合索赔取得成功的把握要比单项索赔小，所以，承包商要注意做好各种资料的记录和积累，以便在索赔中增加胜算。

3. 按索赔的依据分类

（1）合同规定的索赔

合同规定的索赔是指所涉及的内容均可以在合同中找到依据的索赔。也就是说，在项目的施工合同中有明确规定的文字依据，承包商可以直接引用到索赔中，为自己的索赔指明合同依据。特别是在应用 FIDIC 合同条件时，各种工程量计算、变更工程时的计量和价格、不同原因引起的拖期、工程师发布工程变更指令、业主方违约等，都属于这种情况。由于依据明确，这类索赔解决起来比较容易。

（2）非合同规定的索赔

非合同规定的索赔是指虽然在工程项目的合同条件中没有专门的条文规定，但可依据普通法律或合同条件的某些条款的含义，推论出承包商的索赔权的索赔。这种索赔的内容和权利虽然难于在合同条件中找到依据，但可以依据普通法律或其他相关的规定来确定。

（3）优惠索赔

有些情况下，承包商在合同中找不到依据，而业主也没有违约或违法，这时承包商对其损失寻求某些优惠性质的付款。在这种情况下，业主可以同意，也可以不同意。但在业主另找承包商，费用会更大时，通常也会同意该项索赔。

（4）道义索赔

道义索赔，又称额外支付，是指承包商对标价估计不足，或遇到了巨大困难，而蒙受重大亏损时，业主超越合同约定，出自善良意愿，给承包商以相应的经济补偿。这种补偿完全出自道义。

四、施工索赔的程序

索赔程序是指从索赔事件发生到最终获得处理的全过程所包括的工作内容和工作步骤。

我国的建设法规在索赔工作程序以及时效问题上都做了相应的规定，承包商应把握好时机，按照正确的程序进行索赔，以免因为工作程序上失误而贻误了索赔。在实际工作中，一般可按下列五个步骤进行索赔：

1. 提出索赔通知

提出索赔通知是索赔的第一步，标志着索赔的开始。在工程实施过程中，一旦发生索赔事件或承包商意识到存在潜在的索赔机会时，应在规定的时间内及时书面通知监理工程师，也就是发出索赔通知并抄报一份给业主，以免监理工程师和业主之间出现推诿情况。我国《建设工程施工合同（示范文本）》中规定："承包商应在引起索赔事件第一次发生之后28天内，将他的索赔意向通知工程师，并同时抄送业主。"如果承包商没有在规定的期限内提出索赔通知，则会丧失在索赔中的主动和有利地位，业主和工程师也有权拒绝承包商的索赔要求。索赔通知通常包括以下四个方面的内容：

（1）事件发生的时间和情况的简单描述。

（2）合同依据的条款和理由。

（3）有关后续资料的提供，包括及时记录和提供事件发展的动态。

（4）对工程成本和工期产生的不利影响的严重程度。

索赔通知书的内容一般应简明扼要地说明上述内容，提出自己正当的索赔要求，通常在赔意向书中不涉及索赔的数额。详细的索赔款项，需延长的工期天数以及其他的索赔证据料可以日后再报。

2. 提交索赔申请报告及索赔证据资料

承包商必须在合同规定的索赔时限内向业主或工程师提交正式的书面索赔报告，其内容应包括索赔事件的发生情况与造成损害的情况，索赔的理由和根据、索赔的内容和范索赔额度的计算依据与方法等，并附上必要的记录和证明材料。

我国《建设工程施工合同（示范文本）》中规定："承包商必须在发出索赔意向通知后的天内，向工程师提交一份详细的索赔报告。如果索赔事件对工程的影响持续时间长，则包商还应向工程师每隔一段时期提交中间索赔申请报告，并在索赔事件影响结束后28天，向业主或工程师提交最终索赔申请报告。"

在索赔申请报告后，应附有详细的索赔证据资料，主要应包括如下内容：

（1）施工现场日报表。

（2）各种有关的往来文件和信函等。

（3）有关会议纪要。

（4）投标报价时的基础资料。

（5）有关技术规范。

（6）工程报告及工程照片。

（7）工程财务报告。

一项索赔需准备的证据资料是多方面的、大量的，所以承包商应建立健全档案资料管理制度，以便在需要时能迅速准确地找出来，不只因为缺少某些资料而导致索赔失败。

3. 索赔报告的评审

监理工程师（业主）接到承包商的索赔报告后，应该仔细阅读其报告，并对不合理的索赔进行反驳或提出疑问，监理工程师将根据自己掌握的资料和处理索赔的工作经验就以下问题提出质疑：

（1）赔事件不属于业主和监理工程师的责任，而是第三方的责任。

（2）事实和合同依据不足。

（3）承包商未能遵守意向通知的要求。

（4）合同中的开脱责任条款已经免除了业主补偿的责任。

（5）索赔是由不可抗力而引起的，承包商没有划分和证明双方责任的大小。

（6）承包商没有采取适当措施避免或减少损失。

（7）承包商必须提供进一步的证据。

（8）损失计算夸大。

（9）承包商以前已明示或暗示放弃了此次索赔的要求等。

在评审过程中，承包商应对监理工程师提出的各种质疑做出圆满的答复。监理工程师在与承包商进行了较充分的讨论后，参加业主和承包商之间进行的索赔谈判，通过谈判，最终做出《索赔处理决定》。

4. 争议的解决

在上一步骤结束后，如果业主和承包商均接受最终的索赔处理决定，索赔事件的处理即告结束。否则，无论业主还是承包商，如果认为监理工程师决定不公正，都可以在合同规定的时间内提请监理工程师重新考虑。承包商如果持有异议，可以提供进一步的证明材料，向监理工程师进一步说明为什么其决定是不合理的，必要时可重新提交索赔申请报告，对原报告做一些修正、补充或做进一步让步。

5.索赔的支付

在监理工程师与业主或承包商适当协商之后，认为根据承包商所提供的足够充分的细节使监理工程师有可能确定出应付的金额时，承包商有权要求将监理工程师可能认为应支付给他的索赔金额纳入监理工程师签署的任何临时付款。如果承包商提供的细节不足以证实全部的索赔，则承包商有权得到已满足监理工程师要求的那部分细节所证明的有关部分的索赔付款。监理工程师应将按本款所作的任何决定通知承包商，并将副本呈交业主。一般情况下，某一项索赔的付款不必要等到全部索赔结案之后才能支付，为防止把问题积成堆再解决，通常是将已确定的索赔放在最近的下一次验工计价证书中支付。

五、索赔报告的编写

承包商应该在索赔事件对工程产生的影响结束后，尽快（一般合同规定 28 天内）向监理工程师（业主）提交正式的索赔报告。在实际工作中，如果索赔事件影响持续延长，也可能在整个工程施工期间都会有持续影响，所以，不能在工程结束后才提出索赔报告，应每隔一段时间（由监理工程师或按合同规定）向监理工程师报告。

1.索赔报告的形式和内容

索赔报告的正文通常包括题目、事件、理由（依据）、因果分析、索赔费用（工期）等组成部分。

（1）题目。题目应简洁，应能说明是针对什么提出的索赔，即概括出索赔的中心内容。

（2）事件。事件是对索赔事件发生的原因和经过进行的叙述，包括双方活动和所附的证明材料。

（3）理由。理由是指出针对所陈述的事件，提出的索赔根据。

（4）因果分析。因果分析对上述事件和理由与造成成本增加或工期延长之间的必然关系进行论证。

（5）索赔费用（工期）计算。索赔费用（工期）计算是各项费用及工期的分项计算及汇总结果。

除此之外，承包商还要准备一些与索赔有关的各种细节性的资料，以备对方提出问题时进行说明和解释。如运用图表的形式对实际成本与预算成本、实际进度与计划进度、修订计划与原计划进行比较，通过图表来说明和解释人员工资上涨，材料设备价格上涨，各时期工作任务密集程度的变化，资金流进流出等情况，使之一目了然。

2.编写中应注意的几个问题

（1）索赔的合同依据要明确

承包商提出索赔要求要有理有据，或者依据合同条款规定，或者依据非合同的法律法规规定。总之，要提出依据，要证明索赔事件的实际发生与其造成的损失之间的因果关系，即证明业主违约或合同变更与索赔事件的必然性联系，为索赔的成功提供保障。

（2）责任分析要清楚

在报告中所提出索赔的事件的责任是谁引起的，是业主还是监理工程师，还是不可抗力的原因。在语言上要判断清楚，是谁的责任就是谁的责任，避免出现责任分析不清和自我批评式的语言。另外要写清楚事件发生的不可预见性，以及作为承包商在事件发生后为防止损失的扩大所做的努力。

（3）索赔计算要准确

索赔的计算要准确，索赔值的计算依据要正确，计算结果要准确。计算依据要用文件规定的和公认合理的计算方法，并加以适当的分析。数字计算上不要有差错，一个小的计算错误可能影响到整个计算结果，容易降低索赔的可信度，给人造成不好的印象。

（4）用词要婉转和恰当

由于工程本身的长期性和复杂性，不可预见的事情以及无法避免的失误肯定会大量存在。所以，索赔在工程进行的过程中是经常发生的，也是非常正常的事情。但是索赔这个词给人的感觉总是不友好的、对立的。所以，在索赔报告中要避免使用强硬的不友好的抗议式的语言，以免伤害了和气和双方的感情，不利于问题的解决。

第六节　建筑工程项目采购管理

物资采购供应工作是建筑工程项目建设的重要组成部分，签订一个好的物资采购合同并保它能如期顺利履行，对项目建设的成败和经济效益有着直接的、重大的影响。建筑工程项目建设过程中所需物资包括建筑材料和设备两大类。做好物资采购供应合同的管理工作是一项既要有工程技术、经济管理经验，又要有商务知识的工作。

一、建筑工程项目物资采购合同的概念

建筑工程项目物资采购合同，是指具有平等主体的自然人、法人、其他组织之间为实现建筑工程物资买卖，设立、变更、终止相互权利义务关系的协议。依据协议出卖人转移建筑工程物资的所有权于买受人，买受人接受该项建筑工程物资并支付价款。建筑工程项目物资采购合同属于买卖合同，它具有买卖合同的一般特点。建筑工程物资采购合同应依据前述施工合同订立。

建筑工程项目建设阶段需要采购的物资种类繁多，合同形式各异，但根据合同标的物供应方式的不同，可将涉及的各种合同大致划分为物资设备采购合同和大型设备采购合同两大类。物资设备采购合同，是指采购方（业主或承包商）与供货方（供货商或生产厂家）

就供应工程建设所需的建筑材料和市场上可直接购买定型生产的中小型通用设备所签订的合同；大型设备采购合同则是指采购方（通常为业主，也可能是承包商）与供货方（大多为生产厂家，也可能是供货商）为提供工程项目所需的大型复杂设备而签订的合同。大型设备采购合同的标的物可能是非标准产品，需要专门加工制作；也可能是虽为标准产品，但技术复杂而市场需求量较小，一般没有现货供应，待双方签订合同后由供货方专门进行加工制作。

二、建筑工程物资采购供货商的选择方式

由于物资设备采购合同与大型设备采购合同存在较大差异，因此采购方选择供货商的方式也不尽相同。当为采购一般建筑材料或设备而订立物资设备采购合同时，采购方一般选用下列方式之一挑选供货商：

1. 招标选择供货商

采购方通过公开招标或邀请招标的方式进行材料采购。这种方式适用于采购标的数额较大、市场竞争比较激烈的建筑材料或设备供应，易于使采购方获得较为有利的合同价格。

2. 询价—报价—签订合同

采购方向若干家供货商发出询价函，要求他们在规定时间内提出报价。采购方收到各供货商的报价后，通过对产品的质量、供货能力、报价等方面综合考虑，与最终选定的供货商签订合同。这种方式是物资采购最常采用的形式。

3. 直接订购

采购方直接向供货商报价，供货商接受报价，双方签订合同。另外还有大量的零星材料（品种多、价格低），双方可以直接采购形式交易，不需签订书面的供应合同。这种方式大多适用于小批量物资的采购或与供货商一直保持有良好的商务合作关系，以及限于工程项目所处地理位置、没有更多选择机会的条件下采用。

大型设备采购合同由于标的物的特殊性，要求供货方应具备一定的资质条件以及相应的技术加工能力。因此，应采用公开招标或邀请招标的方式，由采购方以合同形式将生产任务委托给承揽加工制造的供货商来实施。

三、材料设备采购合同的主要内容

我国物资采购合同的示范文本规定，条款部分应包括以下几方面的内容：合同标的、质量要求的技术标准、交（提）货地点、方式、运输方式、合理损耗及计算方法、包装标准、包装物的供应与回收、验收标准及方法、结算、担保、违约责任、争议的解决等事项。

示范文本涉及内容较为全面，以便广泛用于各类标的物的采购合同，对有关内容仅做出指导性的要求。因此，就某一具体合同而言，要依据采购标的物的特点加以详细约定。

（一）标的物的约定

1. 物资名称

合同中标的物应按行业主管部门颁布的产品目录规定正确填写，不能用习惯名称或自行命名，以免产生由于订货差错而造成物资积压、缺货、拒收或拒付等情况。订购产品的商品牌号、品种、规格型号是标的物的具体化，综合反映产品的内在素质和外观形态，因此，应填写清楚。订购特定产品，最好还要注明其用途，以免事后产生不必要的纠纷。但对品种、型号、规格、等级明确的产品，则不必再注明用途，名称本身就已说明了它的品种、规格和等级要求。

2. 质量要求和技术标准

产品质量应满足规定用途的特性指标，因此，合同内必须约定产品应达到的质量标准。约定质量标准的一般原则如下：

（1）按颁布的国家标准执行。

（2）无国家标准而有部颁标准的产品，按部颁标准执行。

（3）没有国家标准和部颁标准作为依据时，可按企业标准执行。

（4）没有上述标准，或虽有上述某一标准但采购方有特殊要求时，按双方在合同中商定的技术条件、样品或补充的技术要求执行。

3. 产品的数量

合同内约定产品数量时，应写明订购产品的计量单位、供货数量、允许的合理磅差范围和计算方法。

订购数量必须在合同内注明，尤其是一次订购分期供货的合同，还应明确每次交货的时间、地点、数量。对于某些机电产品，要明确随机的易耗品备件和安装修理专用工具的数量。若为成套供应的产品，需明确成套的供应范围，详细列出成套设备清单。

建筑材料在运输过程中容易造成自然损耗，如挥发、飞散、干燥、风化、潮解、破碎、漏损等，在装卸操作或检验环节中换装、拆包检查等也都会造成物资数量的减少，这些都属于途中自然减量。另外，有些情况不能作为自然减量，如非人力所能抗拒的自然灾害所造成的损失，由于工作失职和管理造成的失误等。因此，为了避免合同履行过程中发生纠纷，一般建筑材料的购销合同中，应列明每次交货时允许的交货数量与订购数量之间的合理磅差、自然损耗的计算方法，以及最终的合理尾差范围。

（二）产品的交付

1. 产品的交付方式

订购物资或产品的供应方式，可以分为采购方到合同约定地点自提货物和供货方负责将货物送达指定地点两大类。而供货方送货又可细分为将货物负责送抵现场和委托运输部门代运两种方式。为了明确货物的运输责任，应在相应条款内写明所采用的交（提）货方式、交（接）货地点和接货单位（或接货人）的名称。由于建筑工程用料数量大、体积大、品种繁杂、时间性较强，当事人应采取合理的交付方式，明确交货地点，以便及时、准确、安全、经济的履行合同。运输方式可分为铁路、公路、水路、航空、管道运输及海上运输等，一般由采购方在合同签订时提出采取哪一种运输方式。

2. 交付期限

货物的交（提）货期限，是指货物交接的具体时间要求。它不仅关系到合同是否按期履行，还可能会出现货物意外灭失或损坏时的责任承担问题。合同内应对交（提）货期限写明月份或更具体的时间。如果合同内规定分批交货，还需注明各批次交货的时间，以便明确责任。

3. 产品包装

产品包装是保护材料在储运过程中免受损坏的不可缺少的环节。凡国家或业务主管部门对包装有技术规定的产品，应按国家标准或专业标准技术规定的类型、规格、容量、印刷标志，以及产品的盛放、衬垫、封装方法等要求执行。无国家标准或专业标准规定可循的某些专用产品，双方应在合同内议定包装方法，应保证材料包装适合材料的运输方式，并根据材料特点采取防潮、防雨、防锈、防振、防腐蚀等保护措施。除特殊情况外，包装材料一般由供货方负责并包含在产品价格内，不得向采购方另行收取费用。如果采购方对包装提出特殊要求时，双方应在合同内商定，超过原标准费用部分由采购方承担；反之，若议定的包装标准低于有关规定标准时，应相应降低产品价格。

对于可以多次使用的包装材料，或使用一次后还可以加工利用的包装物，双方应协商回收办法；协议作为合同附件。包装物的回收办法可以采用如下两种形式之一：

（1）押金回收。适用于专用的包装物，如电缆卷筒、集装箱、大中型木箱等。

（2）折价回收。适用于可以再次利用的包装器材，如油漆桶、麻袋、玻璃瓶等。

回收办法中还要明确规定回收品的质量、回收价格、回收期限和验收办法等事项。

（三）产品的验收

验收主要应验明如下内容：

1. 查明产品的名称、规格、型号、数量；质量是否与供应合同以及其他技术文件相符。

2. 设备的主机、配件是否齐全。

3. 包装是否完整，外表有无损坏。

4. 对需要检验的材料进行必要的物理化学检验。

5. 合同规定的其他需要检验事项。

在合同中应具体写明验收方式及采购方对不合格产品提出异议的时间和拒付货款的条件。在采购方提出的书面异议中，应说明检验情况，出具检验证明和对不符合规定产品提出具体处理意见。凡因采购方使用、保管、保养不善导致的质量下降，供货方不承担责任。

（四）货款的结算

产品的价格应在合同订立时明确。由国家定价的产品，应按国家定价执行；按规定应由国家定价但国家尚无定价的，其价格应报请物价主管部门批准；不属于国家定价的产品，可以由供需双方协商约定价格。合同中应明确规定以下各项内容：

1. 办理结算的时间和手续

合同中首先需明确是验单付款还是验货付款，然后再约定结算方式和结算时间。尤其是对分批交货的物资，也应明确注明每批交付后应在多少天内支付货款。我国现行结算方式可分为现金结算和转账结算两种。现金结算只适用于成交货物数量少且金额小的购销合同。转账结算在异地之间进行，可分为托收承付、委托收款、信用证、汇兑或限额结算等方法；转账结算在同城市或同地区内进行，有支票、付款委托书、托收无承付和同城托收承付。

2. 拒付货款条件

（1）交付货物的数量少于合同约定，拒付少交部分的货款。

（2）有权拒付质量不符合合同要求部分货物的货款。

（3）货方交付的货物多于合同规定的数量，且采购方不同意接收部分的货物，在承付期内可以拒付。

3. 逾期付款的利息

合同中应规定采购方逾期付款应偿付利息的计算办法。

（五）违约责任

承担违约责任的方式有继续履行、采取补救措施、赔偿损失、支付违约金、支付定金等形式。在合同中，当事人应对违反合同所负的违约责任做出明确规定。

四、材料设备采购合同履行过程中的管理

1. 交货数量与约定数量不符的处理

合同履行过程中，经常会发生发货数量与实际验收数量不符，或实际交货数量与合同约定的交货数量不符的情况。其原因可能是供货方的责任，也可能是运输部门的责任，或由于运输过程中合理损耗。前两种情况要追究有关方的责任，第三种情况则应控制在合理的范围之内。交付货物的数量在合理的差额内，不按多交或少交对待，双方互不退补。超过界限范围时，按合同约定的方法计算多交或少交部分的数量。

2. 合同的变更或解除管理

合同履行过程中，如需变更合同内容或解除合同，都必须依据《合同法》的有关规定执行。材料设备采购合同变更的内容可能涉及订购数量的增减、包装物标准的改变、交货时间地点的变更等方面。采购方对合同中约定的订购数量不得少要或不要，否则要承担中途退货的责任。只有当供货方不能按期交付货物，或交付的货物存在严重质量问题而影响工程使用时，采购方认为继续履行合同已不必要，可以拒收货物，甚至解除合同关系。

3. 货物的交接管理

（1）采购方自提货物

采购方应在合同约定的时间或接到供货方发出的提货通知后，到指定地点提货。采购方如果不能按时提货，应承担逾期提货的违约责任。当供货方早于合同约定日期发出提货通知时，采购方可根据施工的实际需要和仓储保管能力，决定是否按通知的时间提前提货。采购方有权拒绝提前提货，也可以按通知时间提货后仍按合同规定的交货时间付款。

（2）货方负责送货到指定地点

货物的运输费用由采购方承担，但应在合同中写明是由供货方送货到现场还是代运，因为这两种方式判定供货方是否按期履行合同的时间责任不一样。合同内约定采用代运方式时，供货方必须根据合同规定的交货期、数量、到站、接货人等，按期编制运输作业计划，办理托运、装车（船）、查验等发货手续，并将货运单、合格证等交寄对方，以便采购方在指定车站或码头接货。如果因单证不齐导致采购方无法接货，由此造成的站场存储费和运输罚款等额外支出费用，应由货方承担。

4. 货物的验收管理

不论采用何种交接方式，采购方均应在合同中约定由供货方对质量负责的条件和期限内，对交付产品进行验收和试验。某些必须安装运转后才能发现内在质量缺陷的设备，应在合同内约定缺陷责任期或保修期。在此期限内，凡检测不合格的物资或设备，均由供货方负责；如果采购方在规定时间内未提出质量异议，或因其使用、保管、保养不善而造成质量下降，供货方不再负责。

如果在验收中发现建筑材料不符合合同规定的质量要求，采购方应妥善保管，并向供货方提出书面异议，供货方应予以答复处理；如果当事人双方对产品的质量检测、试验结果发生争议，可提请有关管理部门的质量监督检验机构进行仲裁检验。

5. 结算管理

产品的货款、实际支付的运杂费和其他费用的结算，应按照合同中商定的结算方式和中国人民银行结算办法的规定办理。

五、大型设备采购合同的管理

（一）合同的主要内容

当事人双方在合同内根据具体订购设备的特点和要求，一般应约定以下几方面的内容：合同文件、合同标的、供货范围和数量、合同价格、付款、交货和运输、包装与标记、技术服务、质量监督与检验、安装、调试、验收、保证与索赔、保险、税费、分包与外购、合同的变更修改及终止、不可抗力，合同争议的解决等。

为了对合同中某些约定条款涉及内容较多部分做出更为详细的说明，还需要编制一些附件作为合同的一个组成部分。附件通常包括技术规范、供货范围、技术资料的内容和交付安排、交货进度，监造、检验和性能验收试验，价格表，技术服务的内容，分包加外购计划，大部件说明表等。

（二）设备制造期内双方的责任

1. 设备监造

设备监造也称设备制造监理，指在设备制造过程中采购方委托有资质的监造单位派出驻厂代表，对供货方提供合同设备的关键部位进行质量监督。但质量监造不解除供货方对合同设备质量应负的责任。

（1）供货方的义务：

①在合同约定的时间内向采购方提交订购设备的设计、制造和检验的标准，包括与设备监造有关的标准、图纸、资料、工艺要求。

②合同设备开始投料制造时，向监造代表提供整套设备的生产计划。

③每个月末均应提供月报表，说明本月包括工艺过程和检验记录在内的实际生产进度，以及下个月的生产、检验计划。中间检验报告需说明检验的时间、地点、过程、试验记录，以及不一致性原因分析和改进措施。

④监造代表在监造中如果发现设备和材料存在质量问题，或不符合本规定的标准或包装要求，提出意见并暂不予以签字时，供货方需采取相应的改进措施，以保证交货质量。无论监造代表是否要求或是否知道，供货方均有义务主动、及时地向其提供合同设备制造过程中出现的较大的质量缺陷和问题，不得隐瞒，在监造单位不知道的情况下供货方不得擅自处理。

⑤监造代表发现重大问题要求停工检验时，供货方应当遵照执行。

⑥为监造代表提供必需的工作、生活条件。

⑦不论与造代表是否参与监造与出厂检验，或者监造代表参加了监造与检验并签署了监造与检验报告，均不能被视为免除供货方对设备质量应负的责任。

2. 采购方的义务

（1）制造现场的监造和见证，应尽量结合供货方工厂实际生产过程进行，不应影响正常的生产进度，发现重大问题时的停工检验除外。

（2）监造代表应按时参加合同规定的检查和实验。

（3）工厂内的检验。

当事人双方需在合同内约定设备监造的内容，以便监造代表进行检查和试验。检查和试验主要包括以下内容：

①原材料和元器件的进厂检验。

②部件的加工检验和实验。

③出厂前预组装检验。

④包装检验。

（三）现场交货

1. 货物交接

（1）供货方的义务：

①应在发运前同约定的时间内向采购方发出通知，以便对方做好接货准备工作。

②向承运部门办理申请发运设备所需的运输工具计划，负责合同设备从供货方到现场交货地点的运输。

③每批合同设备交货日期已到货车站（码头）的到货通知单时间戳记为准，并以此判定是否延误交货。

④在每批货物备妥及装运车辆（船）发出后，应以电报或传真方式将该批货物内容通知采购方。

（2）采购方的义务：

①应在接到发运通知后做好现场接货的准备工作。

②按时到运输部门提货。

③如果由于采购方原因要求供货方推迟设备发货，应及时通知对方，并承担推迟期间的仓储费和必要的保养费。

2. 到货检验

到货检验一般应按如下程序进行：

（1）货物到达目的地后，采购方向货方发出到货检验通知，邀请对方派代表共同进行检验。

（2）进行货物清点。双方代表共同根据运单和装箱单对货物的包装、外观和件数进行清点。如果发现任何不符之处，经过双方代表确认属于供货方责任后，由供货方处理解决。

（3）开箱检验。货物运到现场后，采购方应尽快与供货方共同进行开箱检验。如果采购方未通知供货方而自行开箱或每一批设备到达现场后在合同规定时间内不开箱，产生的后果由采购方承担；双方共同检验货物的数量、规格和质量，检验结果和记录对双方有效，并作为采购方向供货方提出索赔的证据。

现场检验时，如发现设备由于供货方原因（包括运输）有任何损坏、缺陷、短少或不符合合同中规定的质量标准和规范，应做好记录，并由双方代表签字，各执一份，作为采购方向供货方提出修理或更换、索赔的依据。双方代表在共同检验中对检验记录不能取得一致意见时，可由双方委托的权威第三方检验机构进行裁定检验。检验结果对双方都有约束力，检验费用由责任方负担。

（四）设备安装验收

1. 供货方的现场服务

按照合同约定不同，设备安装工作可以由供货方负责，也可以在供货方提供必要的技术服务条件下由采购方承担。如果由采购方负责设备安装，供货方可能要提供以下现场服务：

（1）派出必要的现场服务人员。供货方现场服务人员的职责包括指导安装和调试、处理设备的质量问题、参加试车和验收试验等。

（2）技术交底。安装和调试前，供货方的技术服务人员应向安装施工人员进行技术交底，讲解和示范将要进行的工作的程序及方法。对合同约定的重要工序，供货方的技术服务人员要对施工情况进行确认和签证，否则采购方不能进行下一道工序。经过确认和签证的工序，如果因技术服务人员指导错误而发生问题，由供货方负责。

（3）重要安装、调试的工序。整个安装、调试过程应在供货方现场技术服务人员指导下进行。重要工序须经供货方现场技术服务人员签字确认。安装、调试过程中，若采购方未按供货方的技术资料规定和现场技术服务人员指导、未经供货方现场技术服务人员签字确认而出现问题，由采购方自行负责（设备质量问题除外）；若采购方按供货方技术资料规定和现场技术服务人员的指导、经供货方现场技术服务人员签字确认而出现问题，则由供货方承担责任。

设备安装完毕后的调试工作由供货方的技术人员负责，或采购方的人员在其指导下进行。供货方应尽快解决调试中出现的设备问题，其所需时间应不超过合同约定的时间，否则将视为延误工期。

2. 设备验收

（1）启动试车。安装调试完毕后，双方共同参加启动试车的检验工作。试车分为无负荷空运和带负荷试运行两个步骤进行，且每阶段均应按技术规范要求的程序维持一定的时间，以检验设备的质量。试验合格后，双方在验收文件上签字，正式移交采购方进行生产运行。若检验不合格，属于设备质量原因，由供货方负责修理，更换并承担全部费用；如果是由于工程施工质量问题，由采购方负责拆除后纠正缺陷。不论何种原因试车不合格，经过修理或更换设备后应再次进行试车试验，直到满足合同规定的试车质量要求为止。

（2）性能验收。性能验收又称性能指标达标考核。启动试车只是检验设备安装完毕后是否能够顺利、安全地运行，但各项具体的技术性能指标是否达到供货方在合同内承诺的保证值还无法判定。因此，合同中均要约定设备移交试生产稳定运行多少个月后进行性能测试。

由于在合同规定的性能验收时间内采购方已正式投产运行，这项验收试验由采购方负责，供货方参加。

（1）在不影响合同设备安全、可靠运行的条件下，如有个别微小缺陷，供货方在双方商定的时间内免费修理，采购方则可同意签署初步验收证书。

（2）如果第一次性能验收试验达不到合同规定的一项或多项性能保证值，则双方应共同分析原因，澄清责任，由责任一方采取措施，并在第一次验收试验结束后合同约定的时间内进行第二次验收试验。如能顺利通过，则签署初步验收证书。

（3）在第二次性能验收试验后，如仍有一项或多项指标未能达到合同规定的性能保证值，按责任的原因分别对待。属于采购方原因，合同设备应被认为初步验收通过，共同签署初步验收证书。此后供货方仍有义务与采购方一起采取措施，使合同设备性能达到保证值；属于供货方原因，则应按照合同约定的违约金计算方法赔偿采购方的损失。

（4）在合同规定的设备稳定运行时间后，如果由于采购方原因造成性能验收试验的延误超过约定的期限，采购方也应签署设备初步验收证书，视为初步验收合格。

初步验收证书只是证明供货方所提供的合同设备性能和参数截止出具初步验收证明时可以按合同要求予以接受，但不能视为供货方对合同设备中存在的可能引起合同设备损坏的潜在缺陷所应负责任解除的证据。所谓潜在缺陷，是指设备的隐患在正常情况下不能在制造过程中被发现，供货方应承担纠正缺陷责任。供货方的质量缺陷责任期时间应保证到合同规定的保证期终止后或到第一次大修时。当发现这类潜在缺陷时，供货方应按照合同的规定进行修理或调换。

3. 最终验收

双方在合同中应约定具体的设备保证期限。保证期从签发初步验收证书之日起开始计算。在保证期内的任何时候，如果由于供货方责任而需要进行的检查、试验、再试验、修理或调换，当供货方提出请求时，采购方应做好安排并积极配合，以便进行上述工作。供货方应负担修理或调换的费用，并按实际修理或更换而使设备停运所延误的时间，将保证期限作相应延长。

合同保证期满后，采购方在合同规定时间内应向供货方出具合同设备最终验收证书。条件是此前供货方已完成采购方保证期满前提出的各项合理索赔要求，设备的运行质量符合合同的约定。供货方对采购方人员的非正常维修和失误操作，以及正常磨损造成的损失不承担责任。

每套合同设备最后一批交货到达现场之日起，如果因采购方原因在合同约定的时间内未能进行试运行和性能验收试验，期满后即视为通过最终验收。此后采购方应与供货方共同会合同设备的最终验收证书。

（五）合同价格与支付

大型设备采购合同通常采用固定总价合同，在合同交货期内为不变价格。合同价内包括合同设备（含备品备件、专用工具）、技术资料、技术服务等费用，还包括合同设备的税费、运杂费、保险费等与合同有关的其他费用。

双方应在合同中具体约定支付的条件、支付的时间和费用等内容。目前大型设备采购合同较多采用如下程序：

1. 合同设备价款的支付

订购的合同设备价款一般分三次支付：

（1）设备制造前供货方提交履约保丽和金额为合同设备价格 10% 的商业发票后，采购方支付合同设备价格的 10% 作为预付款。

（2）供货方按交货顺序在规定的时间内将每批设备（部组件）运到交货地点，并将该批设备的商业发票、清单、质量检验合格证明、货运提单提供给采购方，采购方支付该批设备价格的 80%。

（3）剩余合同设备价格的 10% 作为设备保证金，待每套设备保证期满没有问题，采购方签发设备最终验收证书后支付。

2. 技术服务费的支付

合同约定的技术服务费一般分两次支付：

（1）第一批设备交货后，采购方支付给供货方该套合同设备技术服务费的 30%。

（2）每套合同设备通过该套机组性能验收试验，初步验收证书签署后，采购方支付该套合同设备技术服务费的 70%。

3. 运杂费的支付

运杂费在设备交货时由供货方分批向采购方结算，结算总额为合同规定的运杂费。

采购方应严格按照合同约定的付款事件付款，付款时间以采购方银行承付日期为实际支付日期。若该日期晚于合同约定的付款日期，即从约定的日期开始按合同约定计算迟付款违约金。

（六）违约责任

为了保证合同双方的合法权益，虽然在前述条款中已说明责任的划分，如修理、置换、补足短少部件等规定，但双方还应在合同中约定承担违约责任的情况、违约责任的承担方式及违约赔偿的计算办法等。如果发生违约的情况，违约方应按规定承担相应的违约责任。

第九章　建筑工程现场环境管理与安全管理

第一节　施工项目环境管理概述

一、施工项目现场管理的概念

建设工程现场是指用于进行该施工项目的施工活动，经有关部门批准占用的场地。这些场地可用于生产、生活或两者兼有，当该项工程施工结束后，这些场地将不再使用。施工现场包括红线以内或红线以外的用地，但不包括施工单位自有的场地或生产基地。施工项目现场环境管理是对施工项目现场内的活动及空间所进行的管理。施工项目部负责人应负责施工现场文明施工的总体规划和部署，各分包单位按各自的划分区域和施工项目部的要求进行现场环境管理并接受项目部的管理监督。

二、施工项目现场环境管理的目的

施工项目的现场环境管理就是要做到"文明施工、安全有序、整洁卫生、不扰民、不损害公众利益"。

项目的现场环境管理是项目管理的一个重要部分。良好的现场环境管理使场容美观整洁，道路畅通，材料放置有序，施工有条不紊，安全、消防、保安均能得到有效的保障，有关单位都能满意。相反，低劣的现场环境管理会影响施工进度，为事故的发生埋下隐患。施工企业必须树立良好的信誉，防止事故的发生，增强企业在市场的竞争力，必须要做好现场的文明施工，做到施工现场井井有条、整洁卫生。

三、施工项目现场环境管理的意义

1.体现一个城市贯彻国家有关法规和城市管理法规的一个窗口

工程施工与城市各部门、企业人员交往很多，与工程有联系的单位和人员都会注意到施工现场环境的好与坏，现场环境管理涉及城市规划、市容整洁、交通运输、消防安全、文明建设、居民生活、文物保护等。因此，施工项目现场环境管理是一个严肃的社会和政治问题，稍有不慎就可能出现危及社会安定的问题。现场管理人员必须具有强烈的法制观念，具有全心全意为人民服务的精神。

2. 体现施工企业的形象和面貌

施工现场环境管理的好坏，通过观察施工现场一目了然。施工现场环境管理的水平直接反映施工企业的管理水平及施工企业的面貌。一个文明的施工现场，能产生很好的社会效益，会赢得广泛的社会赞誉；反之，则会损害企业声誉。施工现场的环境管理从一个方面体现了企业的形象和社会效益。

3. 施工现场是一个周转站，能否管理好直接影响施工活动

大量的物资设备、人员在施工现场，如果管理不好就会引起窝工、材料二次搬运、交叉运输等问题，直接影响到施工活动。因此，合理布置现场是工程项目能否顺利施工和按时完成的关键所在。

4. 施工现场把各专业管理联系起来

施工现场把土建工程、给水排水工程、电气工程、智能化工程、园林工程、市政工程、热能工程、通风空调工程、电梯工程等各专业联系在一起。各专业在施工现场合理分工、分头管理、密切合作，各专业之间相互影响又相互制约。

四、施工项目现场环境管理的内容

1. 合理规划施工用地，保证场内占地合理使用

在满足施工的条件下，要紧凑布置，尽量不占或少占农田。当场内空间不满足施工要求时，应会同业主（建设单位）向规划部门和公安交通等有关部门申请，经批准后才能获得并使用场外临时施工用地。

2. 在施工组织设计中，科学地进行施工总平面设计。其目的就是对施工场地进行科学规划，合理利用空间，以方便工程的顺利施工。

3. 根据施工进度的具体需要，按阶段调整施工现场的平面，布置不同的施工阶段。施工的需求不同，现场的平面布置也应该随施工阶段的不同而调整。

4. 加强对施工现场使用的检查

现场管理人员经常检查现场布置是否按平面布置图进行，如不按平面图布置应及时改正，保证按施工现场的布置进行施工。

5. 文明施工

文明施工是指按照有关法规的要求，使施工现场范围和临时占地范围内的施工秩序井然。文明施工有利于提高工程质量和工作质量，提高企业信誉。

6. 完工场清

工程施工结束，及时组织人员清理现场。将施工临时设施拆除，剩余物资退出现场，将现场的材料机械转移到新工地。

五、施工项目现场环境管理组织体系

施工项目现场环境管理的组织体系根据项目管理情况不同而有所不同。业主可将现场环境管理的全部工作委托给总包单位，由总包单位作为现场环境管理的主要责任人。

现场环境管理除去在现场的单位外，当地政府的有关部门如市容管理、消防、公安等部门，现场周围的公众、居民委员会以及总包、施工单位的上级领导部门也会对现场管理工作施加影响。因此，现场环境管理工作的负责人应把现场管理列入经常性的巡视检查内容，纳入日常管理并与其他工作有机结合在一起。要积极主动认真听取有关政府部门、近邻单位、社会公众和其他相关方面的意见和反映，及时抓好整改，取得他们的支持。

施工单位内部对现场环境管理工作的归口管理不尽一致，有的企业将现场环境管理工作分配给安全部门，有的则分配给办公室或企业管理办公室，也有分配给器材科的。现场环境管理工作的分配部门可以不一致，但应考虑到现场管理的复杂性和政策性，应当安排能够了解全面工作、能协调组织各部门工作的人员进行管理为妥。

在施工现场管理的负责人应组织各参建单位，成立现场管理组织。现场管理组织的任务是：

1. 根据国家和政府的有关法令，向参建单位宣传现场环境管理的重要性，提出现场管的具体要求。

2. 对参建单位进行现场管理区域的划分。

3. 定期和不定期的检查，发现问题，及时提出改正措施，限期改正，并作改正后的复查。

4. 进行项目内部和外部的沟通，包括与当地有关部门和其他相关方的沟通，听取他们的意见和要求。

5. 施工中有关现场环境管理的事项。

6. 在业主和总包的委托下，对参建单位有表扬、批评、培训、教育和：处罚的权利和职责。

7. 审批使用明火、停水、停电、占用现场内公共区域和道路的权利。

六、项目现场环境管理的考核

现场环境管理的检查考核是进行现场管理的有效手段。除现场专职人员的日常专职检查外，现场的检查考核可以分级、分阶段、定期或不定期进行。例如，现场项目管理部可每周进行一次检查并以例会的方式进行沟通；施工企业基层可每月进行一次检查；施工单位的公司可每季进行一次检查；总公司或集团可每半年进行一次检查。有必要时可组织有关单位针对现场环境管理问题进行专门的专题检查。

由于现场环境管理涉及面大、范围广，检查出的问题也往往不是一个部门所能解决的。因此，有的企业把现场环境管理和质量管理、安全管理等其他管理工作结合在一起进行综合检查，既可节约时间，又可成为一项综合的考评。

第二节　施工项目现场场容管理

场容是指施工现场的面貌，包括入口、边界围护、场内道路、堆场的整齐清洁，也包括办公室环境及施工人员的行为。

一、场容的基本要求

1. 现场入口设置企业标志，该标志标明建筑企业名称及第几项目部。

2. 项目经理部在现场入口的醒目位置设置公示牌，公示牌内容如下：

（1）工程概况牌，包括工程规模、性质、用途，发包人、设计人、承包人和监理单位的名称，以及施工起止年月日等。

（2）安全纪律牌，包括安全警示牌，安全生产、消防保卫制度。

（3）防火须知牌。

（4）安全无重大事故计时牌。

（5）安全生产、文明施工牌。

（6）施工总平面图。

（7）项目经理部组织结构及主要施工管理人员名单图，包括施工项目负责人、技术负责人、质量负责人、安全负责人、器材负责人等。

二、场容管理

1. 施工现场场容规范化应建立在施工平面图设计的科学合理化和物料器具定位管理标准化的基础上。承包人应根据本企业的管理水平，建立和健全施工平面图管理和现场物料器具管理标准，为项目经理部提供场容管理策划的依据。

2. 项目经理部必须结合施工条件，按照施工方案和施工进度计划的要求，根据施工各个阶段的具体情况，分阶段认真进行施工平面图的规划、设计、布置、使用和管理。

（1）施工平面图按指定的施工用地范围和现场施工各个阶段，分别进行布置和管理。施工平面图的内容应包括：

①建筑现场的红线，可临时占用的地区，场外和场内交通道路；现场主要入口和次要入口，现场临时供水供电的入口位置。

②测量放线的标志桩，现场的地面大致标高。地形复杂的大型现场应有地形等高线，以及现场临时平整的标高设计。需要取土或弃土的项目应有取、弃土区域位置。

③已建建筑物、地上或地下的管道和线路；拟建的建筑物、构筑物。如先作管网施工

时，应标出拟建的永久管网位置。

④现场主要施工机械位置及工作范围，包括垂直运输机械、搅拌机械等。

⑤材料、构件和半成品的堆场位置及占地面积。

⑥生产、生活临时设施。包括临时变压器、水泵、搅拌站、办公室、供水供电线路、仓库的位置。现场工人的宿舍应尽量安置在场外，必须安置在场内时应与现场施工区域有分隔措施。

⑦消防入口、消防道路、消火栓以及消防器材的位置。

⑧平面图比例，采用的图例、方向、风向和主导风向等标记。

施工总平面布置要求做到布置紧凑，尽可能减少施工用地。减少施工用地，既可以减少施工管线，又可以减少场内二次搬运和场内运输距离。根据材料的不同使用时间，尽可能靠近使用地点，保证施工顺利进行，这样既节约劳动力，又减少材料多次转运中的损耗。在保证顺利施工的前提下尽可能减少临时设施费用。临时设施的布置应便于施工管理及工人的生产和生活。施工现场应符合劳动保护、安全技术、防火、环保、市容、卫生的要求，并且便于管理，并应考虑减少对邻近地区或居民的影响。

（2）单位工程施工平面图宜根据不同施工阶段的需要，分别设计成阶段性施工平面图，并在阶段性进度目标开始实施前，通过施工协调会议确认后实施。

（3）项目经理部应严格按照已审批的施工总平面图或相关的单位工程施工平面图划定的位置进行布置。施工项目现场布置主要包括机械设备、脚手架、密封式安全网和围挡、模具、施工临时道路，供水、供电、供气管道或线路，施工材料制品堆场及仓库、土方及建筑垃圾存放区、变配电间、消火栓、警卫室，现场的办公、生产和生活临时设施等。

（4）施工现场物料器具除应按施工平面图指定位置就位布置外，应根据不同特点和性质，规范布置，并执行码放整齐、限宽限高、上架入箱、按规格分类、挂牌标识等管理标准。

（5）在施工现场周边应设置临时围护设施。市区工地的周边围护设施高度不应低于1.8m。临街脚手架、高压电缆、起重机回转半径伸至街道的，均应设置安全隔离棚。危险物品仓库附近应有明显标志及围挡设施。

（6）施工现场应设置畅通的排水沟渠系统，场地不积水、不积泥浆，道路应硬化坚实。

三、环境管理

1. 施工现场泥浆和污水未经处理不得直接排入城市排水设施和河流、湖泊、池塘。

2. 不得在施工现场熔化沥青和焚烧油毡、油漆，不得焚烧产生有毒有害烟尘和恶臭气味的废弃物，禁止将有毒有害废弃物作土方回填。

3. 建筑垃圾、渣土应在指定地点堆放，每日进行清理。高空施工的垃圾及废弃物应采用密闭式串筒或其他措施清理搬运。装载建筑材料、垃圾或渣土的车辆，应采取防止尘土飞扬、洒落或流溢的有效措施，如运输车辆顶加覆盖。施工现场应根据需要设置机动车辆冲洗设施，进出施工现场的车辆必须冲洗，防止车辆的污泥带到城市道路上污染道路，冲洗的污水应进行处理。

4. 在居民和单位密集区域进行爆破、打桩等施工作业前，项目经理部应按规定进行申请批准；还应将作业计划、影响范围、影响程度及有关保护措施等情况，向受影响范围的居民和单位通报说明，取得各方的支持和配合。对施工机械的噪声与振动扰民，采取相应措施予以管理。

5. 经过施工现场的地下管线，由发包人在施工前通知承包人，标出位置，加以保护。施工时发现文物、古迹、爆炸物、电缆等，应当停止施工，保护现场，及时向有关部门报告，按有关规定处理后方可继续施工。

6. 施工中需要停水、停电、封路而影响环境时，必须向有关部门报告，经有关部门批准后，事先告示，并发布消息，在施工现场应设置警示标志。在行人、车辆通行的地方施工，应当设置沟、井、坎、穴覆盖物和警示标志。

7. 施工现场应进行必要的绿化。

四、消防保安管理

1. 现场设立门卫传达，根据需要设置警卫，负责施工现场保卫工作，并采取必要的防盗措施。施工现场的主要管理人员在施工现场应当佩戴证明其身份的证卡，其他现场施工人员也要有标识。有条件时可对进出场人员使用磁卡管理。

2. 承包人必须严格按照《中华人民共和国消防法》的规定，建立和执行消防管理制度。现场必须有满足消防车出入和行驶的道路，并设置符合要求的防火报警系统和固定式灭火系统，消防设施应保持完好的备用状态。在火灾易发地区施工或储存、使用易燃、易爆器材时，承包人应当采取特殊的消防安全措施。现场严禁吸烟，必要时可设吸烟室。

3. 施工现场的通道、消防出入口、紧急疏散楼道等，均应有明显标志或指示牌。有高度限制的地点应有限高标志。

4. 施工中需要进行爆破作业的，必须经政府主管部门审查批准，并提供爆破器材的品名、数量、用途、爆破地点、与四周单位及建筑物的距离等文件和安全操作规程。向所在地县、市（区）公安局申领"爆破物品使用许可证"，由具备爆破资质的专业队伍按有关规定进行施工。

五、卫生防疫管理

卫生防疫管理的重点是食堂管理和现场卫生。

1. 食堂管理应当在组织施工时就进行策划。

2. 现场食堂应按照就餐人数安排食堂面积设施以及炊事员和管理人员。

3. 食堂卫生必须符合《中华人民共和国食品卫生法》和其他有关卫生规定的要求。

4. 炊事人员应经定期体格检查合格后方可上岗。炊具应严格消毒，生、热食应分开。

5. 原料及半成品应经检验合格，方可采用。

6. 现场食堂不得出售酒精饮料。现场人员在工作时间严禁饮用酒精饮料。

7. 要确保现场人员饮水的供应，炎热季节要供应清凉饮料。

8. 生产和生活区应分开。施工现场不宜设置职工宿舍，必须设置时应尽量和施工场地分开；施工现场应准备必要的医务设施，在办公室内显著位置张贴急救车和有关医院电话号码；夏天施工应根据需要采取防暑降温和消毒、防毒措施。施工作业区与办公区应分区明确。

9. 现场的厕所应符合卫生要求。

第三节　施工项目安全管理概述

一、施工项目安全管理的概念

安全管理是指施工企业采取措施使项目在施工中没有危险，不出事故，不造成人身伤亡和财产损失。安全既包括人身安全，也包括财产安全。

"安全生产管理"是指经营管理者对安全生产工作进行的策划、组织、指挥、协调、管理和改进的一系列活动，目的是保证在生产经营活动中的人身安全、资产安全，促进生产的发展，保持社会的稳定。

安全生产长期以来一直是我国的一项基本方针，它不仅是要保护劳动者生命安全和身体健康，也是要促进生产的发展，必须贯彻执行；同时也是维护社会安定团结，促进国民经济稳定、持续、健康发展的基本条件，是社会文明程度的重要标志。

安全与生产的关系是辩证统一的关系，而不是对立的、矛盾的关系。安全与生产的统一性表现在：一方面，是指生产必须安全，安全是生产的前提条件，不安全就无法生产；另一方面，安全可以促进生产，抓好安全，为员工创造一个安全、卫生、舒适的工作环境，可以更好地调动员工的积极性，提高劳动生产率和减少因事故带来的不必要的损失和麻烦。

二、施工项目安全管理的特点

1. 施工项目安全管理的难点多

由于受自然环境的影响大，冬雨季施工多，高空作业多，地下作业多，大型机械多，用电作业多，易燃易爆物多，因此，安全事故引发点多，安全管理的难点必然多。

2. 安全管理的劳保责任重

建筑施工的手工作业多，人员数量大，交叉作业多，高空作业的危险性大。因此，劳动保护责任重大。

3. 施工项目安全管理是企业安全管理的一个子系统

企业安全系统包括安全法规系统、安全组织系统和安全技术系统，这些系统都与施工项目安全有密切关系。安全法规系统是国家、地方、行业的安全法规，各企业必须执行；安全组织系统是企业内部安全部门和安全管理人员，是安全法规的执行者；安全技术系统是国家对不同工种、行业制定的技术安全规范。

4. 施工现场是安全管理的重点和难点

施工现场人员集中、物资集中，是作业场所，事故一般都发生在现场，因此，施工现场是安全管理的重点和难点。

三、施工项目安全管理的原则

1. "安全第一，预防为主"的原则

在生产活动中，把安全放在第一位，当生产和安全发生矛盾时，生产必须服从安全，即安全第一。预防为主是实现安全第一的基础。要做到安全第一，首先，要做好预防措施。预防工作做好了，就可以保证安全生产，实现安全第一。

2. 明确安全管理的目的性

安全管理是对生产中的人、物、环境等因素状态的管理。做好对人的不安全行为和物的不安全状态的管理，就能消除或避免事故。

3. 坚持全方位、全过程的管理

只要有生产就有发生事故的可能，因此必须坚持全员、全过程、全方位、全天候的安全管理状态。

4. 不断提高安全管理水平

随着社会的发展，生产活动不断发生变化。因此，安全管理工作也会随着生产活动的变化而发生变化，施工企业需要不断总结安全管理经验，提高安全管理水平。

5. "生产必须安全，安全促进生产"

许多企业提出"质量是企业的生命，安全是企业的血液"，足以看出企业对安全的重视程度。"生产必须安全"是指劳动过程中，必须尽一切可能为劳动者创造必要的安全卫生条件，积极克服不安定不卫生因素，防止伤亡事故和职业性毒害的发生，使劳动者在安全卫生的条件下，顺利地进行劳动生产；"安全促进生产"是指安全工作必须紧紧围绕生产活动来进行，不仅要保护职工的生命安全和身体健康，而且要促进生产的发展。施工企业的任务是想尽一切办法克服不安全因素，促进生产发展，离开了生产，安全工作就毫无实际意义。

安全管理是生产管理的重要组成部分，只有安全才能促进生产的发展。特别是生产任务繁忙时，就更应该处理好二者的关系，生产任务越忙越要重视安全，把安全工作搞好。

如若出现工伤事故，既妨碍生产，又影响企业声誉。因此，生产和安全是互相联系，互相依存的，要正确处理好二者之间的关系。

四、施工项目安全管理的程序

1. 确定施工安全目标

企业按照生产经营活动的要求，制定安全总目标。各部门和员工按企业总目标，自上而下制定切实可行的分目标，形成一套完整的安全目标管理体系。

2. 编制项目安全保证计划

按企业要求，各部门员工编制各部门的安全计划。

3. 施工项目安全计划实施

目标制定完毕后，企业与各部门员工、项目签订协议，使他们自觉为实现目标而努力。

4. 施工项目安全保证计划验证

各部门员工在安全管理的执行中，要对执行情况进行总结，验证目标的完成情况。

5. 施工项目安全管理的持续改进

施工项目在达到安全管理目标后，制定新一轮的安全目标，使安全目标更加完善。

6. 兑现合同承诺

按照协议的约定对员工进行奖惩。

五、安全管理体系

1993 年，国务院在《关于加强安全生产工作的通知》中提出实行"企业负责、行业管理、国家监察、劳动者遵章守纪"的安全生产管理体制。实践证明，这条原则是适应我国市场经济体制要求的，同时也符合国际惯例。

1. "企业负责"

"企业负责"是指企业在其经营活动中必须对本企业的安全生产负全面责任。

企业对安全生产负责的关键是要做到"三个到位"，即责任到位、投入到位、措施到位。

责任到位就是必须全面落实各级安全生产责任制；投入到位就是要确保对安全生产的资金投入；措施到位就是要严格按照国家关于安全生产的法律、法规和方针政策，结合本单位、本项目的实际情况，制定详尽周密的安全生产计划，并按照计划认真抓好落实工作。

（1）企业法定代表人是安全生产的第一责任人，项目经理是施工项目安全生产的主要责任人。

（2）企业应自觉贯彻"安全第一、预防为主"的方针和坚持"管生产必须管安全"的原则，严格遵守安全生产的法律、法规和标准。

（3）正确处理好"五种关系"，即安全与生产、安全与效益、安全与进度、安全与管理、安全与技术的关系。

（4）必须建立健全本企业安全生产责任制和各项安全生产规章制度。安全生产责任制要"横向到边，纵向到底"，明确各级领导、各职能部门、所有操作者和管理者的安全责任，使安全工作层层有人负责，事事有人管理，齐抓共管，责任明确，这样才能真正做到安全生产的顺利进行。

（5）施工企业必须设置安全机构，配备合格的安全管理人员，对企业的安全工作进行有效的管理。

（6）负责提供符合国家安全生产要求的工作场所、生产设施。

（7）加强对有毒、易燃易爆等危险品和特种设备的管理。

（8）对从事危险物品管理和操作的人员都应进行专业的训练，并持证上岗。

（9）编制安全生产计划和专项安全施工组织设计。

（10）要进行定期和不定期的安全检查，杜绝违章指挥、违章作业和违反劳动纪律现象，及时消除不安全因素。

（11）加强对员工的安全教育和培训，提高全体员工的业务素质和安全素质。新工人入场必须进行三级安全教育，三级安全教育是指公司、工程处、施工队和班组的安全教育。安全教育要根据企业的实际情况采取多种形式进行。如安全活动日、班前班后安全会、安全会议、安全月、安全技术交底、广播、黑板报、事故现场会、分析会、安全技术专题讲座等。安全教育要抓好三步：第一是传授安全知识，这是解决"知"的问题；第二是使职工掌握安全操作技能，把掌握的知识运用到实际工作中去，就是解决"会"的问题；第三是"执行"，对每一个职工来说即使掌握了安全知识和安全技能，也不一定每一个人都"执行"，因此，必须经常进行安全态度教育。

（12）自觉接受当地政府行政管理、国家监察和群众监督。

2. "行业管理"

"行业管理"就是各级行业主管部门对用人单位的职业健康安全工作加以指导，充分发挥行业主管部门对本行业职业健康安全工作进行管理的作用。

3. "国家监察"

"国家监察"就是各级政府部门对用人单位遵守职业健康安全法律、法规的情况实施监督检查，并对用人单位违反职业健康安全管理体系法律、法规的行为实施行政处罚。

国家监察是一种执法监察，主要是监察国家法律、法规、政策的执行情况，预防和纠正违反法律、法规、政策的偏差。它不干预企事业单位内部执行法律、法规、政策的方法、措施和步骤等具体事务，也不能替代行业管理部门日常管理和安全检查。

4. "群众监督"

"群众监督"就是要规定工会依法对用人单位的职业健康安全工作实行监督，劳动者对违反职业健康安全法律、法规和危害生命及身体健康的行为，有权提出批评、检举和控告。

5. "劳动者遵章守纪"

安全生产目标的实现，其根本取决于全体员工素质的提高，取决于劳动者能否自觉履行好自己的安全法律责任。按照《劳动法》的规定："劳动者在劳动过程中，必须严格遵守安全操作规程"。要"珍惜生命，爱护自己，勿忘安全"，广泛深入地开展"三不伤害"活动，自觉做到遵章守纪、遵纪守法，确保安全。

第四节　施工项目安全管理体系

一、安全保证计划

安全目标管理是企业在某一时期制定出的旨在为达到保证生产过程中员工的安全和健康的目标而采取的一系列工作的总称。安全保证计划是项目部在企业总目标下而制定的安全目标。

1. 确定施工安全目标

（1）项目经理部应根据项目施工安全目标的要求配置必要的资源，确保施工安全，保证目标实现。专业性较强的施工项目，应编制专项安全施工组织设计并采取安全技术措施。

（2）项目安全保证计划应在项目开工前编制，经项目经理批准后实施。

2. 项目安全保证计划书

（1）项目安全保证计划的内容包括工程概况、管理程序、管理目标、组织结构、职责权限、规章制度、资源配置、安全措施、检查评价、奖惩制度。

（2）项目经理部应根据工程特点、施工方法、施工程序、安全法规和标准的要求，采取可靠的技术措施，消除安全隐患，保证施工安全。

（3）对结构复杂、施工难度大、专业性强的项目，除制定项目安全技术总体安全保证计划外，还必须制定单位工程或分部、分项工程的安全施工措施。

（4）对高空作业、井下作业、水上作业、水下作业、深基础开挖、爆破作业、脚手架上作业、有害有毒作业、特种机械作业等专业性强的施工作业，以及从事电气、压力容器、起重机、金属焊接、井下瓦斯检验、机动车和船舶驾驶等特殊工种的作业，应制定单项安全技术方案和措施，并应对管理人员和操作人员的安全作业资格和身体状况进行合格审查。

（5）安全技术措施应包括防火、防毒、防爆、防洪、防尘、防雷击、防触电、防坍塌、防物体打击、防机械伤害、防溜车、防高空坠落、防交通事故、防寒、防暑、防疫、防环境污染等方面的措施。

二、安全保证计划的实施

1. 落实安全责任制

项目经理部应根据安全生产责任制的要求，把安全责任目标分解到岗，落实到人。安全生产责任制必须经项目经理批准后实施。

（1）项目经理的安全职责包括：认真贯彻安全生产方针、政策、法规和各项规章制度，制定和执行安全生产管理办法；严格执行安全考核指标和安全生产奖惩办法；严格执行安全技术措施审批和施工安全技术措施交底制度；定期组织安全生产检查和分析，针对可能产生的安全隐患制定相应的预防措施；当施工过程中发生安全事故时，项目经理必须按安全事故处理的预案和有关规定程序及时上报和处置，并制定防止同类事故再次发生的措施。

（2）安全员安全职责包括：落实安全设施的设置；对施工全过程的安全进行监督，纠正违章作业；配合有关部门排除安全隐患；组织安全教育和全员安全活动；监督劳保用品质量和正确使用。

（3）作业队长安全职责包括：向作业人员进行安全技术措施交底，组织实施安全技术措施；对施工现场安全防护装置和设施进行验收；对作业人员进行安全操作规程培训，提高作业人员的安全意识，避免产生安全事故；当发生重大或恶性工伤事故时，应保护现场，立即上报并参与事故调查处理。

（4）班组长安全职责包括：安排施工生产任务时，向本工种作业人员进行安全措施交底；严格执行本工种安全技术操作规程，拒绝违章指挥；作业前应对本次作业所使用的机具、设备、防护用具及作业环境进行安全检查，消除安全隐患，检查安全标牌是否按规定设置，标识方法和内容是否正确完整；组织班组开展安全活动，召开上岗前安全生产会；每周应进行安全讲评。

（5）操作工人安全职责包括：认真学习并严格执行安全技术操作规程，不违规作业；自觉遵守安全生产规章制度，执行安全技术交底和有关安全生产的规定；服从安全监督人员的指导，积极参加安全活动；爱护安全设施；正确使用防护用具；对不安全作业提出意见，拒绝违章指挥。

（6）承包人对分包人的安全生产责任的管理：审查分包人的安全施工资格和安全生产保证体系，不应将工程分包给不具备安全生产条件的分包人；在分包合同中应明确分包人安全生产责任和义务；对分包人提出安全要求，并认真监督、检查；对违反安全规定冒险蛮干的分包人，应令其停工整改；承包人应统计分包人的伤亡事故，按规定上报，并按分包合同约定协助处理分包人的伤亡事故。

（7）分包人安全生产责任包括：分包人对本施工现场的安全工作负责，认真履行分包合同规定的安全生产责任；遵守承包人的有关安全生产制度，服从承包人的安全生产管理，及时向承包人报告伤亡事故并参与调查，处理善后事宜。

2. 实施安全教育的规定

（1）项目经理部的安全教育内容包括：学习安全生产法律、法规、制度和安全纪律，讲解安全事故案例。

（2）作业队安全教育内容包括：了解所承担施工任务的特点，学习施工安全基本知识、安全生产制度及相关工种的安全技术操作规程；学习机械设备和电器使用、高处作业等安全基本知识；学习防火、防毒、防爆、防洪、防尘、防雷击、防触电、防高空坠落、防物体打击、防坍塌、防机械伤害等知识及紧急安全救护知识；了解安全防护用品发放标准，防护用具、用品使用基本知识。

（3）班组安全教育内容包括：了解本班组作业特点，学习安全操作规程、安全生产制度及纪律；学习正确使用安全防护装置（设施）及个人劳动防护用品知识；了解本班组作业中的不安全因素及防范对策、作业环境及所使用的机具安全要求。

3. 安全技术交底

（1）单位工程开工前，项目经理部的技术负责人必须将工程概况、施工方法、施工工艺、施工程序、安全技术措施，向承担施工的作业队负责人、工长、班组长和相关人员进行交底。

（2）结构复杂的分部分项工程施工前，项目经理部的技术负责人应有针对性地进行全面、详细的安全技术交底。

（3）项目经理部应保存双方签字确认的安全技术交底记录。

三、施工项目的安全检查

安全检查是预防安全事故发生的重要措施。安全检查是为了及时发现事故隐患，堵塞事故漏洞，防患于未然，因此，必须建立安全检查制度。安全检查的形式分为普遍检查、专业检查和季节性检查。安全检查的内容分为现场和资料两部分。

1. 项目经理应组织项目经理部定期对安全管理计划的执行情况进行检查考核和评价。对施工中存在的不安全行为和隐患，项目经理部应分析原因并制定相应整改防范措施。

2. 项目经理部应根据施工过程的特点和安全目标的要求，确定安全检查内容。

3. 项目经理部安全检查应配备必要的设备或器具，确定检查负责人和检查人员，并明确检查内容及要求。

4. 项目经理部安全检查应采取随机抽样、现场观察、实地检测相结合的方法，并记录检测结果。对现场管理人员的违章指挥和操作人员的违章作业行为应进行纠正。

5. 安全检查人员应对检查结果进行分析，找出安全隐患部位，确定危险程度。

6. 项目经理部应编写安全检查报告。

四、施工项目安全管理事故的处理

1. 安全隐患处理

（1）项目经理部应区别"通病""顽症""首次出现""不可抗力"等类型，对这些隐患采取修订和完善安全整改措施。

（2）项目经理部应对检查出的隐患立即发出安全隐患整改通知单。受检单位应对安全隐患原因进行分析，制定纠正和预防措施。纠正和预防措施应经检查单位负责人批准后实施。

（3）安全检查人员对检查出的违章指挥和违章作业行为，应向责任人当场指出，限期纠正。

（4）安全员对纠正和预防措施的实施过程和实施效果应进行跟踪检查，保存验证记录。

2.项目经理部进行安全事故处理

（1）安全事故处理必须坚持"事故原因不清楚不放过，事故责任者和员工没有受到教育不放过，事故责任者没有处理不放过，没有制定防范措施不放过"的"四不放过"原则。

（2）安全事故处理程序

①安全事故：安全事故发生后，受伤者或最先发现事故的人员应立即用最快的传递手段，将发生事故的时间、地点、伤亡人数、事故原因等情况，上报至企业安全主管部门。企业安全主管部门视事故造成的伤亡人数或直接经济损失情况，按规定向政府主管部门报告。

②事故处理：抢救伤员，排除险情，防止事故蔓延扩大，做好标识，保护好现场。

③事故调查：项目经理应指定技术、安全、质量等部门的人员，会同企业工会代表组成调查组，开展调查。

④调查报告：调查组应把事故发生的经过、原因、性质、损失责任、处理意见、纠正和预防措施撰写成调查报告，并经调查组全体人员签字确认后报企业安全主管部门。

第十章　建筑工程项目资源管理

第一节　项目资源管理概述

一、项目资源管理的概念与作用

1. 项目资源管理的概念

项目资源是对项目实施中使用的人力资源、材料、机械设备、技术、资金和基础设施等的总称。资源是人们创造出产品（即形成生产力）所需要的各种要素，亦称生产要素。

科学技术被劳动者所掌握，并且融汇在劳动对象和劳动手段中，便能形成相当于科学技术水平的生产力水平，科学技术水平决定和反映了生产力的水平。劳动者，即具有劳动能力的人，是生产力中最活跃的因素。其掌握生产技术，运用劳动手段，作用于劳动对象，从而形成生产力。劳动手段是指机械、设备工具和仪器等，它只有被人所掌握才能形成生产力。

劳动对象是指劳动者利用劳动手段进行"改造"的对象，通过"改造"使劳动对象形成具有价值和使用价值的产品。在商品生产条件下，各种生产经营活动都离不开资金，是一种流通手段，是财产和物资的货币表现。

项目资源管理是对项目所需的各种资源进行的计划、组织、指挥、协调和控制等系统活动。项目资源管理的复杂性，主要表现是：工程实施所需资源的资源种类多、需要量大；建设过程对资源的消耗极不均衡；资源供应受外界影响太大，具有一定的复杂性和不确定性且资源经常需要在多个项目间进行调配；资源对项目成本的影响最大。

加强项目管理，必须对投入项目的资源进行市场调查与研究，做到合理配置；并在生产中强化管理，以尽量少的消耗获得产出，达到节约物化劳动和活劳动、减少支出的目的。

2. 项目资源管理的作用

资源的投入是项目实施必不可少的前提条件，若资源的投入得不到保证，考虑得再周详的其他项目计划（如进度计划）与安排也不能实行。例如，由于资源供应不及时就会造成工程项目活动不能正常进行，不能及时开工或整个工程停工，浪费时间，出现窝工现象。

在项目实施过程中，如果未能采购符合规定的材料，将造成质量缺陷；或采购超量、采购过早，将造成浪费、仓储费用增加等。如果不能合理地使用各项资源或不能经济的获取资源，都会给项目造成损失。

（1）进行资源优化配置，即适时、适量、位置适宜的配备或投入资源，以满足施工需要。

（2）进行资源的优化组合，即投入项目的各种资源，在使用过程中搭配适当，协调地发挥作用，有效地形成生产力。

（3）在项目实施过程中，对资源进行动态管理。项目的实施过程是一个不断变化的过程，对各种资源的需求也在不断变化。因此，各种资源的配置和组合也就需要不断调整，这就需要动态管理。动态管理的基本内容就是按照项目的内在规律，有效地计划、配置、控制和处置各种资源，使之在项目中合理流动。动态管理是优化配置和组合的手段与保证。

（4）在项目运转过程中，合理的、节约的使用资源（劳动力、材料、机械设备、资金），以取得减少资源消耗的目的。

二、项目资源管理的内容

1. 人力资源管理

人力资源泛指能够从事生产活动的体力和脑力劳动者，在项目管理中包括不同层次的管理人员和参与作业的各种工人。人是生产力中最活跃的因素，人具有能动性、再生性和社会性等。项目人力资源管理是指项目组织对该项目的人力资源进行的科学的计划、适当培训教育、合理的配置、有效的约束和激励、准确的评估等方面的一系列管理工作。

项目人力资源管理的任务是根据项目目标，不断获取项目所需人员，并将其整合到项目组织中，使之与项目团队融为一体。项目中人力资源的使用，关键在明确责任，调动职工的劳动积极性，提高工作效率。从劳动者个人的需要和行为科学的观点出发，应责权利相结合，应多采取激励措施，并在使用中重视对他们的培训，提高他们的综合素质。

2. 材料管理

建筑材料分为主要材料、辅助材料和周转材料等。主要材料指在施工中被直接加工，构成工程实体的各种材料，如钢材、水泥、砂子、石子等；辅助材料指在施工中有助于产品的形成，但不构成工程实体的材料，如外加剂、脱模剂等；周转材料指不构成工程实体，但在施工中反复流转使用的材料，如模板、架管等。各类材料都在施工中有独特作用。建筑材料还可以按其自然属性分类，包括金属材料、硅酸盐材料、电器材料、化工材料等，它们的保管、运输各有不同要求。

一般工程中，建筑材料占工程造价的 70% 左右，加强材料管理对于保证工程质量，降低工程成本都将起到积极的作用。项目材料管理的重点在现场、在使用、在节约和核算，尤其是节约，其潜力巨大。

3. 机械设备管理

机械设备主要指作为大中型工具使用的各类型施工机械。机械设备管理往往实行集中管理与分散管理相结合的办法，主要任务在于正确选择机械设备，保证机械设备在使用中处于良好状态，减少机械设备闲置、损坏，提高施工机械化水平，提高使用效率。关键在提高机械使用效率，提高机械使用效率必须提高利用率和完好率。利用率的提高靠人，完好率的提高在于保养和维修。

4. 技术管理

技术指人们在改造自然、改造社会的生产和科学实践中积累的知识、技能、经验，及体现他们的劳动资料。技术具体包括操作技能、劳动手段、生产工艺、检验试验、管理程序和方法等。任何物质生产活动都是建立在一定的技术基础上的，也是在一定技术要求和技术标准的控制下进行的。随着生产的发展，技术水平也在不断地提高。由于施工的单件性、复杂性、受自然条件的影响等特点，决定了技术管理在工程项目管理中的作用更加重要。工程项目技术管理，是对各项技术工作要素和技术活动过程的管理。技术工作要素包括技术人才、技术装备、技术规程等；技术活动过程包括技术计划、技术应用、技术评价等。

技术作用的发挥，除决定于技术本身的水平外，极大程度上还依赖于技术管理水平。没有完善的技术管理，先进的技术是难以发挥作用的。工程项目技术管理的任务是：正确贯彻国家的技术政策，贯彻上级对技术工作的指示与决定；研究认识和利用技术规律，科学地组织各项技术工作，充分发挥技术的作用；确立正常的生产技术秩序，文明施工，以技术保证工程质量；努力提高技术工作的经济效果，使技术与经济有机地结合起来。

5. 资金管理

工程项目的资金，从流动过程来讲。首先是投入，即将筹集到的资金投入到工程项目的实施上；其次是使用，也就是支出。工程项目资金管理有编制资金计划、筹集资金、投入资金（项目经理部收入）、资金使用（支出）、资金核算与分析等环节。资金管理应以保证收入、节约支出、防范风险为目的，重点是收入与支出问题，收支之差涉及核算、筹资、利息、利润、税收等问题。

三、项目资源管理的全过程

项目资源管理非常重要，而且比较复杂，全过程包括如下四个环节。

1. 编制资源计划。项目实施时，其目标和工作范围是明确的。资源管理的首要工作是编制计划，计划是优化配置和组合的手段。目的是对资源投入时间及投入量做出合理安排，以满足施工项目实施进度的需要。

2. 资源配置。资源配置是指按编制的计划，从资源的供应到投入项目实施，保证项目需要。

3. 资源控制。资源控制是根据每种资源的特性，制定科学合理的措施，进行动态配置和组合，协调投入，合理使用，不断纠正偏差，以尽可能少的资源满足项目要求，达到节约资源、降低成本的目的。动态控制是资源管理目标的过程控制，包括对资源利用率和使用效率的监督、闲置资源的清退、资源随项目实施任务的增减变化及时调度等，通过管理活动予以实现。

4. 资源处置。资源处置是以各种资源投入、使用与产出的核算为基础，进行使用效果分析，实现节约使用的目的。一方面，是对管理效果的总结，找出经验和问题，评价管理活动；另一方面，又对管理提供储备和反馈信息，以指导下一阶段的管理工作，并持续改进。

四、资源管理的责任矩阵

项目资源管理的责任分配将人员配备与项目工作分解结构（WBS）相联系，明确表示出每个工作单元由谁参与、由谁负责，并表明了每个人（或部门）在项目工作开展中的职责与地位。责任分配矩阵是一种将所分解的工作任务落实到项目有关部门或者个人，并明确表示出他们在组织中的关系、责任和地位的一种方法和工具；是以组织单位为行，工作单位为列的矩阵图，矩阵中的符号表示项目工作人员在每个工作单元中的参与角色或责任。

第二节 项目人力资源管理

一、人力资源计划

人力资源需求计划是为了实现项目目标而对所需人力资源进行预测，并为满足这些需要而预先进行系统安排的过程。应遵守有关法规，结合项目规模、建筑特点、人员素质与劳动效率要求、组织机构设置、生产管理制度等进行计划编制。

1. 项目管理人员、专业技术人员的确定

应根据岗位编制计划，参考类似工程经验进行管理人员、技术人员需求预测。在人员需求中应明确需求的职务名称、人员需求数量、知识技能等方面的要求，招聘的途径，选择的方法和程序，希望到岗的时间等。最终形成一个有员工数量、招聘成本、技能要求、工作类别以及为满足管理需要的人员数量和层次的分列表。

管理人员需求计划编制一定要提前做好工作分析。工作分析是指通过观察和研究，对特定的工作职务做出明确的规定，并规定这一职务的人员应具备什么素质的过程。具体包括：工作内容、责任者、工作岗位、工作时间、如何操作、为何要做。根据工作分析的结果，编制工作说明书、制定工作规范。

2. 劳动力需求计划的确定

劳动力综合需要量计划是确定暂设工程规模和组织劳动力进场的依据。编制时根据工种工程量汇总表所列的各个建筑物不同专业工种的工程量，查劳动定额，便可得到各个建筑物不同工种的劳动量；再根据总进度计划中各单位工程或分部工程的专业工种工作持续时间，即可得到某单位工程在某时段里的平均劳动力数量。同样方法可计算出各主要工种在各个时期的平均人数。最后，将总进度计划图表纵坐标方向上各单位工程同工种的人叠加在一起并连成一条曲线，即为某工种的劳动力动态曲线。

劳动力需要计划是根据施工进度计划、工程量、劳动生产率，依次确定专业工种、进场时间、劳动量和工人数，然后汇集成表格形式。它可作为现场劳动力调配的依据。

随施工部位和工序的不断变化，在项目某一阶段任务结束后，对项目施工管理人员和技术人员、专业工种人数的需求也是不同的。公司的人事部门需要从全公司范围内对劳务队，甚至项目经理部部分人员进行动态配置。

二、劳动力的配置

企业劳动管理部门审核各项目层的施工进度计划和各工种需要量计划后，与企业内部劳务队伍（劳务分公司）或外部劳务市场的劳务分包企业签订劳务分包合同，进行劳动力配置。每个项目劳动力分配的总量，应按本企业建筑安装工人的劳动生产率进行控制。

远离企业本部的项目经理部可在企业法人授权下与劳务分包企业签订劳务分包合同。

1. 配置劳动力时，应让工人有超额完成的可能，以获得奖励，进而激发工人的劳动热情。

2. 尽量使劳动力和劳动组织保持稳定，防止频繁调动。劳动组合的形式有专业班组、混合班组、大包队。但当原劳动组织不适应工程项目任务要求时，项目经理部可根据工程需要，打乱原派遣到现场的作业人员建制，对有关工种工人重新进行优化组合。

3. 为保证作业需要，工种组合、技工与壮工比例必须适当、配套。

4. 尽量使劳动力配置均衡，使劳动资源消耗强度适当，以便管理，达到节约的目的。

三、劳动力的动态管理

劳动力的动态管理指的是根据施工全过程中生产任务和施工条件的变化对劳动力进行跟踪平衡、协调，以解决劳务失衡、劳务与生产脱节的管理。目的是实现劳动力动态的优化组合。

1. 劳动管理部门对劳动力的动态管理起主导作用

由于企业对劳动力进行集中管理，所以劳动管理部门在动态管理中起主导作用。它的主要工作如下：

（1）根据项目经理部提出的劳动力需要量计划，签订劳务合同，并按合同派遣队伍。

（2）根据施工任务的需要和变化，从社会劳务市场中招募和遣返（辞退）民工。

（3）对劳动力进行企业范围内的调度、平衡和统一管理。当施工项目中的承包任务完成后收回作业人员，重新进行平衡、派遣。

（4）对企业劳务人员的工资进行管理，实行按劳分配，兑现合同中的经济利益条款，进行符合规章制度及合同约定的奖罚。

2.项目经理部是项目施工范围内劳动力动态管理的直接责任者，劳动用工中合同工和临时工比重大，人员素质较低，劳动熟练程度参差不齐，而且室外作业及高空作业较多，使得劳动管理具有一定的复杂性。为了提高劳动生产率，充分有效地发挥和利用人力资源，项目经理部有责任做好如下工作：

（1）对进场劳务人员进行入场教育。讲工程施工要求，进行技术交底，组织安全考试。

（2）在施工过程中，项目经理部的管理人员应加强对劳务发包队伍的管理。按照企业有关规定进行施工，严格执行合同条款，不符合质量标准、技术规范和操作要求的应及时纠正，对严重违约的按合同规定处理。

（3）按合同进行经济核算，支付劳动报酬。在签订劳务合同时，通常根据包工资、包管理费的原则，在承包造价的范围内，扣除项目经理部的现场管理工资额和应向企业上缴的管理费分摊额，对承包劳务费进行合同约定。项目经理部按核算制度，按月结算，向劳务部门支付。

（4）工程结束后，由项目经理部对分包劳务队伍进行评价，并将评价结果报企业有关管理部门。在施工过程中，项目经理部的管理人员应加强对劳务分包队伍的管理，重点考核是否按照组织有关规定进行施工，是否严格执行合同条款，是否符合质量标准和技术规范操作

四、人力资源的开发

1.人力资源开发的概念

人力资源除了包括智力劳动能力和体力劳动能力外，同时也包含现实的劳动能力和潜在的劳动能力。人的现实劳动能力是指人能够直接迅速投入劳动过程，并对社会经济的发展产生贡献的劳动能力；也有一部分人，由于某些原因，暂时不能直接参与特定的劳动，必须经过对人力资源的开发等过程才能形成劳动能力，这就是潜在的劳动能力。如对文化素质较低的人进行培训，使其具备现代生产技术所需要的劳动能力，从而能够上岗操作，这就属于人力资源开发的过程。

人力资源的开发，需要组织通过学习、训导的手段，提高员工的技能和知识，增进员工工作能力和潜能的发挥，最大限度地使员工的个人素质与工作相匹配，进而促进员工现在和将来的工作绩效的提高。严格地说，人力资源的开发是一个系统化的行为改变过程，工作行为的有效提高是人力资源开发的关键所在。

人力资源开发主要指人们通过传授知识，转变观念或提高技能来改善当前或未来管理工作绩效的活动。培训是人力资源开发的主要手段，培训是指给新雇员或现有雇员传授其完成本职工作所必需的基本技能的过程。

2. 人力资源的培训

（1）管理人员的培训

①岗位培训。岗位培训是对一切从业人员，根据岗位或者职务对其具备的全面素质的不同需要，按照不同的劳动规范，本着干什么学什么，缺什么补什么的原则进行的培训活动。旨在提高职工的本职工作能力，使其成为合格的劳动者，并根据生产发展和技术进步的需要，不断提高其适应能力。如项目经理培训，基层管理人员和土建、装饰、水暖、电气工程的专业培训，以及其他岗位的业务、技术部的培训。

②继续教育。继续教育包括建立以"三总师"（总工、总经、总会）为主的技术、业务人员继续教育体系，采取按系统、分层次、多形式的方法，对具有一定学历以上的处级以上职务的管理人员进行继续教育。还有各种执业资格人员（如结构师、建造师、监理师、造价师等）的业内教育。

③学历教育。为培养企业高层次的专门管理和技术人才，毕业后回本企业继续工作，可以选派部分人员到高等院校深造。

（2）工人的培训

①班组长培训。按照国家建设行政主管部门制定的班组长岗位规范，对班组长进行培训，通过培训最终达到班组长 100% 持证上岗。

②技术工人等级培训。按照建设部颁发的《工人技术等级标准》和劳动部颁发的有关技师评聘条例，开展中高级工人的考评和工人技师的评聘。

③特殊工种作业人员的培训。根据国家有关特种作业人员必须单独培训、持证上岗的规定，对从事登高、焊接、塔式起重机驾驶、爆破等工种作业人员进行培训，保证 100% 持证上岗。

④对外部施工队伍的培训。按照省、市有关外地务工人员必须进行岗前培训的规定，对所使用的外地务工人员进行培训，颁发省、市统一制发的外地务工经商人员就业专业训练证书。

（3）常用的培训方法

①讲授法。讲授法是传统模式的培训方法，也称课堂演讲法。在企业培训中，经常开设的专题讲座就是采用讲授法进行的培训，适用于向群体学员介绍和传授某一个单一课题的内容。培训场地可选用教室、餐厅或会场，教学资料可以事先准备妥当，教学时间也容易由讲课者控制。这种方法要求授课者对课题有深刻的研究，并对学员的知识、兴趣及经历有所了解。重要技巧是要保留适当的时间进行培训员与受训人员之间的沟通，用问答形式获取学员对讲课内容的反馈。另外，授课者表达能力的发挥、视听设备的使用也是提高效果的有效的辅助手段。

讲课法培训的优点是同时可实施于多名学员，不必耗费太多的时间与经费；缺点是由于在表达上受到限制，受训人员不能主动参与培训，只能从讲授者的演讲中，做被动、有限度的思考与吸收。这种方法适宜于对一种新政策（或新标准、规范、规程）的介绍以及引进新设备或技术的普及讲座等理论性内容的培训。

②操作示范法。操作示范法是职前实务（操作工艺）训练中广泛采用的一种方法，适用于较机械性的工种。操作示范法是职能部门或项目管理层开展专业技能训练的通用方法，一般由部门经理或项目技术负责人主持，由技术能手担任培训员，现场向受训人员简单地讲授操作理论与技术规范，然后进行标准化的操作示范表演；学员则反复模仿实习，经过一段时间的训练，使操作逐渐熟练直至符合规范的程序与要求，达到运用自如的程度。培训员在现场作指导，随时纠正操作中的错误表现。这种方法有时显得单调而枯燥，培训员可以结合其他培训方法与之交替进行，以增强培训效果。

③案例研讨法。案例研讨法是一种用集体讨论方式进行培训的方法，与讨论法不同点在于：研讨不单是为了解决问题，而是侧重于培养受训人员对问题分析判断及解决的能力。在对特定案例的分析、辩论中，受训人员集思广益，共享集体的经验与意见，有助于他们在未来实际业务工作中思考与应用，建立一个有系统的思考模式。

培训员事先对案例的准备要充分，对受训群体深入了解，确定培训目标，针对目标选用具有客观性与实用性的资料，根据预定的主题编写案例或选用现成的案例。在正式培训中，先安排受训人员有足够的时间去研读案例，使他们自己如同当事人一样去思考和解决问题。

案例讨论可以按照以下步骤展开：发生什么问题—问题因何引起—如何解决问题—今后采取什么对策。适用的对象是中层以上管理人员，目的是训练他们具有良好的决策能力，帮助他们学习如何在紧急状况下处理各类事件。

第三节　项目材料管理

一、材料分类

施工生产的过程，同时也是材料消耗的过程，材料是资源中价值最大的组成要素。材料在流动资金和工程成本中所占比例最大，加强材料管理是提高项目经济效益的最主要途径。

一般建筑工程项目中，使用的材料品种有几十种，甚至上百种。材料管理要抓住事物的主要矛盾进而对它们实行分别控制。如图 10-1 所示，项目材料按成本金额的多少与品种的比例关系，依比例从大到小排列并绘制出 A、B、C 排列图，从而将材料划分为 A、B、C 三部分。把关键的少数列为 A 类，此类材料数量只占总数的 10%~20%，而成本占材料总成本的 70%~80%，应列为重点管理对象，重点控制。大宗及贵重材料，如钢材、水泥、商品混凝土等一般列为 A 类；把次要的多数列为 C 类，此类材料占总数的 70%~80%，而成本只占材料总成本的 10%~20%，应列为一般管理对象，稍加控制即可；中间部分列为 B 类，此类材料占总数的 20% 左右，成本亦占总成本的 20% 左右，应列为次要管理对象，采取次要控制，定期检查，一般将砌块、砂子、铝合金门窗、装饰材料等列为 B 类。

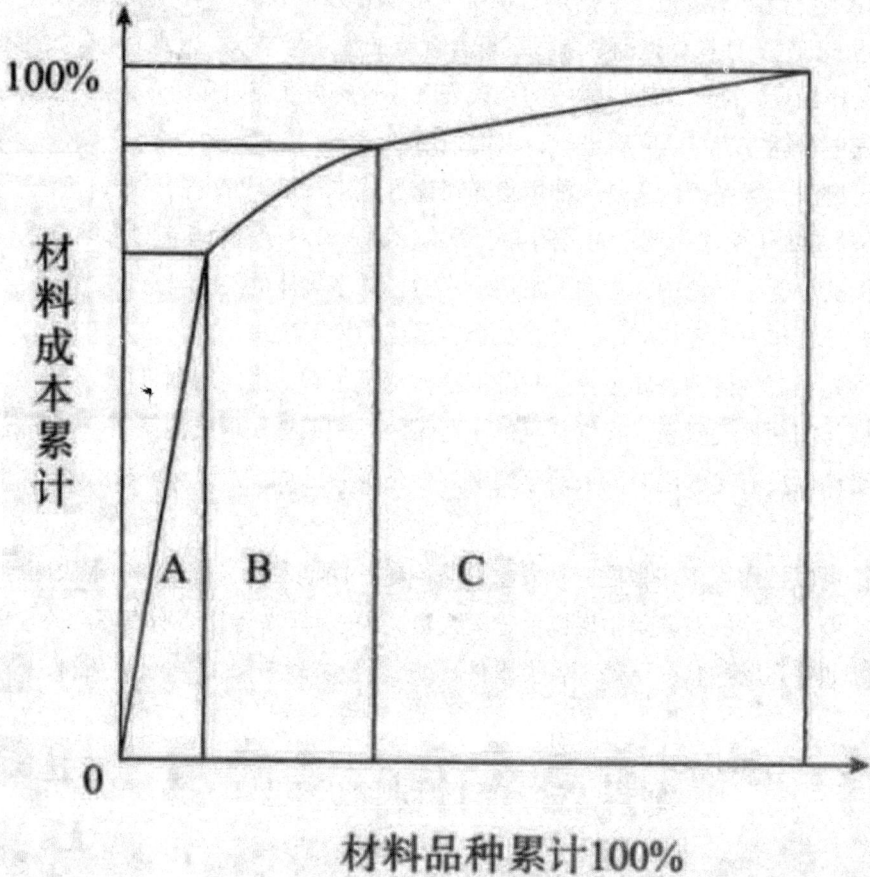

图 10-1　材料成本 A、B、C 排列图

二、材料需用计划

项目经理部应及时向企业物资部门提供主要材料、大宗材料需用计划，由企业负责采购。工程材料需用计划一般包括整个项目（或单位工程）和各计划期（年、季、月）的需用计划。准确确定材料需要数量是编制材料计划的关键。

1. 整个项目（或单位工程）材料需用量计划。根据施工组织设计和施工图预算，整个项目材料需用量计划应于开工前提出，作为备料依据。它反映单位工程及分部、分项工程材料的需要量。材料需要量计划编制方法是将施工进度计划表中各施工过程的工程量，按材料名称、规格、数量及使用时间汇总而得。

2.计划期材料需用量计划。根据施工预算、生产进度及现场条件，按工程计划期提出材料需用量计划，作为备料依据。计划（期）需用量是指一定生产期（年、季、月）的材料需要量，主要用于组织材料采购、订货和供应，编制的主要依据是单位工程（或整个项目）的材料计划、计划期的施工进度计划及有关材料消耗定额。因为施工的露天作业、消耗的不均匀性，必须考虑材料的储备问题，合理确定材料期末储备量。

三、材料控制

材料控制包括材料供应单位的选择及采购供应合同的订立、出厂或进场验收、储存管理、使用管理及不合格品处置等。施工过程是劳动对象"加工""改造"的过程，是材料使用和消耗的过程。在此过程中，材料管理的中心任务就是检查、保证进场施工材料的质量，妥善保管进场的物资，严格、合理地使用各种材料，降低消耗，保证实现管理目标。

1.材料供应

为保证供应材料的合格性，确保工程质量，要对生产厂家及供货单位进行资格审查。内容有：生产许可证，产品鉴定证书；材质合格证明；生产历史，经济实力等。采购合同内容除双方的责权利外，还应包括采购对象的规格、性能指标、数量、价格、附件条件和必要的说明。

2.材料进场验收

（1）验收准备。材料进场前，应根据平面布置图进行存料场地及设施的准备。在材料进场时必须根据进料计划、送料证、质量保证书或产品合格证进行质量和数量验收。

（2）质量验收：

①一般材料外观检验，主要检验规格、型号、尺寸、色彩、方正、完整及有无开裂。

②专用、特殊加工制品外观检验，应根据加工合同、图纸及资料进行质量验收。

③内在质量验收，由专业技术员负责，按规定比例抽样后，送专业检验部门检验力学性能、化学成分、工艺参数等技术指标。

材料验收工作按质量验收规范和计量检测规定进行，并做好记录和标识，办理验收手续。施工单位对进场的工程材料进行自检合格后，还应填写《工程材料/构配件/设备报审表》，报请监理工程师进行验收。对不合格的材料应更换、退货或让步接收（降低使用），严禁使用不合格材料。

（3）数量验收：

①砂石等大堆材料按计量换算验收，抽查率不得低于10%。

②水泥等袋装的材料按袋点数，抽查率不得低于10%。散装的除采取措施卸净外，按磅单抽查。

③构配件实行点件、点根、点数和验尺的验收方法。

④对有包装的材料，除按包件数实行全数验收外，属于重要的、专用的易燃易爆、有

毒物品应逐项逐件点数、验尺和过磅。属于一般通用的，可进行抽查，抽查率不得低于10%。

⑤应配备必要的计量器具，对进场、入库、出库材料严格计量把关，并做好相应的验收记录和发放记录。

3. 材料储存与保管

项目所需材料可分批采购也可一次采购。材料存储管理应合理确定材料的经济存储量、经济采购批量、安全存储量、订购点等参数。进场的材料应建立台账，记录使用和节超状况；材料储备要维护其使用价值，确保使用安全注意防火、防盗、防雨、防变质；要日清、月结、定期盘点、账实相符。材料储存应满足下列要求：

（1）入库的材料应按型号、品种分区堆放，并分别编号、标识。

（2）易燃易爆的材料专门存放、专人负责保管，并有严格的防火、防爆措施。

（3）有防湿、防潮要求的材料，应采取防湿、防潮措施，并做好标识。

（4）有保质期的库存材料应定期检查，防止过期，并做好标识。

（5）易损失的材料应保护好包装，防止损坏。

4. 材料使用管理

（1）材料发放及领用。材料领发标志着料具从生产储备转入生产消耗，必须严格执行领发手续，明确领发责任。凡实行项目法施工的工程，都应实行限额领料，限额领料是指生产班组在完成施工生产任务中所使用的材料品种、数量应与所承担的生产任务相符合。限额领料是现场材料管理的中心环节，是合理使用、减少损耗、避免浪费、降低成本的有效措施。有定额的工程用料，原则上都应实行限额领料。限额领料单是施工任务书的组成部分，它是根据材料消耗定额计算班组的用料并核算经济效果，也是班组对现场领用的证，应随同施工任务书同时下达和结算。

（2）材料使用监督。材料管理人员应该对材料的使用进行分工监督，检查是否认真执行领发手续，是否合理堆放材料严格按设计参数用料，是否严格执行配合比，是否合理用料，是否做到工完料净、工完退料、场退地清、谁用谁清，是否按规定进行用料交底和工序交接，是否按要求保管材料等。检查是监督的手段，检查要做到情况有记录，问题有（原因）分析，责任要明确，处理有结果。

（3）材料回收。班组余料应回收，并及时办理退料手续，处理好经济关系。设施用料、包装物及容器，在使用周期结束后组织回收，并建立回收台账。

5. 周转材料的管理

（1）周转材料的范围和来源。周转材料包括：

①模板，如组合钢模、异型模、滑模、大钢模板等。

②脚手架，如钢架管、碗扣钢架管、吊篮等。

③扣件、U型卡具、附件等零配件。

（2）周转材料的堆放和使用

①组合钢模板应分规格码放，以便于清点和发放，一般码十字交叉垛，高度不超过1.8m，大模板应集中码放，做好防倾斜安全措施，并设置区域维护；钢脚手架管应分规格顺向码放，周围用围栏固定，减少滚动；周转材料零配件应集中存放、装箱或装袋，便于转护，减少损失。

②周转材料如连续使用的，每次用完都应及时清理，除垢以后，涂刷保护剂，分类码放，以备再用。如不再使用的，应及时收回、整理和退场。

第四节　项目机械设备管理

一、工程项目机械设备的来源

随着经济的持续发展，建筑施工的装备水平得到了较大的提高，如土石方工程、桩基础工程、结构吊装工程、混凝土及预应力混凝土工程等。许多生产活动都由机械设备来完成。机械设备的广泛使用对减轻劳动强度、提高劳动生产率，保证工程质量，降低工程成本，缩短工期都很重要。

项目需用的施工机械设备通常从本企业专业机械租公司，或从社会的建筑机械设备租市场租用。

项目经理部应根据施工要求选择设备技术性能适宜的施工机械查机械，并检查机械设备资料是否齐全。如选择塔式起重机，如果工作幅度50m，臂端起重量2t能满足施工需要，就不要选用更大型号的塔式起重机。同样性能的机械应优先租用性价比较好的设备。租用机械设备，特别是大型起重机和特种设备时，应认真检查出租设备的营业执照、租赁资格、机械设备安装资质及安全使用许可证、设备安全技术定期鉴定证明、机型机种在本地注册备案资料、机械操作人员作业证等。对资料齐全、质量可靠的施工机械设备，租用双方应租赁协议或合同，明确双方对施工机械设备的管理责任和义务。

对根据施工需要购买新的施工机械设备，尤其是大型机械及特殊设备，应在调研的基础上，写出经济技术可行性分析报告，报告经有关领导和专业管理部门审批后，方可购买。

二、机械设备使用计划

1.机械设备的选择

机械设备管理的首要任务是正确选择施工机械。机械员应根据施工组织设计编制机械设备使用计划。施工组织设计包括施工方法、措施等，同样的工程采用不同的施工方法、生产工艺及技术措施，选配的施工机械设备也不同。因此，编制施工组织设计，在考虑合理的施工方法、工艺、技术安全措施的同时，还要考虑用什么设备去组织生产，才能最合理有效地保证工期和质量，降低生产成本。例如，混凝土工程施工，一般考虑混凝土现场制作成本较低，就需配备混凝土配料机、搅拌机，冬期还需配有加热水、砂的炉具。水平及垂直运输，可配有翻斗车、塔式起重机等设备。采用混凝土输送泵来运送混凝土，则应配备混凝土拖式泵或汽式泵、内爬式电动混凝土布料机或移动式混凝土布料杆（机）等设备。工程的特点和要求不同，机械的配备及组合形式就应不同，从效率和成本角度来看，选择搅拌机、塔式起重机、混凝土输送泵的规格形式、型号也应有所不同。

施工机械设备的选择原则是：切合需要，实际可能，经济合理。

（1）不同的机械，其技术性能指标也不相同，机械设备的选择首先必须满足施工技术与组织需要。如装配式单层工业厂房施工，依构件吊装对起重量 Q、起重高度 H 和起重半径 R（或最小臂长 Lmin）的需要，进行起重机选择。再如，高层建筑混凝土垂直运输通常有塔送和泵送两种方式可供选择，如果采用塔吊运输方式浇筑每一标准层的时间，大雨计划工期最长允许工作持续时间 [t]，则须采用泵送；反之，则不需设置混凝土输送泵。t 的计算式为

$$\frac{(H_{max}/V_1 + H_{max}/V_2 + t_3 + t_4)/Q}{60bcq}$$

式中 t——用塔吊提升混凝土时，每个标准层所需要的工期，d；

H_{max}——标准层高一层标高，m；

V_1——吊钩上升速度，m/min；

V_2——空钩下降速度，m/min；

t_3——起重臂每吊回转时间，min；

t_4——装、卸吊钩时间，min；

Q——每个标准层所需浇筑的混凝土量，m³；

b——每个台班工作时间，h；

c——每天每台塔吊的台班数；

q——塔吊每吊混凝土量，m³。

（2）选择机械设备必须考虑企业自身的机械装备水平，尽可能地选择机械设备，尽量避免新购机械设备。许多以机械设备为主导的工程施工，选择这样或那样的机械设备都可以完成施工任务，某种程度上可以说机械决定了施工方法。如装配式单层工业厂房施工，如果只有桅杆式起重机可供选择，那么结构吊装采用综合吊装法；如果还有自行杆式起重机可供选择，自然就采用分件吊装法。

（3）经济合理选择机械设备。施工中，往往有多种机械的技术性能指标可以满足施工需要，但不同其他特征亦不相同，对工期的缩短、劳动消耗量的减少、机械成本费用的降低程度也不相同，所以必须经济合理地选择机械设备。选择方法有以下几种：

①综合考虑各种因素选择机械设备。假设有三台机械的技术性能均可满足施工需要，现综合考虑各机械的工作效率、工作质量、使用费和维修费、能源耗费量等其他特性对机械进行选择。

②用单位工程量成本比较优选。在使用机械时，总要消耗一定的费用，这些费用可依其性质不同划分为两类：一类费用随着机械的工作时间而变化，称为可变费用（操作费），如操作人员的工资、燃料动力费、小修理费、直接材料费等；另一类费用是按一定施工期限分摊的费用，称为固定费用，只要拥有这台机械，无论工作多少及是否工作，都发生固定费用，如折旧费、大修理费、机械管理费等。用这两类费用计算"单位工程量成本"的公式为

$$单位工程量成本 = \frac{操作时间固定费用 + 操作时间 \times 单位时间操作费}{操作时间 \times 单位时间产量}$$

2. 机械设备需求计划

机械设备需求计划一般由项目经理部机械设备管理员负责编制。中小型机械设备一般由项目部主管项目经理审批；大型机械设备经主管项目经理审批后，还需报企业有关部门审批，方可实施运作。

将施工进度计划表中的每一个施工过程每天所需的机械类型、数量和施工日期进行汇总，得到施工机械需要量计划。

三、机械设备使用管理

项目机械设备管理的主要任务除正确选择机械设备外，还要保证施工机械在使用中处于良好状态，减少闲置、损坏，提高使用效率及产出水平。要以机械设备的利用率和完好率保证其使用效率，利用率主要取决于施工管理规划中施工方法的选择与进度安排；完好率主要取决于维修和保养。

1. 机械设备的操作人员

机械设备使用实行"三定"制度（定机、定人、定岗位责任），且机械操作人员必须持证上岗。实行"三定"制度，有利于操作人员熟悉机械设备特性，熟练掌握操作技术，合理和正确地使用、维护机械设备，提高机械效率；有利于大型设备的单机经济核算和考评操作人员使用机械设备的经济效果；也有利于定员管理，工资管理。

机械操作人员持证上岗，是指通过专业培训考核合格后，经有关部门注册，操作证年审合格，并且在有效期范围内，所操作的机种与所持操作证上允许操作机种相吻合。此外，机械操作人员还必须明确机组人员责任制，并建立考核制度，奖优罚劣，使机组人员严格按规范作业，并在本岗位上发挥出最优的工作业绩。责任制应对机长、机员分别制定责任内容，对机组人员做到责、权、利三者相结合，定期考核，奖罚明确到位，以激励机组人员努力做好本职工作，使其操作的设备在一定条件下发挥出最大效能。

2.机械设备的合理使用

施工机械设备进场后，应进行必要的调试与保养。在正式投入使用前，项目部机械员应会同机械设备主管企业的机务、安全人员及机组人员一起对机械设备进行认真检查验收，并做好检查验收记录。施工单位对进场的机械设备进行自检合格后，还应填写《机械设备进场报验表》，报请监理工程师进行验收，验收合格后方可正式投入使用。做好上述工作，不仅能起到防止施工机械带病作业，造成不必要的质量、安全事故；还能为出现由于非施工方原因造成的机械设备停工、窝工等事件提供索赔依据。

验收合格的机械设备在使用过程中，其安全保护装置、机械质量、可靠性都可能发生质的变化。对机械设备在使用过程中的保养、检查、修理与故障排除是确保其安全、正常使用，减少磨损，提高使用效率必不可少的手段。因此，使用单位及设备管理企业都必须对施工机械设备进行必要的受控管理。也就是说，在使用过程中做好机械设备的维护，保证机械设备具有较高的完好率。

在机械设备的安排利用上要注意以下几点：

（1）搞好综合利用。对于现场的施工机械设备尽量做到一机多用，充分发挥其效率。尤其是垂直运输机械，它负责综合垂直运输各种材料和构件，同时做回转范围内的水平运输、装卸车等。因此，要及时安排好机械的工作，充分利用时间，大力提高其利用率。

（2）要努力组织好机械设备的流水施工。当施工的进展主要是靠机械而不是人力的时候，划分施工段的大小必须考虑机械的服务能力，把其作为施工段划分的决定因素。要使机械连续作业，不停歇，甚至可使机械三班作业。一个项目有多个单位工程时，应使机械在单位工程之间流水，减少进、出场时间和装卸等费用。

（3）项目经理部要按机械设备的安全操作要求安排工作和进行指挥，不得要求操作人员违章作业，也不得强令机械带病操作，更不得指挥和允许操作人员野蛮施工。同时，现场布置应适合机械作业要求，交通道路畅通无障碍，夜间施工安排好照明，为机械设备的施工作业创造良好条件。

第五节　项目技术管理

一、项目技术管理计划

运用系统的观点、理论与方法对项目的技术要素与技术活动过程进行的计划、组织、监督、控制、协调等全过程、全方位的管理称为项目技术管理。技术管理可以按照统一领导，分级管理的原则设置管理层次。企业的技术管理体系达到统一。

由总工程师领导，各管理层由相应的主任工程师、项目工程师领导，形成纵向的领导关系。

不同层面上的职能部门和人员之间的关系是业务归口和业务指导关系；不同层面上的职能部门数量可以不一致，但职能应满足实际需要。

1. 技术开发计划。技术开发工作是企业持续发展的保证，技术开发的依据包括：国家的技术政策，如科学技术的专利政策、技术成果有偿转让；产品生产发展的需要，如未来对建筑产品的种类、规模、质量以及功能等需要；组织的实际情况，如企业的人力、物力、财力及外部协作条件等。

2. 设计技术计划。设计计划主要是设计技术方案的确立、设计文件的形成、有关指导意见和措施的计划。

3. 工艺技术计划。施工工艺上存在的客观规律和相互制约关系，一般情况下不能违背。如基坑未挖完土方，垫层工作就不能施工；混凝土浇筑必须在模板安装和钢筋绑扎完成后，才能进行；土方、砌筑、混凝土及装饰等工程施工，都有保证质量和安全相应的工艺要求。因此，要对工艺技术进行科学周密的计划和安排。

二、施工项目技术管理工作内容

1. 企业技术管理基础工作

企业技术管理基础工作是企业的经常性工作、基础性工作。只要企业存在，有生产经营活动，这些工作就存在。如项目管理规划大纲管理、技术开发与新技术推广管理、材料与试验管理、技术质量问题处理管理及技术档案管理等，这些工作一般由企业职能部门负责，项目经理部配合。

总工程师的主要职责。总工程师是企业的技术总负责人，对重大技术疑难问题，有权做出决策。其主要职责如下：

（1）全面负责技术工作和技术管理工作。

（2）贯彻执行国家的技术政策、技术标准、技术规程、验收规范和技术管理制度。

（3）组织编制技术措施纲要及技术工作总结。

（4）领导开展技术革新活动，审定重大技术革新、技术改造和合理化建议。

（5）组织编制和实施科技发展规划、技术革新计划和技术措施计划。

（6）参加重点和大型工程"三结合"设计方案的讨论，组织编制及审批施工组织设计和重大施工方案，组织技术交底和参加竣工验收。

（7）主持技术会议，审定签发技术规定、技术文件，处理重大施工技术问题。

（8）领导技术培训工作，审批技术培训计划。

（9）参加引进项目的考察和谈判。

2. 项目经理部在施工过程中的基本技术管理工作

这部分工作是阶段性的工作。只有当项目经理部存在，有施工生产过程，这部分工作才会发生。如设计文件管理与勘测资料管理、图纸会审管理、工程洽商及设计变更管理、项目管理实施规划与季节性施工方案管理、计量与测量管理等。这些工作一般由项目经理部完成。

技术是指人类在生产过程中积累起来的知识、技能和技术装备，涉及对人、机、料、法、环的了解。要做好项目经理部的技术工作，首先，要了解人的思想、情绪、知识技能；了解机具、材料的特点；了解方法、工序、工艺；了解环境因素、水文地质因素、气象因素等。作为资源之一的技术工作，涉及生产者、生产对象、生产手段和技能，不能简单理解为只有技术规范、标准是技术。工程项目的技术涉及人、物，也涉及环境因素。技术管理工作就是要管人的行为和施工过程，使之符合设计文件的要求，符合标准、规章制度的要求。正确了解机具和材料的特征和特性，发挥其作用，适应环境条件，趋利避害，使技术工作做到准确、及时、可行、可靠、系统、完整。由此可见，技术工作本身要求管好人的行为，即要求明确各技术职能人员的工作职责。

（1）项目技术负责人的主要职责。项目技术负责人，从行政上讲是项目技术上的负责人，从业务上讲是项目技术上的决策人。其主要职责有以下几方面：

①项目技术负责人，是项目部行政领导的重要成员，是项目部生产经营决策人之一。

在项目经理领导下负责贯彻国家、地方、企业制定的有关科技进步方针、技术政策和法规，组织工程技术人员和广大职工推进科技进步，加强施工过程管理，不断提高工程质量和施工技术水平，使项目部取得良好的经济效益和社会效益。

②负责组织编制本项目部的技术开发、新技术推广计划，在项目经理及企业负责人批准后负责实施工作。

③协助项目经理建立健全项目管理实施规划管理制度，审定本项目的技术管理实施规划，并组织报批工作。

④协助项目经理建立项目质量保证体系，组织项目开展质量管理工作，负责解决工程质量中的技术问题。

⑤负责建立健全项目技术管理体系，组织编制项目技术责任制，贯彻企业的技术规章、制度。负责审定和管理项目部的技术文件，解决施工生产中的技术问题。

⑥负责施工过程中的基本技术管理工作，项目经理部对技术管理体系的机构设置、人员配备、使用、晋升、奖惩应征得技术负责人的同意。

⑦技术负责人犯有严重技术、质量过失或失职，造成重大损失的应给予必要的行政或经济处罚。

⑧技术负责人能坚持原则，秉公办事，忠于职守；在工作中取得显著成绩，对推动企业技术进步、完成重大项目取得显著成果的应予以奖励。

⑨技术负责人在完成项目施工的同时，能带领项目部技术人员提高素质、改进管理工作，成绩显著的应予以奖励。

（2）专业工程师的主要职责。项目组织通常配有专业工程师、技术员等职能管理人员。

专业工程师的主要职责如下：

①主持编制施工组织设计和施工方案，审批单位工程的施工方案。

②主持图纸会审和工程的技术交底。

③组织技术人员学习和贯彻执行各项技术政策、技术标准和各项技术管理制度。

④组织制定保证工程质量和安全的技术措施，主持主要工程的质量检查，处理施工质量和施工技术问题。

⑤负责技术总结，汇总竣工资料及原始技术凭证。

⑥编制专业的技术革新计划，负责专业的科技情报、技术革新、技术改造和合理化建议，对专业的科技成果组织鉴定。

三、施工项目技术管理制度

技术管理制度是要求项目经理部相关人员共同遵守的办事规程。应将涉及技术管理范畴的技术要素和技术活动过程一明确，将管理职能逐一分配到人。明确工作内容和责任，明确横向配合关系，按计划时间、质量标准完成。明确过程中的检查、协调，记录完成情况并进行考核。通常的技术工作管理制度如下：

1. 图纸会审管理制度

为了保证能够按设计图纸的要求进行施工，必须熟悉、审查并最终掌握设计内容。图纸会审工作首先由项目技术负责人组织内部会审，包括各专业的图纸学习与初审、各专业之间的会审、总分包间的综合会审，明确外审时所提出的问题及解决问题的方案，做到施工前完成外审，留有施工准备工作时间。

外审是项目组织在内审之后，由建设单位或其委托的监理单位、设计单位三方代表与会，对设计图纸进行审查。外审通常由监理单位（或建设单位）主持，先由设计单位介绍设计意图和图纸、设计特点、对施工的要求等；然后，由施工单位提出图纸中存在的问题和对设计单位的要求，通过三方讨论与协商，解决存在的问题，写出会议纪要，交给设计人员；设计人员将纪要中提出的问题通过书面的形式进行解释或提交设计变更通知书。

图纸审查的重点应是设计是否符合国家有关方针、政策，设计与实际情况是否相符及施工的可能性，地基处理得当与否，各专业间有无矛盾，设计图纸是否齐全，图纸本身及相互之间有无错误和矛盾，图纸与说明是否一致等。通过图纸会审领会设计意图，明确技术要求，减少施工图中差错，提出修改与洽商意见，避免技术事故或产生经济质量问题具有重要作用。

2. 建立工程洽商，设计变更管理制度

项目实施过程中，施工承包方必须与各参与方，以及与项目相关的单位和部门打交道。项目实施过程中，各参与方之间为使工程能顺利地实现预定的目标，需要经常不断地进行技术洽商，尤其是业主方与设计单位之间经常出现设计文件的变更洽商。为此，开工前由项目技术负责人明确相关责任人，由责任人组织制定管理制度，经批准后实施。保证工程洽商的程序、内容有序规范。例如，设计变更涉及的内容、变更事项所在图纸上的编号、节点号清楚，内容详尽，图文结合；尺寸、计量单位、技术要求明确，符合规程、规范精神等。

工程洽商、设计变更涉及技术、经济、工期诸多方面，应实行分级管理，并明确哪些技术洽商可以由项目经理部各专业负责人签证。涉及影响原规划及公用、消防部门已审定的项目，如改变使用功能，增减建筑高度、面积；改变建筑外廓形态及色彩等项目，应明确其变更需具备哪些条件，由哪一级签证。签证人员应是授权签证人，并确保每一位该持有有效文件的人员能及时得到文件，做到文件管理系统、完整、有效。

3. 施工组织设计与季节性施工方案管理制度

（1）施工组织设计。项目经理部为全面完成工程施工任务，必须在工程开工之前编制"施工组织设计"。它是整个工程施工管理的执行计划，是施工项目的管理规范，是施工的指导性文件。其在施工项目的各个阶段中执行，并在执行过程中接受企业有关职能部门（如总工办）的监督和跟踪。项目管理结束后，必须对施工组织设计的编制、执行的经验和问题进行总结分析，并归档保存。

"施工组织设计"包括下列内容：工程概况、施工目标、施工组织、施工部署、施工方案、施工进度计划、资源供应计划、施工准备工作计划、施工平面图、技术措施、风险管理、信息管理、技术经济指标分析等。

在项目经理部技术管理工作中，施工组织设计编制是一项面广量大的工作，其工作质量直接影响项目管理的质量。随着经济体制改革的不断深化，进入市场经济环境后，建筑业有了招投标工作。由投标人在投标前编制的，旨在作为投标依据、满足投标文件要求及签订合同要求的管理规划文件称为标前施工组织设计，编制者是企业（投标人），核心内容是投标人向发包人说明将如何组织项目实施，以实现标书规定的工期、质量、造价目标，是企业对外的承诺。在开工之前由项目经理主持编制的，旨在指挥施工项目管理，实施全过程、实施性管理的规划文件称为标后施工组织设计；其核心是项目经理向企业法人代表说明项目经理将组建一个什么样的组织机构，在施工过程中采用什么方法与措施确保企业法人代表与发包方签订的合同能够履约，并实现企业对项目经理部的责任目标。主编人是项目经理，其核心内容是讲如何组织实施和管理。

施工组织设计一经企业主管部门批准，该文件的性质就成为企业法人代表对项目经理部的指令。在执行中，当主客观条件发生变化，需要对实施规划进行修改、变更时，应报请原审批人同意后方可实施。

（2）季节性施工方案。由于工程项目生产周期长，一般的工程也需跨季度施工。就我国所处地理位置而言，季节特征比较明显，加之工程施工又是露天作业，所以跨季连续施工的项目必须编制季节性施工方案，并遵守有关规范，采取一定措施保证工程质量。如工程所在地室外平均气温连续 5 天稳定低于 +5℃时，应按编制的冬期施工方案进行施工；

雨期到来以前应编制完成雨期施工方案。

4. 原材料、成品、半成品检验与施工试验管理

原材料、成品、半成品检验与施工试验管理是合理使用资源、确保工程质量的重要措施。一切用于工程上的原材料、半成品、成品，必须由供货方提供合格证明文件，没有证明的或认为有必要的，必须在使用前检验或复验，合格后才能使用。

砂浆、混凝土、回填土、焊接、防水等工程施工，均须按试验规定的配合比、指数（参数）、操作方法进行施工，并在施工中抽样检查工程质量。

5. 技术交底与工艺管理制度

（1）技术交底。技术交底是管理者就某项工程的构造、材料要求、使用的机具、操作工艺、质量标准、检验方法及安全、劳保、环保要求等，在施工前对操作者所作的系统说明。

技术交底要求符合图纸、图集要求，总体安排符合施工项目实施规划，交底须有相应的交底记录。整个工程施工、各分部分项工程施工，均须作技术交底。特殊和隐蔽工程更应认真做技术交底。在交底时应着重强调易发生质量事故与工伤事故的工程部位，防止各种事故的发生。通过技术交底使职工对技术要求做到心中有数，科学地进行生产活动。

（2）工艺管理。工艺管理是管理者在施工过程中检查操作者是否按图纸要求、操作工艺要求进行操作，能否达到质量标准，操作工艺有无不适合客观条件，需要改进的方面。工艺要求符合规范、规程、工艺标准，不发生指导性错误；过程有控制，工艺有改进，资料完整具有可追溯性。

技术交底、工艺管理宜实行分级分专业管理，属于全场性的技术交底。如施工项目实施规划，宜由项目技术负责人交底；一般分部分项工程可由施工员交底。

6. 隐、预检工作管理制度

（1）隐蔽工程。隐蔽工程是指完工后将被下一道工序所掩盖，其质量无法再次进行复查的工作部位。隐蔽工程项目在隐蔽前应进行严密检查，做好记录，签署意见，办理验收手续，不得后补；有问题需要复验的，须办理复验手续，并由复验人做出结论，填写复验日期。

（2）预检工程。预检是指该工程项目或分项工程在未施工前所进行的预先检查。预检是保证工程质量、防止可能发生差错造成质量事故的重要措施。除施工单位自身进行预检外，监理单位应对预检工作进行监督并予以审核认证。预检时要做好记录。建筑工程的预检项目包括：建筑物定位测量、基槽验线、楼层放线、楼层50cm水平线检查、模板、预制构件吊装、设备基础、施工缝留置位置与处理、防水层、装饰基层处理等。

隐、预检工作实行统一领导，分专业管理。各专业应明确责任人，管理制度要明确隐、预检的项目和工作程序，参加的人员按实施规划所划分的单位工程、流水段制定分栋号、分层、分段的检查计划，对遗留问题的处理要有专人负责。确保及时、真实、准确、系统，资料完整具有可追溯性。

7. 技术信息和技术资料管理制度

技术信息和技术资料由通用信息、资料（法规和部门规章、材料价格表等）和本工程专项信息资料（施工记录、施工技术资料等）两大部分组成。前者对项目施工是指导性、参考性资料；后者是工程归档资料，是为工程项目竣工后，给用户在使用维护、改建、扩建及给本企业再有类似的工程施工时做参考。

工程归档资料是在生产过程中直接生产和自然形成的，对与工程建设有关的重要活动、记载工程建设主要过程和现状、具有保存价值的各种载体的文件，均应收集齐全，整理立卷后归档。单位工程竣工的施工技术资料内容有：主要原材料、成品、半成品、设备的合格证明及试验记录，施工试验记录，施工记录，预检记录，隐蔽工程验收记录，基础、结构验收记录，设备安装工程记录，施工组织设计，技术交底，工程质量检验评定，竣工验收资料，图纸会审记录、设计变更、洽商记录，竣工图等；还有项目施工管理实施规划、研究与开发资料、大型临时设施档案、施工日志、技术管理经验总结等。

技术信息、技术资料的形成，须建立责任制度，统一领导，分专业管理。做到及时、准确、完整，符合法规要求，无遗留问题。

8. 技术措施与成品保护措施管理制度

（1）技术措施。技术措施是为了克服生产中的薄弱环节，挖掘生产潜力，保证完成生产任务，获得好的经济效果，在提高技术水平方面采取的各种手段和方法。技术措施是综合已有的先进经验，如节约原材料，降低成本等措施，它不同于技术革新。要做好技术措施管理工作，必须编制、执行技术措施计划。

技术措施的制定要求做到符合规程，规范，具有可操作性，技术可靠，效果明显，有责任人。

（2）成品保护措施。建筑装饰起着保护结构构件，改善空间环境，美化建筑的功效。施工过程中，如果对已完成部位或成品，不采取妥善的措施加以保护，就会造成损伤；严重的有些难以恢复原状，而成为永久性的缺陷。为此，一方面，应加强教育，提高全体员工的成品保护意识；另一方面，应合理确定施工顺序，制定并采取有效措施，认真保护成品不受到别的工序的污损。对已完成的成品要采取封、盖、包、护等保护措施，已经全部完成的部位，要立即组织清理，保护好成品。依可能和需要，可以按房间或层段锁门封闭，严禁无关人员（包括项目内部人员）进入，防止损坏成品或丢失零配件。尤其是高标准、高级装修的工程（如宾馆、饭店等），每一个房间的装修和设备安装一旦完毕，就要立即严加封闭，乃至派专人看管成品。

保护措施做到低成本、好效果，实施有计划，过程有管理，有记录。

另外，还需要建立勘测、设计文件管理制度；建立计量、测量工作管理制度；建立技术质量问题处理管理制度；建立新工种培训制度；建立工程质量检验评定和档案资料管理制度等。

第六节 项目资金管理

一、项目资金管理的目的

1. 保证收入

生产的正常进行需要一定的资金来保证。项目经理部资金的来源,包括公司拨付资金、向发包人收取工程进度款和预付备料款,以及通过公司获取的银行贷款等。

由于工程项目生产周期长,采用的是承发包合同形式,工程款一般按月度结算收取,因此,要抓好月度价款结算,组织好日常工程价款收入,管好资金人口。国际通用的 FIDIC 条款采用中期付款结算月度施工完成量,施工单位每月按规定日期报送监理工程师,并会同监理工程师到现场核实工程进度,经发包方审批后,即可办理工程款拨付。

目前我国工程造价多数采用暂定量或合同价款加增减账结算,抓好工程预算结算,以尽快确定工程价款总收入,是施工单位工程款收入的保证。开工以后,随工、料、机的消耗,生产资金陆续投入,必须随工程施工进展抓紧抓好已完工程的工程量确认及变更、索赔、奖励等工作,及时向建设单位办理工程进度款的支付。在施工过程中,特别是工程收尾阶段,注意抓好消除工程质量缺陷,保证工程款足额拨付,工程质量缺陷暂扣款有时占用较大资金。同时还要注意做好工程保修,以利于 5% 工程尾款(质量保证金)在保修期满后及时回收。

2. 节约支出

施工中直接或间接的生产费用支出耗费的资金数额很大,须精心计划,节约使用,保证项目经理部有资金支付能力。主要是抓好工、料、机的投入,需要注意的是其中有的工、料、机投入可负债延期支付,但终究是要用某未来期收入偿付的,因此,同样要加强管理。必须加强资金支出的计划编制,各种工、料、机都要有消耗定额,管理费用要有开支标准。总之,抓好开源节流,组织好工程款回收,控制好生产费用支出,保证项目资金正常运转,在资金周转中使投入能得到补偿并增值,才能保证生产持续进行。

3. 防范资金风险

项目经理部对项目资金的收入和支出要做到合理的预测,对各种影响因素进行正确评估,最大限度地避免资金的收入和支出风险。目前,工程款拖欠,施工方垫付工程款造成许多施工企业效益滑坡,甚至出现经营危机。注意发包方资金到位情况,签好施工合同,明确工程款支付办法和发包方供料范围。在发包方资金不足的情况下,尽量要求发包方供三材(钢材、木材、商品混凝土)和门窗等加工订货,防止发包方把属于甲方供料、甲方分包范围的转给承包方支付。关注发包方资金动态,在已经发生垫资施工的情况下,要适当掌握施工进度，以利回收资金。如果发现工程垫资超出原计划控制幅度，要考虑调整施工方案，压缩规模，甚至暂缓施工；同时积极与开发商协商，保住开发项目，以利收回垫资。

4. 提高经济效益

项目经理部在项目完成后做出资金运用状况分析，确定项目经济效益。项目效益好坏，相当程度上取决于能否管好用好资金。资金的节约可以降低财务费用，减少银行贷款利息支出。必须合理使用资金，在支付工、料、机生产费用上，考虑货币的时间因素，签好有关付款协议，货比三家，压低价格。承揽任务，履行合同的最终目的是取得利润，只有通过"销售"产品收回了工程价款，取得了盈利，成本得到补偿，资金得到增值，企业再生产才能顺利进行。一旦发生呆、坏账，应收工程款只停留在财务账面上，利润就不实了。为此，抓资金管理，就投入生产循环往复不断发展来讲，既是起点也是终点。

二、编制项目资金收支计划

项目经理部根据施工合同、承包造价、施工进度计划、施工项目成本计划、物资供应计划等编制项目年、季、月度资金收支计划，上报企业财务部门审批后实施。通过项目资金计划管理实现收入有规定，支出有计划，追加按程序。为使项目资金运营处于受控状态，计划范围内一切开支要有审批，主要工料的大宗开支要有合同。

1. 项目资金收支计划的内容

项目资金计划包括收入方和支出方两部分。收入方包括项目本期工程款等收入，向公司内部银行借款，以及月初项目的银行存款；支出方包括项目本期支付的各项工料费用，上缴利税基金及上级管理费，归还公司内部银行借款，以及月末项目银行存款。

工程前期投入一般要大于产出，这主要是现场临时建筑、临时设施、部分材料及生产工具的购置，对分包单位的预付款等支出较多，另外还可能存在发包方拖欠工程款，使得项目存在较大债务的情况。在安排资金时要考虑分包人、材料供应人的垫付能力，在双方协商基础上安排付款；在资金收入上要与发包方协调，促其履行合同按期拨款。

2. 年、季、月度资金收支计划的编制

年度资金收支计划的编制，要根据施工合同工程款支付的条款和年度生产计划安排，预测年内可能达到的资金收入，再参照施工方案，安排工、料、机费用等资金分阶段投入，做好收入和支出在时间上的平衡。编制时，关键是摸清工程款到位情况，测算筹集资金的额度，安排资金分期支付，平衡资金，确定年度资金管理工作总体安排。这对保证工程项目顺利施工，保证充分的经济支付能力，稳定队伍，提高职工生活，顺利完成各项税费基金的上缴是十分重要的。

月、季度资金收支计划的编制，是年度资金收支计划的落实与调整。要结合生产计划的变化，安排好月、季度资金收支，重点是月度资金收支计划。以收定支，量入为出，根据施工月度作业计划，计算出主要工、料、机费用及分项收入，结合材料月末库存，由项

目经理部各用款部门分别编制材料、人工、机械、管理费用及分包费支出等分项用款计划，经平衡确定后报企业审批实施。月末最后 5 日内提出执行情况分析报告。

三、项目资金的使用管理

1. 内部银行

内部银行即企业内部各核算单位的结算中心，按照商业银行运行机制，为各核算单位开立专用账号，核算各单位货币资金收支，把企业的一切资金收支和内部单位的存款业务，都纳入内部银行。内部银行本着对存款单位负责，谁账户的款谁用、不许透支、存款有息、借款付息、违章罚款的原则，实行金融市场化管理。

内部银行同时行使企业财务管理职能，进行项目资金的收支预测，统一对外收支与结算，统一对外办理贷款筹集资金和内部单位的资金借款；并负责组织好企业内部各单位利税和费用上缴等工作，发挥企业内部的资金调控管理职能。内部银行具有市场化管理和企业财务管理调控两项职能，既体现了项目经理部在资金管理上的责权利，又能在公司财务部门调控管理下统一运行，充分发挥项目经理部资金管理的积极性。

2. 财务台账

鉴于市场经济条件下多数商品及劳务交易，事项发生期和资金支付期不在同一报告期，债务问题在所难免，而会计账又不便于对各工程繁多的债权债务逐一开设账户，做出记录。因此，为控制资金，项目经理部需要设立财务台账，做会计核算的补充记录，进行债权债务的明细核算。

应据材料供应渠道，按组织内部材料部门供应和项目经理自行采购的不同供料方式建立材料供货往来账户，按材料的类别或供货单位逐一设立，对所有材料包括场外钢筋等加工料，均反映应付贷款（贷方）和已付购货款（借方）。抓好项目经理部的材料收、发、存管理是基础，材料一进场就按规定验收入库，当期按应付贷款进行会计处理，在资金支付时冲减应付购贷款。此项工作由项目材料部门负责提供依据，交财务部门编制会计凭证，其副页发给材料员登记台账。

应据劳务供应渠道，按组织自有工人劳务队、外部市场劳务队和市场劳务分包公司，建立劳务作业往来账户，按劳务分包公司名称逐一设立，反映应付劳务费和已付劳务费的情况。抓好劳务分包的定额管理是基础，要按报告期对已完分部分项工程进行结算，包括索赔增减账的结算，实行平方米包干的也要将报告期已完平方米包干项目进行结算，对未完劳务可报下个报告期一并结算。此项工作由项目劳资部门负责提供依据，由定额员交财务部门编制会计凭证，其副页发给定额员登记台账。

不属于以上工料生产费用的资金投入范围的分包工程、机械租赁作业、商品混凝土，分别建立分包工程、产品作业、供应等往来账户，应按合同单位逐一设立，反映应付款和已付款。要按报告期或已完分部分项工程对上述合同单位生产完成量进行分期结算。此项工作由项目生产计划统计部门负责办理提供依据，由统计员交财务部门编制会计凭证，其副页发给统计员登记台账。

项目经理部的台账可以由财务人员登账，也可在财务人员指导下由项目经理部登账，总之要便于工作。明细台账要定期和财务账核对，做到账账相符；还要和仓库保管员的收发存实物账及其他业务结算账核对，做到账实相符，做到财务总体控制住，以利于发挥财务的资金管理作用。

3. 项目资金的使用管理

首要是建立健全项目经理负责的项目资金管理责任制。做到统一管理、归口负责、业务交圈对口、明确职责与权限。

项目资金的使用管理应本着促进生产、节省投入、量入为出、适度负债的原则；要兼顾国家、企业、员工三者的利益；要依法办事，按规定支付各种费用，尤其要保证员工工资按时发放，保证劳务费按劳务合同结算和支付。

项目资金的管理实际上反映了项目管理的水平，从施工方案的选择、进度安排到工程的建造，要用先进的施工技术，科学的管理方法提高生产效率、保证工程质量、降低各种消耗。努力做到以较少的资金投入，创造较大的经济价值。

管理方式讲求手段，要合理控制材料资金占用。项目经理部要核定材料资金占用额，包括主要材料、周转材料、生产工具等。例如，对周转材料可依租赁价按月计价计算支出，然后对劳务队占用与使用按预算核定收入数，节约有奖，反之扣一定比例的劳务费。

抓报量、抓结算，随时办理增减账索赔。根据生产随时做好分部工程和整个工程的预算结算，及时回收工程价款，减少应收账款占用。抓好月度中期付款结算及时报量，减少未完施工占用。

结 语

　　建筑业的飞速发展，使得我国经济市场中的建筑企业所面临的竞争压力与日俱增。为了在经济市场中占据一席之地，需要提高自身企业的经济效益，从而确保自身具备较高的经济实力去占据市场中的主体位置。因此，在当前诸多建筑企业将获取更高的经济效益作为企业未来发展的战略目标。建筑工程的经济效益能够达到最佳，是建筑方与投资方所希望实现的结果。大0部分建筑企业都期盼利用高效的经济管理手段，来完善建筑工程的施工质量、施工效率以及投入资金等方面，基于此来获取更高的经济利益。

　　所有企业在经营过程中，都会积极获取更多的经济效益，并将经济效益最大化作为企业经营发展的重要目标。建筑企业也是如此，期望能够通过有效的经济管理，优化建筑工程施工进度、投资、质量等方方面面，从而获得经济效益的提升。但是当前建筑工程经济管理工作中，仍存在很多不尽人意的地方，需要建设单位进行有效控制，以达到企业经营目标。

　　总之，建筑工程经济管理是建筑企业工程中的重中之重，不但关系着企业的经济效益，对企业的发展前景是也有一定的影响。在建筑工程施工的过程中，有关部门要加强对工程中存在问题的重视程度，并对其风险因素进行科学的分析，进而掌握建筑工程经济管理的有效手段，保障自身企业能够在激烈的市场竞争中得以生存和发展。

参考文献

[1] 练必钦 . 建筑工程经济管理影响因素分析与对策 [J]. 今日财富 ,2021(03):67-68.

[2] 邵文帅 , 田宇 . 建筑工程经济管理影响因素与应对策略分析 [J]. 砖瓦 ,2021(01):149-150.

[3] 郑翔 . 工程管理中建筑工程经济的运用研究 [J]. 财富生活 ,2020(24):60-61.

[4] 陈龙 , 张明明 . 影响建筑工程经济管理的因素及措施分析 [J]. 营销界 ,2020(48):58-59.

[5] 王虹霞 . 影响建筑工程经济管理的因素分析与应对策略 [J]. 居舍 ,2020(33):133-134.

[6] 江健 . 影响建筑工程经济管理的因素分析与应对策略 [J]. 居舍 ,2020(28):147-148.

[7] 袁剑军 . 建筑工程经济管理中存在的问题及应对策略 [J]. 中华建设 ,2020(10):44-45.

[8] 陈峰 . 建筑工程经济在工程管理中的应用 [J]. 质量与市场 ,2020(18):88-90.

[9] 刘滢 . 探讨如何运用建筑造价管理提高工程经济效益 [J]. 今日财富 ,2020(19):63-64.

[10] 付建芳 . 浅析建筑工程经济成本管理方面存在的问题 [J]. 今日财富 ,2020(20):130-131.

[11] 郑慧聪 . 建筑经济管理现状及对策研究 [J]. 中外企业文化 ,2020(09):71-72.

[12] 展茂盛 . 试论建筑工程经济在工程管理中的应用 [J]. 商讯 ,2020(24):153-154.

[13] 李甲琛 . 浅析建筑工程经济成本管理方面存在问题及对策 [J]. 营销界 ,2020(33):71-72.

[14] 胡光宇 . 试论建筑工程经济管理在工程管理中的应用 [J]. 山西农经 ,2020(14):131-132.

[15] 侯恩端 . 建筑工程经济管理中存在的问题及解决策略 [J]. 住宅与房地产 ,2020(21):19.

[16] 宋伟峰 . 提高建筑工程经济管理策略的方法研究 [J]. 财经界 ,2020(20):66-67.

[17] 湛永胜 . 建筑工程经济管理影响因素分析与应对措施研究 [J]. 中外企业文化 ,2020(07):53-54.

[18] 冀晓青 . 提高建筑工程经济造价管理效益的有效策略 [J]. 建材与装饰 ,2020(19):140+142.

[19] 李洋 . 论建筑工程经济在工程管理中的应用 [J]. 科技经济导刊 ,2020,28(18):86.

[20] 郑彩莲 . 市政建筑工程经济管理要点探析 [J]. 时代金融 ,2020(17):116+133.

[21] 刘磊 . 关于提高建筑工程经济管理的策略探析 [J]. 财富时代 ,2020(05):87+89.

[22] 胡桂兰 . 建筑工程经济管理风险及控制分析 [J]. 今日科技 ,2020(05):56-57.

[23] 王丽丽 . 加强建筑造价管理提高工程经济效益 [J]. 中外企业家 ,2020(13):117.

[24] 佟秀丽 . 建筑工程经济成本管理中的问题探究 [J]. 智能城市 ,2020,6(08):133-134.

[25] 马保龙 . 关于建筑工程经济管理风险控制的思考 [J]. 财富时代 ,2020(04):178-179.

[26] 丁靭 . 建筑工程经济管理的风险及控制 [J]. 科技经济导刊 ,2020,28(12):45+53.

[27] 陈振东 . 工程经济在建筑工程施工管理中的应用及影响 [J]. 居舍 ,2020(12):7.

[28] 石金玲 . 建筑工程经济成本管理的重点问题探讨 [J]. 营销界 ,2020(17):159-160.

[29] 王宝翼 . 刍议建筑工程经济在工程管理中的应用 [J]. 商讯 ,2020(11):162-163.

[30] 陈振东 . 施工阶段成本管理在建筑工程经济中的重要性 [J]. 居舍 ,2020(10):166.

[31] 袁婕 . 提高建筑造价管理中工程经济效益的途径 [J]. 住宅与房地产 ,2020(09):10.

[32] 陈珊 . 工程经济在建筑工程管理中的应用分析 [J]. 工程技术研究 ,2020,5(06):183-184.

[33] 陈潇伟 . 试论建筑工 程经济在工程管理中的应用 [J]. 中外企业家 ,2020(08):50.

[34] 郭龙 . 市政建筑工程经济管理的风险及控制 [J]. 中外企业家 ,2020(08):135-136.

[35] 董润涛 . 建筑工程经济在工程管理中的应用研究 [J]. 现代物业 (中旬刊),2020(03):70-71.

[36] 靳雨洲 . 提高建筑工程经济管理的有效策略探究 [J]. 财经界 ,2020(06):15-16.

[37] 陈清华 . 影响建筑工程经济管理的因素及改善策略探究 [J]. 环渤海经济瞭望 ,2020(02):17-18.

[38] 梁晴 . 建筑工程经济管理影响因素分析与应对策略 [J]. 居舍 ,2020(04):160-161.